Birgit Lattschar, Irmela Wiemann

Mädchen und Jungen entdecken ihre Geschichte

Basistexte Erziehungshilfen

Herausgegeben im Auftrag der Internationalen Gesellschaft für erzieherische Hilfen (IGfH)
von Josef Koch, Friedhelm Peters, Elke Steinbacher und Wolfgang Trede

Birgit Lattschar, Irmela Wiemann

Mädchen und Jungen entdecken ihre Geschichte

Grundlagen und Praxis der Biografiearbeit

2., korrigierte Auflage 2008

Juventa Verlag Weinheim und München

Die Autorinnen:

Irmela Wiemann, Jg. 1942, Dipl.-Psych., Psychologische Psychotherapeutin und Familientherapeutin. 1974-2007 Mitarbeiterin in der Kinder-Jugend-Eltern-Beratung Gallus in Frankfurt am Main. Sie ist spezialisiert auf Beratung, Therapie und Fortbildungen für Pflege-, Adoptiv-, und Herkunftsfamilien und Familien in Ausnahmesituationen. Seminare, Supervision sowie Institutionsberatung für Fachkräfte der Jugendhilfe. www.irmelawiemann.de

Birgit Lattschar, Jg. 1968, Heilpädagogin, Dipl. Päd., systemische Beraterin, hat über zehn Jahre in einem heilpädagogischen Kinderheim gearbeitet und ist seit 2005 beim Kinderschutzdienst Worms in der Beratung tätig. Sie ist außerdem Referentin für Pflege- und Adoptiveltern sowie für Fachkräfte der Jugendhilfe. www.birgit-lattschar.de

Bibliografische Information der Deutschen Nationalbibliothek

Die Deutsche Nationalbibliothek verzeichnet diese Publikation in der Deutschen Nationalbibliografie; detaillierte bibliografische Daten sind im Internet über http://dnb.d-nb.de abrufbar.

1. Auflage 2007
2., korrigierte Auflage 2008

Umschlaggestaltung: Atelier Warminski, 63654 Büdingen
Umschlagabbildung: Birgit Gutting, Dackenheim
Printed in Germany

ISBN 978-3-7799-1777-9

Vorwort

Wir gestalten seit vielen Jahren mit Eltern, Pflege- und Adoptiveltern sowie Fachkräften der Jugendhilfe Seminare zum Thema Biografiearbeit mit Kindern und Jugendlichen. Dabei werden wir oft mit wiederkehrenden Fragen, Unsicherheiten und Konflikten konfrontiert, die in der praktischen Arbeit mit dem Kind oder seiner Herkunftsfamilie auftreten. Da es im deutschsprachigen Raum erst wenig Literatur zum Thema gibt, entstand die Idee, dieses Buch über Biografiearbeit mit Kindern und Jugendlichen zu verfassen, in dem die Grundlagen und vor allem die Praxis bis ins Detail dargestellt werden.

Wer bin ich? Wo komme ich her? Wem gleiche ich? Wer ist meine leibliche Familie? Warum musste ich fort? Warum lebe ich hier? Was wird aus mir? So lauten (manchmal unausgesprochene) Fragen von Kindern und Jugendlichen, die von Eltern oder Elternteilen getrennt leben. Durch Biografiearbeit bekommen sie die Chance, ihre Geschichte und ihre aktuelle Lebenssituation zu verstehen. Seelische Energie wird frei für andere Entwicklungsaufgaben.

Der vorliegende Band umfasst zwei Teile. Im ersten Teil Grundlagen erörtern wir die Anfänge und Hintergründe von Biografiearbeit. Wir beschreiben die Zielgruppen, in welchem Alter sich welche Methoden eignen und besprechen die zentralen Themen, die bei den betroffenen Mädchen und Jungen ständig latent oder offen präsent sind (Bedeutung der Familie, Identitäts- oder Loyalitätskonflikte). Wir gehen auf Kontexte und Rahmenbedingungen ein und benennen die Kompetenzen der Bezugsperson, die für das Gelingen der Biografiearbeit Voraussetzung sind. Auch geben wir Hinweise für den Einbezug der Herkunftsfamilie in die Biografiearbeit. Der zweite Teil Praxis enthält Anregungen für die konkrete Arbeit: Vorüberlegungen, Checklisten, niedrig dosierter Beginn, die Gestaltung eines Lebensbuches (auch in Gruppen) bis hin zu konkreten Formulierungsvorschlägen bei schweren Themen, wie z. B. psychisch kranke Eltern, Gewalt oder Misshandlung oder dem

Umgang mit fehlenden Informationen (unbekannter Vater, Findelkind).

Nicht immer konnten wir Grundlagen und Praxis genau voneinander trennen. So gibt es im Teil 1 zahlreiche Praxishinweise und im Teil 2 weitere grundsätzliche Erörterungen, wenn es die Themen erforderten.

Den Begriff Kinder benutzen wir synonym für *Kinder und Jugendliche*. Von *Jugendlichen* sprechen wir nur dann, wenn sie explizit gemeint sind. Wir haben versucht, Männer und Frauen in den Geschlechterformulierungen gleichermaßen anzusprechen. Bei den Literaturangaben haben wir in der Regel das Datum der neuesten Auflage genannt; manchmal haben wir Zitate älteren Ausgaben entnommen und dies so angegeben.

Bei der Entstehung dieses Buches haben viele Menschen mitgewirkt. Die Kapitel sind immer wieder illustriert mit Beispielen aus unserer Arbeit, die zum Teil aus Datenschutzgründen verfremdet wurden. Übereinstimmungen in Beispielen sind rein zufällig, da diese Themen viele Familien betreffen.

Wir danken sehr herzlich den Müttern, die uns ihre Lebensbriefe gaben, den Adoptiveltern Mainitz für das Lebensbuch ihrer Tochter Sarah Maria, den vielen Kindern (und Eltern) für die Erlaubnis zum Abdruck von Zeichnungen und Dokumenten und allen, die uns ihre Ideen, Vorlagen und Anregungen zur Verfügung stellten.

Unser besonderer Dank gilt den Autorinnen und Autoren des Kapitels II, 7 (Berichte aus der Praxis): Irene D., Irenes Kinderdorfmutter, Wilhelm Hirtl, Edith Engelhart-Haselwanter, Karin Mohr, Klaus ter Horst, Ingrid Erlmoser und Viorica Tudor, die unsere Begeisterung für die Biografiearbeit mit Kindern teilen. Kritisch gelesen, für uns gezeichnet, fachlich und technisch unterstützt haben uns Stephan Baas, Birgit Gutting, Martin Müller, Hanne und Lena Lattschar, Eva Ris, Gertraud und Otto Salmen. Ein herzliches Dankeschön gilt Lukas (geboren am 8. Juli 2006), der es nicht so eilig hatte, auf die Welt zu kommen und seiner Mama (Birgit Lattschar) viel Zeit ließ, an diesem Buch zu arbeiten.

Birgit Lattschar und Irmela Wiemann im Oktober 2006

Inhalt

Teil I: Grundlagen und Voraussetzungen

1. Was ist Biografiearbeit? Anfänge, Hintergründe ... 13
1.1 Erfahrung festhalten und weitergeben: ein Bedürfnis der Menschheit ... 14
1.2 Autobiografien und Tagebücher ... 15
1.3 Lebenslaufforschungen ... 18
1.4 Biografiearbeit mit Erwachsenen ... 22
1.5 Biografiearbeit mit alten und mit geistig behinderten Menschen ... 23
1.6 Anfänge des biografischen Arbeitens mit Kindern ... 24
1.7 Inhalte und Wirkungen der Biografiearbeit mit Kindern ... 27

2. Für welche Kinder ist Biografiearbeit geeignet? ... 29
2.1 Kinder in stationärer Erziehungshilfe ... 29
2.2 Kinder in Pflegefamilien und Erziehungsstellen ... 30
2.3 Kinder in Verwandtenpflege ... 32
2.4 Adoptivkinder ... 33
2.5 Kinder in ambulanter Betreuung ... 34
2.6 Kinder, die vom Tod Angehöriger, von Trauer und Verlust betroffen sind ... 35
2.7 Kinder mit Migrationshintergrund ... 35
2.8 Kinder in Trennungs- und Scheidungskonflikten ... 39
2.9 Kinder in neu zusammengesetzten Familien ... 41

3. Kindliche Entwicklung und Formen der Biografiearbeit ... 43
3.1 Vorgeburtliche Zeit ... 44
3.2 Säuglings- und Kleinkindalter (bis 3 Jahre) ... 44
3.3 Kindergartenalter (3–6 Jahre) ... 47
3.4 Grundschulalter (7–11 Jahre) ... 49
3.5 Jugendliche (ab 12 Jahre) ... 51

4. Zentrale Themen in der Biografiearbeit ... 55
4.1 Die Bedeutung der Eltern ... 55
4.2 Die Bedeutung der Geschwister ... 60
4.3 Die Identitätsentwicklung ... 62
4.4 Der Loyalitätskonflikt ... 65

5. Kontexte und Rahmenbedingungen ... 67
5.1 Gruppen- oder Einzelarbeit ... 67
5.2 Umfang und Dauer ... 68
5.3 Einbindung in den Lebensalltag und den institutionellen Tagesablauf ... 69
5.4 Umgang mit sensiblen Informationen ... 71
5.5 Verknüpfung von Hilfeplanung und Biografiearbeit ... 73

6. Welche Kompetenzen brauchen Erwachsene für die Biografiearbeit mit Kindern? ... 75
6.1 Die respektvolle innere Haltung gegenüber den Eltern des jungen Menschen ... 75
6.2 Eine positive Beziehungsebene zum Kind – Kommunikation und Interaktion ... 76
6.3 Umgang mit Widerstand und Vermeidungsverhalten ... 78
6.4 Hinweise für die Gesprächsführung ... 79
6.5 Offenheit und Ehrlichkeit ... 81
6.6 Umgang mit traumatischen Erfahrungen des Kindes ... 82

7. Einbezug der Herkunftsfamilie ... 89
7.1 Vorbereitung der Herkunftseltern und Motivation zur Mitarbeit ... 90
7.2 Einbezug anderer Angehöriger ... 91
7.3 Umgang mit Widersprüchen und Geheimnissen ... 93

Teil II: Praxis der Biografiearbeit

1. Vorüberlegungen ... 97
1.1 Recherche und mögliche Kooperationspartner ... 97
1.2 Planung und Vorbereitung ... 98
1.3 Zusammentragen und Ordnen von Informationen ... 99

2. Anfertigen eines Lebensbuches ... 103
2.1 Strukturierung ... 105
2.2 Ideen und Vorlagen ... 106
2.2.1 Das bin ich ... 106
2.2.2 Meine Familie(n) ... 112
2.2.3 Meine Gefühle ... 118
2.2.4 Meine Geschichte ... 120
2.2.5 Meine Gegenwart ... 126
2.2.6 Das Land, aus dem ich komme ... 127
2.2.7 Meine Zukunft ... 128

3. Gruppenarbeit ... 131
3.1 Vorbereitung ... 131
3.2 Themen und Inhalte der Treffen ... 132
3.3 Nachbereitung und Nachtreffen ... 140

4. Andere Methoden biografischen Arbeitens ... 143
4.1 Spiele, Übungen und Phantasiereisen ... 143
4.2 Medien ... 154
4.3 Besuche von Orten der Vergangenheit ... 159
4.4 Trauerarbeit ... 160

5. Sachverhalte und Geschichten ... 163
5.1 Geschichten und Bilderbücher ... 163
5.2 Merkblätter und Merksätze verfassen ... 168
5.3 Lebensbriefe schreiben ... 174

6 Schwere Themen ... 179
6.1 Sucht und Abhängigkeit von Eltern ... 180
6.2 Prostitution der Mutter ... 183
6.3 Psychische Erkrankung von Eltern ... 183
6.4 Gefängnisaufenthalt von Mutter und/oder Vater ... 186
6.5 Gewalt und Misshandlung ... 188
6.6 Suizid in der Familie ... 193
6.7 Schwere und lebensverkürzende Krankheiten ... 195
6.8 Wenn Informationen fehlen ... 197
6.9 Bleibende Lücken in der Vergangenheit ... 198

7 Berichte aus der Praxis ... 207
7.1 Biografiearbeit mit Irene D ... 207
7.2 Die Arbeit mit dem „lebensbuch“ im Vorarlberger Kinderdorf ... 213
7.3 Erfahrungen im Eylarduswerk mit „Mein Lebensbuch“ ... 216
7.4 Biografiearbeit mit institutionell untergebrachten Kindern der Stadt Wien ... 218
7.5 Autobiografiearbeit im Gruppenarbeitskontext ... 219

Abbildungsverzeichnis ... 223
Literatur ... 225
Stichwortverzeichnis ... 235
Mitarbeiterinnen und Mitarbeiter ... 240

Teil I: Grundlagen und Voraussetzungen

1. Was ist Biografiearbeit?

Anfänge, Hintergründe

„Jeder Augenblick verschwindet in einem Hauch und verwandelt sich sogleich in Vergangenheit.“
(Allende 2003: 459)

Biografiearbeit ist eine strukturierte Methode in der pädagogischen und psychosozialen Arbeit, die Kindern, Jugendlichen, Erwachsenen und alten Menschen ermöglicht, frühere Erfahrungen, Fakten, Ereignisse des Lebens zusammen mit einer Person ihres Vertrauens, zu erinnern, zu dokumentieren, zu bewältigen und zu bewahren. Dieser Prozess ermöglicht Menschen, ihre Geschichte zu verstehen, ihre Gegenwart bewusster zu erleben und ihre Zukunft zielsicherer zu planen. „Besonders kommt Biografiearbeit dort zum Tragen, wo Krisen oder Wendepunkte in der Lebensgeschichte eine Rückschau erfordern oder wo unbekannte oder unverstandene Teile der Biografie der Erklärung und Verarbeitung bedürfen.“ (Lattschar 2007: 81)

Der Begriff Biografie kommt aus dem griechischen *bios* (Leben) und *gráphein* (schreiben, zeichnen, abbilden, darstellen) und heißt der Wortbedeutung nach *Lebensbeschreibung*. Während ein „Lebenslauf“ eher objektivierbare Daten enthält, umfasst die Biografie auch die emotionale Entwicklung und Auseinandersetzung mit kritischen Lebensereignissen. Biografiearbeit hilft nicht nur erwachsenen oder älteren Menschen bei der Verknüpfung von Vergangenheit, Gegenwart und Zukunft, sondern ist auch eine hervorragende Methode für Kinder, ihre spezifische Lebens- oder Familiensituation (Heimerziehung, Pflegefamilie, Adoptivfamilie, Patchworkfamilie u. v. a. m.) besser zu verstehen. Biografiearbeit umfasst das Erarbeiten und Besprechen der Lebensereignisse. Zugleich soll ein konkretes Ergebnis, eine Dokumentation, ein Produkt entstehen: ein Lebensbuch, ein Brief, ein Schnellhefter mit Urkunden, Fotos, gemalten Bildern, ein Videoband, eine Hörkassette, Grafiken, Chroniken, Landkarten u. v. a. m. Dokumentierte Erinnerung hat mehr Verbindlichkeit und Beständigkeit, als das gesprochene Wort. Sie wird nicht umgedeutet oder verdrängt und kann bei Bedarf wieder hervorgeholt werden. Lindmeier spricht von „dokumentationsorientierter Biografiearbeit. Bei dieser Form der Biografiearbeit geht es hauptsächlich um das Konservieren und Archivieren von Erinnerungen durch die Produktion von ‚Andenken'." (Lindmeier 2004: 32)

1.1 Erfahrung festhalten und weitergeben: ein Bedürfnis der Menschheit

Wissen wurde jahrtausendelang von Generation zu Generation mündlich überliefert und in Predigten oder Versammlungen verbreitet. Aber mündliche Überlieferungen konnten wieder verloren gehen. So nahmen Menschen große Mühen auf sich, um Spuren zu hinterlassen, Wissenswertes einzugravieren, in Fels zu meißeln, in Holz zu schnitzen, aufzumalen und aufzuschreiben und für spätere Generationen zu sichern.

Die ältesten überlieferten Dokumentationen sind Grabinschriften, Gemälde in Höhlen, Abbildungen auf Felsplatten und auf Baumstämmen. Aus den Bildern entwickelten sich in den unterschiedlichen Kulturen der Welt Schriftzeichen. Als älteste Schrift gilt bisher die sumerische Keilschrift (ca. 2600 v. Chr.). In neuester Zeit wurde in der etwa 5000 Jahre alten Stadt Caral (Peru) ein Quipu, ein Bündel Baumwollschnüre mit vielen Knoten gefunden: eine Schrift, die älter ist als die Keilschrift. Bisher bekannt waren die Knotenschriften der Inka in Südamerika (seit 1400 n. Chr.), die nur die Schriftgelehrten lesen konnten.

Was einmal „festgehalten" war, blieb erhalten. Als dann um 1450 durch die Erfindung der Druckerpresse und später des Buchdrucks mit beweglichen Lettern Informationen sogar vervielfältigt und vielen Menschen zugänglich gemacht werden konnten, bedeutete dies eine tief greifende Umwälzung in der Geschichte der Menschheit.

1.2 Autobiografien und Tagebücher

Schon aus den Jahren um 100 n. Chr. sind Lebensbeschreibungen über Heilige oder Herrscher bekannt („Vita“). Heldensagen, Dramen, Märchen, Opern, Romane aus allen Epochen haben Biografisches zum Inhalt. Etwas später als die Biografie, in der ein Autor oder eine Autorin das Leben eines anderen rekonstruiert, entstand die Autobiografie, die Selbstdarstellung des eigenen Lebens. Autobiografisches wurde früh in Form von Erinnerungen, Chroniken, Briefen und Reisebeschreibungen verfasst. Das älteste überlieferte europäische autobiografische Werk von Aurelius Augustinus aus den Jahren 397/98 („Confessiones“), hat das Verständnis des Mittelalters über menschliche Entwicklung stark beeinflusst. Der Dichter und Humanist Francesco Petrarca schrieb 1370 seinen „Brief an die Nachwelt“. Hier werden bereits Entwicklungen der eigenen Person, auch die Beschreibung der Konflikte und Widersprüche der eigenen Psyche dargelegt[1].

Als erste Tagebücher (im europäischen Raum) gelten die über fast zehn Jahre reichenden regelmäßigen Aufzeichnungen von Samuel Pepys (1633–1703), London. Er war Staatssekretär im Marineamt, Präsident der Royal Society und Abgeordneter des englischen Unterhauses und beschreibt sowohl sein privates als auch das gesellschaftliche Leben im England der Restaurationsepoche unter König Karl II. Seine Tagebücher wurden erst 1818 entdeckt und, da in Kurzschrift verfasst, 1825 entziffert (Pepys 2004).

Das Verfassen der Autobiografie hat bis heute an Aktualität nichts verloren. Das Interesse der Öffentlichkeit an individuellen Einzelschicksalen wächst. „Das Bedürfnis nach lebensgeschichtlicher Reflexion und biografischer Kompetenz ist offensichtlich groß – sonst hätten die Medien diese Themen nicht für sich entdeckt. Anscheinend erleben sich viele Menschen in ihren Biografien verunsichert und suchen nach Identifikationsobjekten, nach Menschen, die ähnliche oder noch schlimmere Schicksale erlebt und bewältigt haben.“ (Klingenberger 2003: 10)

---

1 www.cpw-online.de/lemmata/petrarca_francesco.htm vom 19.08.06

Nahezu jede prominente Person schreibt die eigenen Memoiren, manchmal von zweifelhafter Qualität. Vermarktungsinteresse steht oft im Vordergrund. Aber auch bisher unbekannte Menschen sind durch das Aufschreiben ihres Lebens weltberühmt geworden, wie z. B. Frank McCourt durch „Die Asche meiner Mutter". Er beschreibt seine „unglückliche, irische, katholische Kindheit". Gisela Heidenreich hat mit ihrer Autobiografie „Das endlose Jahr. Die langsame Entdeckung der eigenen Biografie – ein Lebensbornschicksal" nicht nur eine aufwühlende Nachkriegskindheit und ein eindringliches Zeitzeugnis des Nationalsozialismus in Deutschland geschaffen. Sie führt einen schmerzhaften Aufdeckungs- und Klärungsprozess mit ihrer alten Mutter, die sich durch Lügen ihrer Verantwortung für ihr Handeln in der NS-Zeit entzieht.

Autobiografien dienen der Verarbeitung von persönlichem Schicksal und zeitgeschichtlichen Einflüssen. Wer seine Vergangenheit dokumentiert, sie mit Schmerz und Trauer annehmen lernt, ist offen für sein gegenwärtiges und zukünftiges Leben.

Die Dokumentation des eigenen Lebens erfüllt für die Betroffenen gleich mehrere tiefe Bedürfnisse:

Den Beweis des eigenen Daseins führen

Wer autobiografische Texte schreibt, möchte Spuren hinterlassen, das eigene Sein *absichern*. Letztendlich führt die Autobiografin, der Autobiograf immer wieder neu den Beweis, dass es sie/ihn gibt. „Mit der Fotografie und dem geschriebenen Wort versuche ich verzweifelt, die vergängliche Beschaffenheit meiner Existenz zu besiegen, die Augenblicke festzuhalten, ehe sie vergehen." (Allende 2003: 459)

Mit sich selbst kommunizieren und reflektieren

Ein sehr bedeutendes Tagebuchdokument des 20. Jahrhunderts ist das Tagebuch der Anne Frank. Die 13-jährige Anne begründet, weshalb sie Tagebuch schreibt: „Ich habe Lust zum Schreiben und will vor allem mein Herz gründlich erleichtern. [...] Ich will nicht, wie jeder andere, nur Tatsachen in mein Tagebuch schreiben, sondern dieses Tagebuch meine Freundin selbst sein lassen, und diese Freundin heißt: Kitty!“ (Frank 1980: 10)

Im Aufschreiben finden Menschen ein Stück Geborgenheit. Schweres muss nicht allein getragen, es kann *(mit)-geteilt* werden. Wer Tagebuch schreibt, sammelt sich, löst Verwirrungen, findet zu mehr Klarheit. Das Tagebuch ist ein geschützter Ort, ein Refugium, ein Platz, Belastendes abzulegen, eine wirkungsvolle Möglichkeit, sich Trost zu spenden.

Bewältigung von Traumata und seelischem Schmerz

Für Menschen mit schwersten psychischen Traumata[2] (vgl. I, Kap. 6.6) hat das Niederschreiben ihrer Erfahrungen heilende und befreiende Wirkung. Die Metapher, sich etwas „von der Seele zu schreiben“, drückt dies aus. Anna Larina Bucharina, deren Mann unter Stalin hingerichtet wurde, hat viele Jahre in stalinistischen Gefangenenlagern verbracht. Ihre „Erinnerungen“ beginnt sie mit folgenden Worten:

> „Mit Nikolaj Iwanowitsch habe ich die glücklichste und die dramatischste Zeit meines Lebens verbracht. Die letzten sechs Monate waren so schwer, dass jeder Tag wie ein Jahrhundert erschien. [...] Aber bis die ersten Worte zu Papier gebracht waren, hat mich das Erlebte keinen Tag losgelassen; es zermürbte die Seele und beunruhigte den Geist.“ (Bucharina 1989: 9)

Nach der Traumaexpertin Luise Reddemann umfasst die erfolgreiche Bewältigung eines Traumas drei Phasen: „eine Stabilisierungsphase, eine Phase der Begegnung mit dem Trauma und eine Phase der Integration.“ (Reddemann 2001: 13) Die eigene Biografie aufzuschreiben, bedeutet für einen traumatisierten Menschen Stabilisierung, Konfrontation und Integration des Erlittenen in die Persönlichkeit. Er gewinnt nachträglich sogar ein Stück Kontrolle über den schmerzhaften Prozess.

---

2 Trauma = griech.: Wunde, Verletzung

1.3 Lebenslaufforschungen

Biografische und autobiografische Zeugnisse waren nicht nur seit Jahrhunderten von Interesse in Literatur und Philosophie, sie haben auch die Entwicklung der Psychologie, Geschichte, Soziologie, der Pädagogik und der Medizin beeinflusst. Neben dem Dokumentieren von biografischem Erleben befassten sich Menschen schon früh mit Ordnungskriterien des menschlichen Lebens. Solon, Gesetzgeber Athens um 600 v. Chr., beschrieb Lebensphasen im Siebenjahresrhythmus: Abwenden von der Kindheit, Erwartung der Männlichkeit, körperliche Reifung, dann Reife, Werbung und Heirat als Lebensmitte, Gipfel von Tugend und Tätigkeit, schließlich physischer und mentaler Verfall und – mit siebzig Jahren – Tod. Die Römer teilten den Lebenslauf in fünf Abschnitte ein: *pueritia* (Kindheit), *adolescentia* (Heranwachsen), *juventus* (Jugend), *virilitas* (Männlichkeit des Erwachsenen) und *senectus* (das Alter) (vgl. Baltes 1984: 46-60).

In Psychoanalyse und Entwicklungspsychologie wurde die menschliche Entwicklung ebenfalls in Reifungsstufen, Stadien oder Zyklen eingeteilt. Neben Freuds psychosexuell orientierter Phasenlehre (orale Phase, anale Phase, genitale Phase, Latenz und Adoleszenz) wurde die Phasenlehre von Oswald Kroh über das Kinder- und Jugendalter am bekanntesten. Er geht von drei großen Entwicklungsphasen aus: frühe Kindheit, eigentliche Kindheit und Reifezeit. Der Übergang von einer Stufe zur nächsten ist nach Kroh mit einer Krise für das Kind verbunden. So liegt beim Übergang der 1. Stufe (frühe Kindheit) zur 2. Stufe (eigentliche Kindheit) die Trotzphase.

Charlotte Bühler[3] untersuchte in Studien an Tagebüchern Lebenslaufstrukturen nach ihrer Verhaltensseite (objektive Daten), der Erlebensseite (subjektive Daten) und der Werkseite (Leistung). Sie entwickelte ein Konzept von vier Grundtendenzen menschlichen Lebens: Bedürfnisbefriedigung, selbstbeschrän-

---

3 Charlotte Bühler (1893–1974), Wegebereiterin der humanistischen Psychologie, einem ganzheitlichen Ansatz der Psychologie, bei dem die gesunde und schöpferische Persönlichkeit und die Selbstverwirklichung des Menschen im Mittelpunkt steht.

kende Anpassung, Aufrechterhaltung innerer Ordnung, schöpferische Expansion.

In der Familientherapie und Familienrekonstruktion kommt eine besondere Form der biografischen Erhebung zur Anwendung: die Genogrammarbeit. Hier wird der Stammbaum einer Familie mittels standardisierter Symbole (möglichst über drei Generationen) abgebildet und mit zahlreichen lebensgeschichtlich bedeutsamen Informationen über die einzelnen Familienmitglieder versehen.

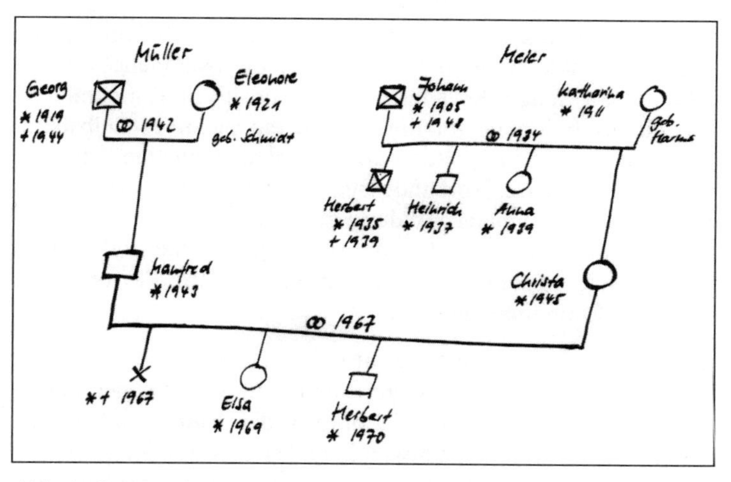

Abb. 1: Genogramm

ⓘ McGoldrick, M./Gerson, R. (2002): Genogramme in der Familienberatung.

Resilienzforschung

Wir alle kennen Menschen, die trotz hoher Risiken in ihrer Kindheit (Armut, Gewalt, Missbrauch, Verluste) ihr Leben gut bewältigen, die sich von einem traumatischen Ereignis besser erholen als andere. Sie reagieren auf Belastungen mit psychischer Elastizität. Bei zahlreichen Längsschnittstudien an Kindern mit hohen sozialen und familiären Risiken entwickelte sich ein Teil der untersuchten Gruppen dennoch positiv. Aus dieser Erkenntnis entstand die Resilienzforschung, die sich mit der „psychischen Widerstandskraft“ und mit den Schutzfaktoren in der Kindheit und Jugend befasst. „Der Begriff Resilienz kommt aus der Werkstoffkunde. Er meint die Fähigkeit eines Werkstoffes, sich verformen zu lassen und trotzdem wieder in seine ursprüngliche Form zurückzufinden.“ (Plass 2005: 28) „Die Resilienzforschung fragt nach den adaptiven Ressourcen, die ein Individuum zur Bewältigung von Lebensbelastungen befähigen und sie beschäftigt sich mit den Prozessen des Entstehens und Wirksamwerdens dieser Ressourcen im Rahmen von Lebensläufen.“ (Fingerle 1999: 94)

Die Resilienzforschung hat in vielen unterschiedlichen Studien protektive Faktoren gefunden. Als (eher dispositionelle) Schutzfaktoren auf Seiten des Kindes gelten: positives Temperament, überdurchschnittliche Intelligenz und ein positives Selbstkonzept. Zu den sozialen Ressourcen zählen: Günstige familiäre Lebensverhältnisse, Vorhandensein einer Vertrauensperson (Erfahrungen von sicherer Bindung zu mindestens einer Bezugsperson) und gute externale Unterstützungssysteme (vgl. Laucht 1999: 306). Lösel/Bender nennen als weitere Faktoren mit Schutzfunktion unter anderen:

„Rollenvorbilder für ein konstruktives Bewältigungsverhalten bei Belastungen, Soziale Unterstützung durch Personen außerhalb der Familie, [...] Erfahrungen der Sinnhaftigkeit und Struktur in der eigenen Entwicklung.“ (Lösel/Bender 1999: 37) Diese Ergebnisse sind für die Biografiearbeit von großer Relevanz. Denn diese stärkt das Selbstkonzept und die Resilienz von Kindern.

ⓘ Opp, G. u. a. (Hg.) (1999): Was Kinder stärkt. Erziehung zwischen Risiko und Resilienz.

Furmann, B. (2005): Es ist nie zu spät, eine glückliche Kindheit zu haben. (Ein Buch über Menschen, die trotz schwieriger Kindheit ihr Leben bewältigt haben.)

Soziologische Lebenslaufforschung

Als Ursprung der soziologischen Biografieforschung kann die Arbeit von Thomas/Znaniecki „The polish peasant in Europe and America“ gelten. Um Erkenntnisse über die Eingliederung emigrierter polnischer Bauern in die USA zu bekommen, analysierten sie Anfang des 20. Jahrhunderts Lebensbeschreibungen, Briefe und persönliche Aufzeichnungen. Der biografische Forschungsansatz bildete eine wichtige Grundlage der sogenannten „Chicagoer Schule“, die später den symbolischen Interaktionismus[4] hervorbrachte.

Life-Event-Forschung in der Medizin

Bei der Life-Event-Forschung (Konzept der kritischen Lebensereignisse) werden belastende und lebensverändernde biografische Ereignisse, Krisen, Stress usw. (z. B. Flucht, Arbeitslosigkeit, Scheidung, Tod eines Ehepartners; bei Kindern: Geburt eines Geschwisters) in Relation gesetzt zum Ausbruch einer seelischen oder körperlichen Erkrankung. Kritische Lebensereignisse können jedoch auch eine Chance bedeuten, etwas im Leben zu verändern, sich zu entwickeln und zu reifen. Auch hierzu gibt es umfangreiche Forschungen.

Oral History

Seit den 1980er Jahren gibt es eine immer stärker werdende Entwicklung, nicht nur Geschichte „von oben“, Veränderungen und Dimensionen auf der Ebene der etablierten Regierungen, sondern Geschichte „von unten“, den Auswirkungen gesellschaftlicher Ereignisse auf den einzelnen Menschen Raum zu geben. In der aus Amerika stammenden „Oral History“ (gesprochene Geschichte, durch den Mund wiedergegebene Geschichte) werden Zeitzeugen interviewt, um Spuren des Alltags zu sichern und zu erfahren, wie Menschen historische Ereignisse individuell verarbeitet haben.

---

4 Der symbolische Interaktionismus ist eine Forschungsrichtung der Soziologie und Sozialpsychologie, die sich vor allem mit Prozessen der Interaktion im Sinne wechselseitig orientierten sozialen Handelns befasst und den symbolvermittelnden Charakter sozialen Handelns betont (vgl. Schäfers 1992: 311).

1.4 Biografiearbeit mit Erwachsenen

In der Erwachsenenpädagogik wurde seit Ende der 1970er Jahre das individuelle, „biografische Subjekt" (Schulze), dessen autobiografisches Material (Lebensbeschreibung, Autobiografie, Interview, Tagebücher, Briefe, Fotos) analysiert, ausgewertet und interpretiert. Schulze hebt die unterschiedlichen „Horizonte" der Biografieforschung hervor: 1. das individuelle Subjekt, 2. der biografische Prozess, 3. die konkreten Lebenswelten und der soziale Raum, 4. der historische Wandel (Schulze 2002: 22 ff.).

„Biografisches Lernen" wurde zum Schlüsselbegriff: Das Individuum soll seine eigene Lebensgeschichte reflektieren, aus ihr lernen, Umorientierungen im persönlichen und im pädagogischen Handeln entwickeln und die eigene Biografie bewusster gestalten. Nicht immer ganz trennscharfe Begriffe, wie „Biografie als Lernhintergrund", „biografische Selbstreflexion", „biografische Kompetenz" und „biografisch orientierte Bildungsarbeit" sind hier anzutreffen.

Gudjons u. a. verstehen die Biografie „als die Aufschichtung all unserer vorausgegangenen Erfahrungen. Diese Erfahrungen finden ihren Niederschlag als Erinnerungen/Erinnerungsspuren auf verschiedenen Ebenen des ‚Gedächtnisses'. Sie sind an verschiedenen ‚Orten' in uns dauerhaft eingeschrieben." (2003: 21 f.). Auf dieser Grundlage bieten sie Übungen in Gruppen für die biografische Selbstreflexion mit folgendem Ziel an. „Durch Sich-Erinnern und Über-die-eigene-Geschichte-Nachdenken werden vorbewusste Erfahrungsbestände aus der Vergessenheit hervorgerufen und die dazugehörigen Gefühle aktualisiert. Das Hinterfragen des Selbstverständlichen, Alltäglichen und Unhinterfragten ermöglicht uns, alte Erfahrungen neu zu interpretieren und zu bewerten und damit neue, veränderte Sichtweisen zu gewinnen." (Gudjons u. a. 2003: 21 f.) In dieser Beschreibung finden wir alle Aspekte, die auch für die Biografiearbeit mit Kindern gelten.

ⓘ Gudjons, H. u. a. (2003): Auf meinen Spuren. Das Entdecken der eigenen Lebensgeschichte. Vorschläge und Übungen für pädagogische Arbeit und Selbsterfahrung.

1.5 Biografiearbeit mit alten und mit geistig behinderten Menschen

In Gerontologie, Geragogik und der Altenpflege begann die Beschäftigung mit der Biografie älterer Menschen in den 1960er Jahren in den USA: Robert N. Butler entwickelte 1963 das Konzept der „Life-Review“ (Lebensrückschau). Er stellte fest, dass viele ältere Menschen den Wunsch verspüren, sich mit dem vergangenen Leben auseinander zu setzen und ihm einen Sinn zu geben. In den 1970er und 1980er Jahren entstanden dann in den USA und in England so genannte „Erinnerungsgruppen“, in denen Senioren gemeinsam Lebensrückschau betreiben konnten. Seit den 1980er Jahren kann man von einer Biografieorientierung in Deutschland sprechen. Häufig wird dabei die gesprächs- von der aktivitätsorientierten Biografiearbeit unterschieden. Erstere will durch Gespräche mehr vom gelebten Leben des alten Menschen erfahren und Rückschlüsse für die Pflege ziehen. Aktivitätsorientierte Biografiearbeit will die Kompetenzen im Alter fördern und erhalten. Häufig werden die Begriffe Biografiearbeit und Reminiszenztherapie[5] auch synonym verwandt (vgl. Pousset 2002).

Lindmeier beschreibt, wie mit geistig behinderten Menschen biografisch gearbeitet und kommuniziert werden kann. „Damit wird die Methode der Biografiearbeit nicht einfach für irgendeinen neuen Personenkreis erschlossen und fruchtbar gemacht, sondern für einen Personenkreis, der bis heute dem *Vorurteil der Gegenwartsgebundenheit* des Erlebens und Handelns ausgesetzt ist.“ (Lindmeier 2004: 18). „Häufig hat sich bisher niemand für ihre Vergangenheit interessiert oder sie dabei unterstützt, ihr Leben in greifbarer Form erinnerbar zu halten.“ (Lindmeier 2004: 45)

ⓘ Kerkhoff, B./Halbach, A. (2002): Biografisches Arbeiten.

Osborn, C. u. a. (1997): Erinnern. Eine Anleitung zur Biographiearbeit mit alten Menschen.

Lindmeier, C. (2004): Biografiearbeit mit geistig behinderten Menschen. Ein Praxisbuch für Einzel- und Gruppenarbeit.

Ruhe, H. G. (2007): Methoden der Biografiearbeit. Lebensspuren entdecken und verstehen.

---

5 von lat. Reminiscentia: Erinnerung

1.6 Anfänge des biografischen Arbeitens mit Kindern

Seit wir über die die Technik des Fotografierens verfügen, praktizieren viele Familien eine Variante von Biografiearbeit: Wichtige Lebensereignisse wie Schuleintritt, Hochzeit der Eltern, Geburt von Kindern, Geburtstage werden in Fotoalben dokumentiert. Wir wissen, wie gern sich Kinder ihre Fotoalben anschauen. Es hilft ihnen, sich zu vergewissern, wer sie sind. Auch wenn wir selbst ein Fotoalbum aus früheren Zeiten anschauen, so fühlen wir uns durch die Erinnerungen berührt. Kinder mit familiären Verlusten und Umbrüchen verfügen oft nicht über ausreichende Informationen, Fotoalben oder andere Dokumente. Biografiearbeit ist hier eine wertvolle Möglichkeit, ihre Vergangenheit zu rekonstruieren.

Das biografische Arbeiten mit Kindern als psychosoziale Methode wird seit Anfang 1980 in den USA[6], Großbritannien und den Niederlanden praktiziert und wurde in Deutschland Ende der 1980er Jahre bekannt.

In Großbritannien ist es inzwischen Standard, mit fremdplatzierten Kindern ein Lebensbuch zu erarbeiten, in welchem ihre Daten, ihre Geschichte, die Geschichte ihrer Eltern, ihre bisherigen Stationen im Leben u.v.a. enthalten sind. Auch Pflegeeltern werden aufgefordert, vor der Aufnahme eines Kindes ein Lebensbuch von sich und ihrer Familie mit Fotos, ihrer Geschichte, ihren Vorlieben und Gewohnheiten zusammenstellen. Das Kind erhält bei der Anbahnung beide Lebensbücher: das der Pflegefamilie und sein eigenes. So kann Biografiearbeit hilfreich sein, eine *Brücke* von einem Lebensraum in den anderen zu bauen (bridging). Die Pflegeeltern bekommen ein umfangreicheres Bild ihres zukünftigen Pflegekindes, das Pflegekind erfährt mehr über seine neue Familie. Für beide Seiten ist der Start in die neue Lebenssituation leichter. „Überbrückende Arbeit" kann jeden Abschied und Neuanfang erleichtern. Für Notaufnahmegruppen in Institutionen oder für Bereitschafts-

---

6 Einer der ersten Leitfäden für ein Lebensbuch für Pflege- und Adoptivkinder war: „The Book of Me" von Gail Folaron/Gill Chambers, Indianapolis, 1983.

pflegeeltern[7] sollte Biografiearbeit konzeptionell verankert werden.

Auch Adoptivkinder bekommen in Großbritannien von den Fachkräften ein sorgfältig zusammengestelltes Life-story-book mit Fotos der Eltern, des Kindes als Baby, der Übergangspflegestelle, der Fachkraft. Wenn Fotos fehlen, wird mit gezeichneten Bildern und in kindgerechter Sprache dargestellt, weshalb Kinder ihre Herkunftsfamilie verlassen mussten und wo sie in welchen Zeiträumen gelebt haben.

Es existieren verschiedene fertige Vordrucke, Leitfäden und Bücher, die gemeinsam mit dem Kind ausgefüllt werden. Häufig enthalten sie Satzergänzungen, Fragebögen und Steckbriefe (sehr schön, aber auch kritisch wird dies aus der Sicht eines Kindes beschrieben in dem Buch „Die unglaubliche Geschichte der Tracy Baker" von Jacqueline Wilson):

> „Mein Name ist *Tracy Baker.*
> Ich bin *10* Jahre, *2* Monate alt.
> Mein Geburtstag ist am *8. Mai. Es ist unfair, weil der Blödmann Peter Ingham dann auch Geburtstag hat. Wir haben also nur einen Kuchen für uns beide bekommen. Und wir mussten beide das Messer halten, um den Kuchen zusammen anzuschneiden. Das heißt, dass jeder von uns nur einen halben Wunsch hatte. Wünsche sind sowieso für Babys. Wünsche gehen nicht in Erfüllung.* […]
>
> Am allerliebsten *bin ich mit meiner Mama zusammen.* […]
>
> Die Menschen in meiner Familie *sind meine Mama. Ich habe keinen Papa. Als ich noch klein war, lebte ich bei meiner Mama, und wir hatten es gut zusammen, aber dann bekam sie dieses Gorillamonster von Freund, und ich hasste ihn und er hasste mich zurück und hat mich gehauen. Deshalb wurde ich in Pflege gegeben* […].
>
> Meine Sozialarbeiterin heißt *Helene und manchmal ist sie eine richtige Träne. Haha.*
>
> Wir reden über *allen möglichen langweiligen Kram.*
> Aber ich rede nicht gerne *über meine Mama. Nicht mit Hele-*

7 Familien, die als Vertragspartner des Jugendamtes Kinder für einen begrenzten Zeitraum aufnehmen und versorgen

ne. Was ich über meine Mama denke, ist meine Privatsache.“ (Wilson 2003: 5 ff.)

Ein großer Gewinn für den deutschsprachigen Raum war 1997 das Erscheinen des Buches von Ryan/Walker, „Wo gehöre ich hin?“, das uns auf unserem Weg bestärkte, für alle Kinder, die besondere Lebensereignisse zu bewältigen haben, uneingeschränkt Biografiearbeit zu empfehlen.

Inzwischen gibt es auch im deutschsprachigen Raum Vorlagen und Leitfäden zur Durchführung von Biografiearbeit mit fremdplatzierten Kindern (siehe II, Kap. 2). In einigen Einrichtungen der Jugendhilfe gehört Biografiearbeit schon zu den Standards der pädagogischen Arbeit. Von Pflegekinder- und Adoptionsdiensten wird Biografiearbeit immer häufiger in die Arbeit einbezogen.

Leider gibt es derzeit ausschließlich Praxiserfahrung und keine Forschungen über die Auswirkung von Biografiearbeit auf junge Menschen: Seelisch verletzte Kinder[8] erweitern durch das Verstehen der Vergangenheit ihr Erfahrungsspektrum. Biografiearbeit regt ihre Selbstheilungskräfte an. Unter „seelischen Verletzungen“ verstehen wir alle *Folgen* frühkindlicher Belastungen: Deprivation, Traumatisierung, Vernachlässigung, mangelnde Kommunikation, Beziehungsabbrüche. Oft wissen die Bezugspersonen nicht, was ihren Kindern wann in welchem Ausmaß widerfahren ist. Der Begriff „seelische Verletzungen“ hilft hier, das spezifische Verhalten von Kindern mit belastender Vorgeschichte zu beschreiben, einzuordnen und zu respektieren.

ⓘ Ryan, T./Walker, R. (2004): Wo gehöre ich hin? Biografiearbeit mit Kindern und Jugendlichen.

Wilson, J. (2003): Die unglaubliche Geschichte der Tracy Baker.

Wilson, J. (2004): Tracy Baker ist unschlagbar.

Wilson, J. (2007 a): Bühne frei für Tracy Baker

8 Wenn Kinder schweren Belastungen und traumatischen Erfahrungen ausgesetzt waren, konnten sie bestimmte Entwicklungsaufgaben nur teilweise erfüllen, da ihre seelische Energie zur Bewältigung der belastenden Ereignisse benötigt wurde. Dafür haben sie andere Überlebensstrategien entwickelt, die für ihre seelische Not- und Belastungssituation angemessen waren, die aber im heutigen Alltag von der Umwelt und den Bezugspersonen als inadäquat erlebt werden (siehe Kap. 3).

1.7 Inhalte und Wirkungen der Biografiearbeit mit Kindern

Es gibt inzwischen eine große Bandbreite von biografischem Arbeiten mit Kindern – angefangen bei niedrigschwelligen, stabilisierenden Übungen bis hin zu intensiven, tiefen Methoden (siehe Teil II). Biografiearbeit umfasst die möglichst konkrete Auseinandersetzung mit der bisherigen Lebensgeschichte, sie hat aber immer auch die aktuelle, gegenwärtige Beschreibung des Kindes und seine Erlebnisse und Erfahrungen zum Inhalt: sein Aussehen, seine Vorlieben, seine Stärken und Schwächen. Auch Informationen über das soziale Umfeld und die Beschreibung wichtiger Menschen werden gesammelt. Zahlreiche Übungen ermutigen Kinder, Gefühle wahrzunehmen und zu beschreiben und sich mit ihrem aktuellen sozialen Umfeld zu befassen. Immer werden während des Arbeitsprozesses auch Aspekte der Zukunft *(Was wird aus mir, wie möchte ich einmal leben?)* angeschaut und dokumentiert.

Es bindet viel seelische Energie, wenn Verwirrung, Unbehagen oder nur ein Teilwissen besteht darüber, warum es familiäre Einschnitte gegeben hat oder weshalb ein Kind von seiner Herkunftsfamilie getrennt wurde. Mit Biografiearbeit helfen wir, so manches innere Chaos zu ordnen. Sie stärkt das Wissen über sich selbst. Sie beantwortet schmerzliche Fragen und ordnet das Gefühlsdurcheinander. Biografiearbeit kann schwierige Lebensereignisse nicht mildern. Sie kann aber als Arbeitsmethode dem Kind und dem Erwachsenen das Gespräch darüber erleichtern und die Bewältigung unterstützen.

Biografiearbeit ist zugleich ein Training emotionaler und sozialer Kompetenzen. Durch die gewonnene Klarheit über bedeutsame Lebens- und Familienereignisse, durch das Wissen um die eigene Geschichte und um Begabungen und Fähigkeiten wird das Selbstbewusstsein junger Menschen gestärkt. Durch die Beantwortung der Fragen *Wer bin ich, wo komme ich her, was kann ich und wie werde ich sein?* bekommt das Ich eines jungen Menschen deutlichere Konturen, das Selbstbild wird klarer umrissen, die Identität (siehe I, Kap. 4.3) gefestigt.

2. Für welche Kinder ist Biografiearbeit geeignet?

„Im Unbewussten weiß der Mensch alles, seit er ganz klein ist. Die ‚Intelligenz' des Unbewussten ist die gleiche wie bei uns Erwachsenen." (Dolto 1997: 25)

Biografiearbeit eignet sich vor allem für Kinder, die von ihrer Ursprungsfamilie getrennt leben: Kinder in Pflege- und Adoptivfamilien, in Erziehungsstellen, in Wohngruppen, Heimen, Kinderdörfern etc. Sie ist einsetzbar für Kinder bei allein erziehenden Müttern oder Vätern, in Stief- und Patchworkfamilien, bei Großeltern und Verwandten usw. Auch bei schwerer Krankheit eines Familienmitgliedes, Verlust durch Tod und nach der Trennung und Scheidung der Eltern kann Biografiearbeit sehr hilfreich sein. Wechselt ein Kind sein Lebensumfeld, wird es in einer Pflegefamilie oder einem Kinderheim aufgenommen oder geht es zur Herkunftsfamilie zurück, dient Biografiearbeit als *Brücke* von einem Lebensraum in den anderen.

In jedem Leben gibt es Übergänge, Phasen von Neubeginn und Abschied. Und es gibt oft tiefe äußere Einschnitte, die mit inneren Prozessen verbunden sind: Kindergarteneintritt, Krankenhausaufenthalte, Schuleintritt, Klassen- und Schulwechsel, Wohnortwechsel, Tod von Großeltern, Geburt von Geschwistern, Festtage der Familie, besondere Reisen, Kuraufenthalte usw. Deshalb kann Biografiearbeit auch eine wertvolle Hilfe für Kinder in „Normalfamilien" sein.

2.1 Kinder in stationärer Erziehungshilfe

Manche Kinder im Heim besitzen wenige oder widersprüchliche Informationen über ihre Lebensgeschichte. Vor der Unterbringung haben sie Stress, Krisen, Dauerkonflikte im Elternhaus, möglicherweise Vernachlässigung, Gewalt, Angst, Alleinsein erlebt. Viele von ihnen entwickeln Phantasien über die Gründe der Heimunterbringung und können sich schwer auf eine Einrichtung als Lebensort einlassen. Häufige Fragen sind: *Warum lebe ich im Heim? Wie lange muss ich bleiben? Bin ich schuld? Was habe ich falsch gemacht? Warum musste ich ins Heim und meine Geschwister nicht?* Nicht selten haben gerade Jugendliche, die in ein Heim oder eine Wohngruppe kommen, bereits eine so genannte „Jugendhilfekarriere“ hinter sich, d.h. mehrere (abgebrochene) Unterbringungen in Pflegefamilien und/oder der Psychiatrie. Sie haben Beziehungsabbrüche erlebt und es fällt ihnen oft schwer, Vertrauen zu fassen und sich auf neue Beziehungsangebote „einzulassen“.

Der Eintritt in die Heimerziehung bedeutet für die Kinder einen Umbruch, oft befinden sie sich in einem Schock- und Ausnahmezustand. Sie verlieren ihr bisher vertrautes Umfeld und sehen sich wieder zahlreichen neuen Anforderungen gegenüber: Neue Gleichaltrige, neue informelle Gruppennormen, neue Bezugspersonen, neue Regelwerke, neue Hierarchien (Heimleitung, Erzieherinnen und Erzieher). Oft ist mit dem Umzug auch ein Schulwechsel verbunden. Viele Mädchen und Jungen haben in dieser Situation Schwierigkeiten, sich selbst noch als kontinuierliche Persönlichkeit wahrzunehmen. Sie sind voller Selbstzweifel und häufig wütend auf die betreuenden Erwachsenen.

Biografiearbeit ist ein schützender Faktor und unterstützt die Integration. Die notwendige Zeit, die man zur Arbeit mit dem jungen Menschen benötigt, ist perspektivisch gut eingesetzt, erst recht, wenn es gelingt, dass Kinder die spezifischen Krisen in ihrer Lebensgeschichte und in ihrer Familie verstehen und eine eigene Lebensperspektive entwickeln können. Nicht zuletzt daran misst sich die Wirksamkeit von Heimerziehung.

> ⓘ Schleiffer, R. (2007): Der heimliche Wunsch nach Nähe. Bindungstheorie und Heimerziehung.

2.2 Kinder in Pflegefamilien und Erziehungsstellen

Bei der Hilfe zur Erziehung in einer Pflegefamilie nach § 33 SGB VIII wird kein professioneller Anbieter beauftragt, sondern eine private Familie. Die Pflegeeltern sind zugleich Vertragspartner des Jugendamtes. Sie werden regelmäßig zur Hilfeplanung herangezogen. Erziehungsstellen, Sonderpflegestellen und Familienwohngruppen stellen ihre Privatfamilie zur Verfügung, um (bei höherer Bezahlung) für besonders förderungsbedürftige Kinder zu sorgen. Der Doppelauftrag, das familiäre Zusammenleben mit den Kindern als Beruf zu definieren, bleibt ebenso kompliziert wie die Findung des Selbstkonzeptes einer „Normal-Pflegefamilie" zwischen Privatleben und öffentlichem Auftrag.

Je jünger ein Kind, desto stärker entwickelt es eine Bindung an die Pflegefamilie und fühlt sich ganz und gar zugehörig. Doch auch hier gibt es eine bittere Realität: Es ist nicht das „richtige" Kind in der Pflegefamilie. Haben die Pflegeeltern leibliche Kinder, so sehen sich die Pflegekinder oft als Kinder zweiter Wahl. Pflegeeltern beteuern dann, dass sie leibliche Kinder und Pflegekinder gleich lieb hätten. Aber der Unterschied in der Herkunft lässt sich nicht verwischen. Jene Pflegeeltern, die den leiblichen Eltern einen festen emotionalen Platz einräumen, helfen den Kindern am besten, mit ihrer besonderen Situation leben zu lernen.

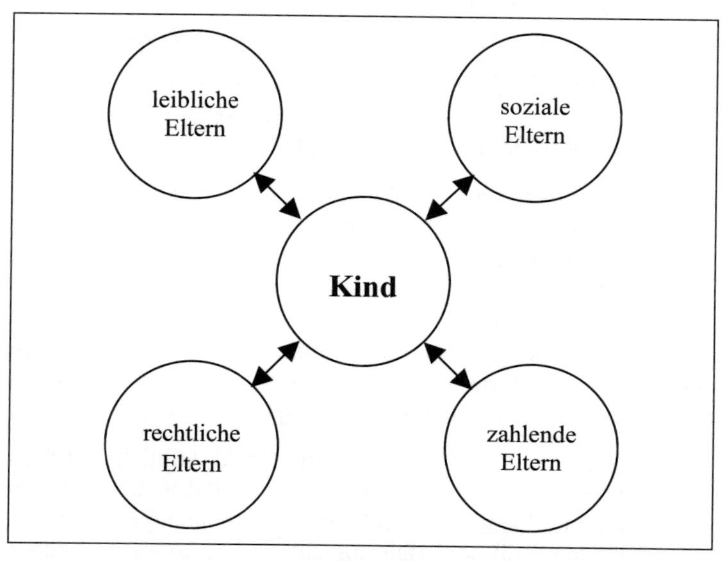

Abb. 2: Vier Dimensionen der Elternschaft

Pflegeeltern, Kinder und Herkunftseltern profitieren von der Untergliederung elterlicher Aufgaben und Funktionen (vgl. Ryan/Walker 2004: 85). Ryan/Walker zeigen nach Vera Fahlberg drei Bereiche der Elternschaft auf: Die leibliche Elternschaft (die nie mehr aufhebbar ist), die soziale Elternschaft (die ebenfalls nicht mehr austauschbar ist), und die rechtliche Elternschaft. Fahlberg ordnet die ökonomische Elternschaft der rechtlichen Elternschaft zu. Doch die elterliche Pflicht, für den Unterhalt des Kindes aufzukommen, ist unseres Erachtens eine vierte zentrale Dimension. Rechtliche Elternschaft und ökonomische Verantwortung sind bei Kindern in Hilfe zur Erziehung oft auf verschiedene Personen oder Institutionen verteilt.

Auch leibliche Eltern profitieren von diesem Schaubild. Ihnen kann erläutert werden: *„Sie sind und bleiben Eltern. Ihre leibliche Elternschaft kann niemand aufheben. Aber die Jeden-Tag-Verantwortung für Ihr Kind mussten Sie auf andere Menschen übertragen. Die schauen jetzt, ob sich Ihr Kind jeden Morgen wäscht und helfen bei den Hausaufgaben."* (Siehe II, Kap. 5.2)

> ⓘ Blandow, J. (2004): Pflegekinder und ihre Familien.
>
> Wiemann, I. (2005): Ratgeber Pflegekinder. Erfahrungen, Hilfen, Perspektiven.

2.3 Kinder in Verwandtenpflege

Verwandtenpflege kann große Vorzüge haben: Das Kind fühlt sich nicht „fremdplatziert", es bleibt im Familienverband, meist bei Menschen, die ihm schon lange vertraut sind. Blandow hebt hervor: „Verwandte werden als Pflegefamilie betrachtet, obwohl sie das eigentlich nicht sind. Sie betreuen ein Kind, das ihnen vertraut ist, aus familiären Gründen, aus Schuldgefühlen oder was auch immer, aber nie, weil sie Pflegeeltern für ein Kind sein wollen." (Blandow 2002: 23)

Dominieren zwischen Verwandtschaft und leiblichen Eltern Konflikte und Spannungen, so führt dies für das Kind zu großen Loyalitäts- und Identitätskonflikten. Es kann sich nicht wertvoll fühlen, wenn es mit der Erfahrung aufwächst, dass seine Mutter oder sein Vater abgelehnt wird und sich die Verwandten oder Großeltern über sie/ihn immer wieder aufregen. Kinder benötigen Bezugspersonen, die ihre eigenen Gefühle gegenüber den Eltern des Kindes reflektiert haben. Gab es in der Familie der leiblichen Eltern schwere menschliche Katastrophen (z. B. Suizid eines Elternteils, Tötung eines Elternteils durch den anderen Elternteil), so benötigen die Bezugspersonen professionelle Hilfe, um dem Kind eine positive Identitätsentwicklung zu ermöglichen. Biografiearbeit kann hier helfen, die verschiedenen Standorte von Vater, Mutter, Großeltern und Verwandten herauszuarbeiten oder die „zwei Seiten" von Mutter oder Vater zu thematisieren (siehe II, Kap. 5 und 6).

2.4 Adoptivkinder

Adoptivkinder sind „an Kindes statt" angenommen und gesetzlich leiblichen Kindern gleichgestellt. Die Adoption wird notariell vereinbart und vom Familiengericht beschlossen. Von den vier Dimensionen der Elternschaft liegen drei in der Adoptivfamilie: Obwohl die Adoptiveltern also rechtlich, seelisch sozial und ökonomisch die Eltern des Kindes sind, hat es andere (leibliche) Eltern und stellt sich die Frage, wie diese wohl aussehen, ob es ihnen ähnlich ist und warum sie es abgegeben haben.

Auch wird manchmal die Qualität der seelisch sozialen Elternschaft hinterfragt. *„Von dir lasse ich mir nichts mehr sagen, du bist ja nicht mein richtiger Vater"* sind Sätze, die in Konflikten schnell von adoptierten Kindern ausgesprochen werden. Einige Adoptivkinder fragen sich offen oder unbewusst: *Kann ich meine Adoptivmutter denn glücklich machen, wo sie sich doch eigentlich ein leibliches Kind gewünscht hätte?* Die in Schweden bei ausländischen Adoptierten nachgewiesene hohe Zahl an Suiziden, die überproportional vielen Adoptierten in Psychiatrien, in der Heimerziehung oder in Internaten sind Hinweise auf die Störanfälligkeit des Systems Adoptivfamilie (vgl. Hjern u. a. 2002).

Erfreulicherweise hat in den letzten Jahren ein Paradigmenwechsel zugunsten der frühen Aufklärung eines Adoptivkindes stattgefunden. Bis in die 1980er Jahre empfahlen Fachleute, ein Adoptivkind möglichst spät über seine Herkunft aufzuklären. Heute wird die Wichtigkeit einer frühen Information vermittelt.

Frühe Kontakte zur Herkunftsfamilie (offene Adoptionen) werden immer häufiger praktiziert.

Durch Biografiearbeit erhalten Kinder die Legitimation, ihre Herkunftsfamilie als Teil von sich selbst wahrzunehmen. Sie bekommen Sicherheit, dass ihre seelisch sozialen Eltern ihre Eltern sind und bleiben und sie erhalten Hilfen bei Loyalitätskonflikten und Identitätsfragen. Biografiearbeit kann auch eine Vorstufe und Vorbereitung zur Suche und zum Wiederfinden der Herkunftsfamilie sein.

ⓘ Wiemann, I. (2006 a): Ratgeber Adoptivkinder. Erfahrungen, Hilfen, Perspektiven.

2.5 Kinder in ambulanter Betreuung

Biografiearbeit kann die Arbeit in Beratungsstellen, teilstationären Gruppen und anderen Einrichtungen der Erziehungshilfe ungemein bereichern. Auch in der sozialpädagogischen Familienhilfe ist es sinnvoll, regelmäßig und kontinuierlich mit Kindern biografisch zu arbeiten.

Gruppenarbeit ist ebenfalls ambulant möglich, z. B. in einer Tagesgruppe, die sich im Rahmen eines Projektes mit dem eigenen Leben befasst. Mit den Kindern können spielerisch die Themenfelder *Meine Person*, *Meine Familie*, *Warum ich in der Tagesgruppe bin* erarbeitet werden (vgl. II, Kap.7.5).

Anlass für die Förderung in einer teilstationären Einrichtung sind häufig Schwierigkeiten in der Schule, gekoppelt mit wenig elterlicher Präsenz und/oder Unterstützung. Viele Kinder fühlen sich stigmatisiert, weil sie nicht wie andere ihre Freizeit autonom gestalten können. Jungen und Mädchen, die eine Förderschule besuchen, fühlen sich zudem als „anders" und formulieren dies oft auch drastisch *(Ich gehe ja auf die Dummenschule, aus mir wird eh nix)*. Biografiearbeit sollte bei diesen Kindern den Fokus auf die Ressourcen richten und das Selbstwertgefühl stärken.

ⓘ Raabe, W. (2004): Biografiearbeit in der Benachteiligtenförderung.

2.6 Kinder, die vom Tod Angehöriger, von Trauer und Verlust betroffen sind

Sterben und Tod sind in unserer Gesellschaft tabuisiert. Viele Erwachsene glauben, man dürfe Kinder nicht mit diesem „schweren" Thema belasten, könne ihnen eine Auseinandersetzung ersparen. Dabei handelt es sich meist um eine Unsicherheit, Angst oder Abwehr auf Seiten der Erwachsenen. Kinder brauchen dringend Ansprechpartnerinnen und Ansprechpartner, denen sie Fragen über das Sterben, den Tod und was dann geschieht, stellen können: *Die Mama ist jetzt im Himmel. Wie ist sie da hingekommen? Und was macht sie dort den ganzen Tag?* Manche Kinder schneiden von sich aus das Thema nicht an, weil sie die Erwachsenen nicht belasten möchten oder ihre Gefühle „eingefroren" haben. Ihre Bezugspersonen müssen von sich aus mit Kindern über das Schwere sprechen (siehe II, Kap. 6).

Biografiearbeit kann Schmerz und Trauer ins Leben integrieren. Das Kind erhält konkrete Informationen zu Erkrankung und Tod. Phantasien, Vermutungen oder Schuldgefühle können sichtbar werden, mit denen das Kind nicht allein bleiben muss. Empfindungen und Gefühle wie „traurig sein", „einen Verlust haben", „Angst haben" können benannt und besprochen werden. Auch die Furcht des Kindes, noch weitere Menschen zu verlieren, kann Thema sein.

ⓘ Hinderer, P./Kroth, M. (2005): Kinder bei Tod und Trauer begleiten. Konkrete Hilfestellungen in Trauersituationen für Kindergarten, Grundschule und zu Hause.

Tausch-Flammer, D./Bickel, L. (1998): Wenn Kinder nach dem Sterben fragen. Ein Begleitbuch für Kinder, Eltern und Erzieher.

2.7 Kinder mit Migrationshintergrund

Um die Frage *Wer bin ich?* zu beantworten, brauchen Kinder das Wissen um ihre familiäre Geschichte sowie das Wissen um ihre Heimat, ihr Land, die Menschen, die Kultur ihrer Herkunft. *Warum bin ich hier?* und: *Wie wird meine Zukunft aussehen?*

lauten Fragen, die für Kinder mit Migrationshintergrund[1] relevant sind.

Diese jungen Menschen sind sozialen und psychischen Benachteiligungen ausgesetzt, jedoch bei der Inanspruchnahme sozialer Dienste und Hilfen unterrepräsentiert (vgl. Schuch o. J.). Besonders unerträglich ist die Situation jener Flüchtlingsfamilien, deren Asylverfahren noch offen ist. Kinder, die als Kriegsflüchtlinge in dieses Land kommen, benötigen darüber hinaus Hilfe bei der Verarbeitung traumatischer Erlebnisse.

Gleich, ob sie mit oder ohne ihre Familien als Flüchtlinge vor Krieg, Folter oder Hunger zu uns gekommen sind, auf der Suche nach Arbeit und besseren Lebensbedingungen oder als Aussiedlerinnen und Aussiedler: Die Kinder stehen zwischen den kulturellen und religiösen Werten ihres Herkunftslandes, die in der Familie weitergelebt werden, und den geltenden Normen der hiesigen Gesellschaft.

Viele von Migration betroffene Kinder sind in zwei kulturellen Welten zu Hause und vertraut. Kommen Vater und Mutter aus verschiedenen Ländern, so haben die Kinder sogar drei kulturelle Identitäten: die der Herkunftsfamilien der Eltern und die gegenwärtige in diesem Land. Junge Menschen, die seit Jahren in diesem Land leben, können sich oft nicht mehr mit ihrem Herkunftsland identifizieren. Ola, 15 Jahre, aus dem Libanon erzählt:

> „Wenn meine Eltern über Libanon sprechen, dann ist Libanon ein fremdes Land für mich, als ob sie über ein Land reden, in dem ich noch nie war. Ich bin hier aufgewachsen. Ich weiß gar nicht, was ich im Libanon machen soll. Da kenne ich niemand, da ist nichts, was mir gehört. Was soll mich da erwarten außer der Straße? Wir haben dort keine Wohnung, wo wir bleiben könnten. Alle Mädchen in meinem Alter, die werden dort verheiratet, das heißt, dass ich auch schon heiraten müsste. Das kann ich mir nicht vorstellen, zu heiraten. […] Ich möchte mein Abitur machen, studieren. Ich möchte

---

1 Wir benutzen den Ausdruck Migrationshintergrund zusammenfassend für Menschen, die u.U. die deutsche Staatsbürgerschaft besitzen, deren Familie aber aus einem anderen Land stammt und die nach Deutschland eingewandert oder geflohen sind.

nicht irgendwo verheiratet sein, zu Hause sitzen, meinem Mann dienen, nur Geschirr spülen und kochen. Ich setze alles daran, auf eigenen Füßen zu stehen." (Sperlich 2002: 73)

Mit Jugendlichen, die mit sehr unterschiedlichen Werten und Normen konfrontiert sind, kann herausgearbeitet werden, was man von beiden „Welten" schätzt und was man nicht für sich akzeptieren möchte (siehe II, Kap. 2.2.6). Ziel ist es, den Konflikt zu thematisieren und eine eigene Perspektive zu entwickeln. Das ist häufig gerade für Mädchen schwierig, die in der Familie sehr traditionelle und in der hiesigen Gesellschaft moderne Rollenbilder erleben.

In einer anderen Situation sind Kinder mit deutscher Staatsangehörigkeit, die nur einen Elternteil aus einer anderen Region der Erde haben (etwa eine thailändische Mutter und einen deutschen Vater). Diese Kinder sind von einem Teil ihrer Wurzeln abgeschnitten, sie wachsen meist ganz selbstverständlich mit der hiesigen Kultur und Sprache auf. Manche dieser Kinder wollen sich mit dem Herkunftsland des eingewanderten Elternteils nicht so gern auseinandersetzen, möchten am liebsten ausschließlich Kind des Landes sein, in dem sie leben. Biografiearbeit kann hier helfen, mehr innere Akzeptanz für das elterliche Herkunftsland zu wecken.

Umgang mit Rassismus und Fremdenfeindlichkeit

Erfahrungen von Diskriminierung, Ausgrenzung und Rassismus sind ein großer Schwerpunkt bei der Biografiearbeit mit Kindern mit Migrationshintergrund. Sie brauchen Hilfe beim Umgang mit Vorurteilen, Ausgrenzungen, verbalen oder körperlichen Angriffen. In der Biografiearbeit kann z. B. mit einem Kindergartenkind eingeübt werden, was es auf rassistische Beschimpfungen erwidern kann *(„Halt die Klappe, du Bleichgesicht", „Warum willst du denn im Sommer braun werden?")*. Der Slogan *Alle Menschen sind Ausländer. Fast überall!* kann auf einer Collage stehen, die Bilder von Kindern aus aller Welt zeigt. Bilder von Familien aus aller Welt oder von Musikerinnen und Musikern, Politikerinnen und Politikern, Sportlerinnen und Sportlern an den Wänden von Schulkorridoren können als positive Vorbilder dienen (vgl. Wiemann 2004 a).

Viele Kindergärten und Schulen greifen diese Themen heute schon auf und ermutigen die Kinder, sich als „multikulturelle" Gruppe oder Schulklasse zu verstehen. Obermann (2006: 8 f.) beschreibt, wie sie in einer Hortgruppe mit Kindern aus 10 verschiedenen Ländern „Landesmappen" zusammenstellte.

Auch in Tagesgruppen oder Heimen, in denen sich Jugendliche derselben nationalen Herkunft oft gegen andere verbünden, können Projekte zur Entwicklung von mehr Toleranz und Verständnis zur Entspannung beitragen. Dies stärkt auch das Selbstwertgefühl der Kinder, die sich als Heimkind und dazu als Kind einer ausländischen Familie oft doppelt stigmatisiert fühlen.

Adoptierte Kinder aus aller Welt[2]

Pedro wurde aus Bolivien nach Deutschland adoptiert. In seiner Kindergartengruppe ist er das einzige Kind, das eine andere Hautfarbe hat. Die anderen Kinder fragen ihn, warum er anders aussieht als seine Eltern, die weiß sind. Pedro hört, wie eine andere Kindergartenmama zu seiner Mama sagt, sie hätte aber „ein gutes Werk" getan.

Aus dem Ausland adoptierte Kinder besitzen einen hiesigen Pass, fühlen sich ganz und gar deutsch, schweizerisch oder österreichisch, gleichzeitig sehen sie anders aus als die Mehrzahl. Sie begegnen Vorurteilen und Erwartungen über ihr Herkunftsland und werden oft subtil diskriminiert. Ihr Herkunftsland ist oft das einzige Bindeglied zu ihren Wurzeln. Der Einbezug des Herkunftslandes in die Biografiearbeit ist für sie eine wertvolle Erfahrung (siehe II, Kap. 2.2.6).

Viele Adoptiveltern reisen mit ihren jungen Kindern bereits in ihr Herkunftsland und berichten über die positive Wirkung. Jugendliche und erwachsene Adoptierte, die ihr Land besuchten, betonen, ein Stück Identität und mehr Verbundenheit mit sich selbst gefunden zu haben. Zugleich entwickeln sie nach einer solchen Reise häufig eine stärkere Zugehörigkeit zum vertrauten Aufenthaltsland. Adoptivfamilien mit Kindern aus aller

---

2 Wir danken den „Adoptivfamilien mit Kindern aus aller Welt e.V." (www.adoptivfamilien.de) für die Anregung zu dieser Überschrift.

Welt sollten sich einerseits als internationale Familie definieren, andererseits das Kind nicht auf sein Herkunftsland reduzieren. Dies wäre eine neue Form von Ausgrenzung und Rassismus. Bei ausländischen Adoptivkindern sollte, wie bei allen fremdplatzierten Kindern, die individuelle Lebensgeschichte in der Biografiearbeit dokumentiert werden. Dabei ist der behutsame Umgang mit Informationslücken sehr wichtig (siehe II, Kap. 5 und 6).

2.8 Kinder in Trennungs- und Scheidungskonflikten

Die Trennung oder Scheidung der Eltern ist ein gravierendes Ereignis für Kinder, das Ängste, tiefe Verzweiflung, Krisen und Unsicherheiten auslöst. Je jünger Kinder sind, desto weniger können sie die Scheidung getrennt von ihrer Person sehen. Kinder fühlen sich persönlich verlassen und häufig schuldig an der Situation. *(Wären sie nur liebenswerter, fleißiger, gehorsamer usw. gewesen, wäre der Elternteil sicher geblieben!)* Sie machen zudem die Erfahrung, dass Liebe zwischen den Eltern aufhören kann und folgern daraus, dass auch die Liebe der Eltern zu ihnen enden könnte. Biografiearbeit hat hier zum Inhalt:

Eine Zusicherung der getrennt lebenden Eltern, dass sich an der Eltern-Kind Beziehung nichts verändert

„Die Mama und ich können zwar als Mann und Frau nicht mehr zusammenwohnen. Trotzdem bleiben wir beide für immer dein Vater und deine Mutter. Auch wenn wir geschieden sind, bleibe ich immer dein Papa und habe dich lieb.“ Eltern bleiben trotz Trennung Eltern und tragen gemeinsam die Verantwortung, für das Kind gute Lösungen zu finden.

Klärung der Umgangsregelung

Das Kind muss wissen, wo und wie die Besuche beim anderen Elternteil gestaltet werden. Dies kann schriftlich festgehalten und im Lebensbuch abgeheftet werden, damit das Kind nachschlagen kann. Eine neutrale Person (z. B. in der Erziehungsberatung) kann die Wünsche des Kindes in Erfahrung bringen.

Grund der Trennung oder Scheidung

Die Gründe, die zur Trennung und Scheidung geführt haben, müssen mit dem Kind besprochen werden. Dabei sollen keine Einzelheiten aus dem Paarkonflikt erzählt werden, sondern dass die Eltern es nicht für möglich halten, zusammen zu bleiben. Gibt es für Vater und Mutter unterschiedliche Gründe der Trennung, sollten sie dem Kind sagen, dass Mama und Papa verschiedene Sichtweisen haben, die für sie jeweils die richtigen sind – wie bei einem Streit unter Kindern auch.

Entlastung aus dem Loyalitätskonflikt

Das Kind braucht die Erlaubnis, dass es beide Elternteile lieben darf. Indem man den anderen Elternteil achtet und respektiert, respektiert man auch das gemeinsame Kind. Eine solche Bestätigung kann in Form eines rituellen Satzes im Beisein aller Betroffenen gegeben oder schriftlich niedergelegt werden: *„Dein Papa bleibt dein Papa. Du wirst ihn weiterhin regelmäßig sehen."* Das Kind braucht außerdem das Einverständnis des Besuchselternteils, dass es beim anderen Elternteil wohnen darf. *„Für mich ist es in Ordnung, dass du bei deiner Mama lebst. Sie macht das gut mit dir. Gleichzeitig bleibe ich dein Vater und will viel Zeit mit dir verbringen."*

Arbeit an Veränderung, Verlust und Abschied

In der Biografiearbeit kann mit dem Kind alleine oder gemeinsam mit den Eltern Trauerarbeit geleistet werden. Die Eltern sollten dem Kind gegenüber ausdrücken können: *„Ich bin auch traurig darüber, dass wir nicht mehr als Familie zusammen leben können. Und es ist in Ordnung, dass du traurig und wütend bist."* (Vgl. Lattschar 2004)

Die Gefühle des Kindes zu den Veränderungen sollten thematisiert, die Ängste des Kindes, nach dem Verlust einer Bezugsperson noch die andere zu verlieren, angesprochen werden: *Die Mama hat uns verlassen. Was passiert mit mir, wenn der Papa krank wird oder stirbt?*

Zieht die Familie nach der Trennung um, kommt zum Verlust des Elternteils der Abschied von der vertrauten Umgebung, Freundinnen und Freunden. Im Lebensbuch können bisherige

Wohnung, Schule und Gleichaltrige ihren Platz bekommen. Das Kind braucht Gelegenheit, zu trauern und Abschied zu nehmen: *(„Ich bin traurig, weil ...“, „Ohne Papa fehlt mir ...“, „Ich vermisse ...“).* Nicht vollzogene Abschiede können nachgeholt werden, z. B. kann man der Oma oder der alten Schulklasse einen Brief mit Fotos schicken.

ⓘ Jewett Jarratt, C. (2006): Trennung, Verlust und Trauer. Was wir unseren Kindern sagen – wie wir Ihnen helfen.

2.9 Kinder in neu zusammengesetzten Familien

Die so genannte „Normalfamilie“ oder Kernfamilie war und ist nicht das einzige existierende Familienmodell, obwohl dieses Bild in unseren Köpfen sehr präsent ist. Zu allen Zeiten gab es unterschiedliche Familienformen, wie z. B. Ein-Eltern-Familien, Stieffamilien, Patchworkfamilien, Großfamilien, Pflege- oder Adoptivfamilien, usw.

Oft sind sich allein erziehende Mütter oder Väter nicht im Klaren, welchen Stellenwert der abwesende Elternteil behält, wenn sie eine neue Familie gründen. Sie können manchmal biologische Väter oder Mütter und die damit verbundenen früheren Lebensphasen nur schwer in ihr neues Leben integrieren. Manche Paare wollen durch eine Stiefkindadoption für das Kind so viel äußere „Normalität“ wie möglich schaffen. Manchmal wird dem Kind seine Abstammung verheimlicht. Kinder haben jedoch feine Antennen. Sie spüren, wenn ihnen etwas vorenthalten wird. Eine Stiefkindadoption wird auch von Fachstellen für Adoption nur dann befürwortet, wenn das Kind über den abwesenden leiblichen Elternteil informiert ist, wenn dieser keine Verantwortung mehr für das Kind tragen kann und der Adoption zustimmt und die Person, die die seelisch soziale Elternschaft übernommen hat, auch die rechtliche und zahlende Elternschaft erwerben möchte. Für Kinder in Stieffamilien gibt es viele Widersprüche und Konflikte. Wenn sie Kontakt zu ihrem leiblichen Elternteil außerhalb der Familie haben, so verbringen sie mit diesem häufig weniger Lebenszeit, als mit dem neuen Partner der Mutter (der Partnerin des Vaters), mit dem sie Tag für Tag zusammenleben. Haben Mutter und neuer Partner (oder Vater und neue Partnerin) weitere gemeinsame Kinder, so fühlt sich das Kind mit nur einem leiblichen Elternteil innerhalb seiner Familie oftmals als Außenseiter. Häufig geraten Mädchen und Jungen in Identitäts- oder Loyalitätskonflikte. Am zufriedensten sind Kinder mit einem Stiefelternteil, wenn die Beziehung zu beiden leiblichen Elternteilen nach der Trennung weitestgehend unverändert bleibt. Eine befriedigende Rolle und den angemessenen Status in einer Stieffamilie zu finden, ist für alle Beteiligten oft ein jahrelanger Prozess. Biografiearbeit kann dabei viele Unklarheiten beseitigen. Die vier Dimensionen der Elternschaft sind hier sehr hilfreich. In einer Stiefvaterfamilie kann die Mutter des Kindes über den leiblichen Vater ein Erinnerungsbuch verfassen. Der seelisch-soziale Vater kann seine Rolle im Vergleich zum leiblichen Vater definieren (siehe II, Kap. 5.2).

ⓘ Dusolt, H. (Hg.) (2000): Schritt für Schritt. Ein Leitfaden zur Gestaltung des Zusammenlebens in Stieffamilien.

Krähenbühl, V. u. a. (2001): Stieffamilien. Struktur, Entwicklung, Therapie.

3. Kindliche Entwicklung und Formen der Biografiearbeit

„Liam entdeckte ein Foto von sich aus dem Kindergarten. An seinen Schultern waren kleine Engelsflügel aus Papier festgeklebt. Wer war er damals gewesen? War man nur eine Person? Oder war man verschiedene Menschen, die irgendwann, wenn man erwachsen war, zu einer Person wurden?“ (Fox 2003: 89)

Biografiearbeit ist mit Kindern jeden Alters möglich. Sie muss in ihrer Intensität und Tiefe sowie der Wahl der Methoden dem Alter, Entwicklungsstand und Interesse des Kindes angepasst sein. Deshalb geben wir hier als Orientierungshilfe eine kleine Übersicht über die Entwicklung von Kindern und Jugendlichen. Dabei beziehen wir uns auch auf die Phasenlehren von Erikson[1] und Piaget[2]. Phasenlehren sind hilfreiche Konstrukte, um Entwicklung zu verstehen und die jeweiligen Entwicklungsaufgaben bestimmten Altersstufen eines Kindes zuzuordnen. Sie sollen jedoch keinesfalls kindliche Entwicklungsschritte als Normen für einzelne Altersstufen festschreiben. Auch gehen Phasenlehren davon aus, dass es sich bei Entwicklung überwiegend um eine von der Natur vorgegebene innere Gesetzmäßigkeit handle. Wir wissen heute, dass Entwicklung ein komplexes Zusammenspiel von genetischen Programmen und ihrer Modulation durch die sozialen Umweltfaktoren darstellt.

Kinder, die früh Beziehungsabbrüche, unsichere Bindungen und Verluste oder Traumata erleiden mussten, lassen sich in ihrem Entwicklungsstand nicht ohne weiteres einordnen. Die

1 Der Psychoanalytiker Erik Erikson (1902–1994) erweiterte die Freud'sche Theorie der fünf Phasen in Kindheit und Jugend und postulierte acht Entwicklungsstufen, die der Mensch bis ins hohe Erwachsenenalter durchläuft. Auf jeder dieser Stufen muss ein bestimmter Konflikt bearbeitet werden.

2 Jean Piaget (1896–1980) war einer der Hauptvertreter der Entwicklungspsychologie (Genfer Schule). Piaget widmete fast fünfzig Jahre seines Lebens der Beobachtung der Entwicklung des Denkens bei Kindern.

Reifung verläuft dann oft asynchron. Auch Kinder mit Migrationshintergrund dürfen wir nicht an den kulturspezifischen Fertigkeiten der deutschsprachigen Kinder messen. Andere Traditionen und Werte, der Kompetenzerwerb in zwei verschiedenen Kulturen und zwei Sprachen führen bei vielen immigrierten Kindern zu partiellen Entwicklungsverzögerungen oder -beschleunigungen.

> ⓘ Dornes, M. (1993): Der kompetente Säugling.
> Dornes, M. (1997): Die frühe Kindheit.
> Dornes, M. (2000): Die emotionale Welt des Kindes.

3.1 Vorgeburtliche Zeit

Die seelisch-soziale Entwicklung des Menschen beginnt im Mutterleib. Schon 1940 fanden Forscher heraus, dass Föten von Soldatenfrauen starke Aktivität zeigten und sich später zu „labilen, für Angst und Depression anfällige Persönlichkeiten entwickelten." (Schenk-Danzinger 1994: 16) Waren Menschen im Mutterleib der Ausschüttung von Stresshormonen ausgesetzt, reagieren sie lebenslang empfindlicher auf Stress. „Das ganze Leben ist eine Entdeckungsreise. Vieles, was die Forscher in den letzten Jahren herausgefunden haben, spricht dafür, dass wir den spannendsten und aufregendsten Teil dieser Reise bereits hinter uns haben, wenn wir auf die Welt kommen." (Hüther/Krens 2005: 13)

> ⓘ Hüther, G., Krens, I. (2005): Das Geheimnis der ersten neun Monate. Unsere frühesten Prägungen
>
> Alberti, B. (2005): Die Seele fühlt von Anfang an. Wie pränatale Erfahrungen unsere Beziehungsfähigkeit prägen.

3.2 Säuglings- und Kleinkindalter (bis 3 Jahre)

Kleinkinder sind abhängig von ihren Bezugspersonen. Sie nehmen Stimmungen und Gefühle ihrer Bindungspersonen auf, können diese noch nicht von den eigenen Gefühlen trennen. Erik Erikson (1968) bezeichnet die Entwicklungsstufe bis zum Alter von etwa anderthalb Jahren als „Vertrauen gegen Misstrauen". Hier werden die Grundlagen gelegt für Selbstvertrauen und Sicherheit, späteres Sozialverhalten und Kontaktfähigkeit.

Durch die Bindungstheorie (vgl. Bowlby[3] 2006 a bis 2006 c) wissen wir: Erwachsene, die auf die Bedürfnisse ihrer Säuglinge und Kleinkinder feinfühlig reagieren, dienen ihrem Kind als „sichere Basis". Von dieser sicheren Basis aus kann das Kind die Welt erforschen und seine Neugier entfalten. Fehlt der frühen Bezugsperson die Feinfühligkeit, kann das „unsichere" Bindungsmuster entstehen. Hier gibt es „unsicher-ambivalent gebundene" oder „vermeidend gebundene" Kinder. Das Einordnen in sicher gebundene und unsicher gebundene Kinder ist ein hilfreiches Konstrukt. In der Realität gibt es fließende Übergänge und Kinder, auf die keines der drei Bindungsmuster zutrifft. Letztere wurden später einem vierten, dem „desorganisierten" Bindungstyp zugeordnet: Misshandelte oder sexuell missbrauchte Kinder haben oft diese Bindungsstruktur.

Siebzig bis achtzig Prozent der Menschen zeigen als Erwachsene noch dieselben Bindungsmuster wie als Kleinkind. Veränderungen der Bindungsmuster gibt es eher vom sicheren hin zum unsicheren Bindungstyp. Nur unter optimalen Bedingungen (sehr feinfühlige, stressresistente, belastbare Bezugspersonen) wird eine positive Veränderung früher Bindungsrepräsentationen möglich. Dies ist aber oft ein langsamer Prozess, der sich bis in das Erwachsenenalter hinzieht. Eine sichere Bindung im ersten Lebensjahr gilt als Schutzfaktor für das weitere Leben.

Als nächste Entwicklungsstufe folgt bei Erikson „Autonomie gegen Scham und Zweifel", in der das Kind sich selbst zunehmend als handelnde Person erlebt. In dieser Zeit wird das Laufen und Sprechen sowie die bewusste Kontrolle von Körperausscheidungen erlernt. Auch wird die Basis für die Entwicklung des Gewissens gelegt. Erwachsenenverhalten wird vom Kleinkind durch Nachahmung und Identifikation verinnerlicht (vgl. Anna Freud 1973). Hat ein Kind keine zuverlässigen Bezugs-

---

3 John Bowlby (1907–1990), psychoanalytisch orientierter Entwicklungspsychologe. Das Streben des Säuglings und Kleinkindes nach Nähe, Zuwendung und Beistand (Bindung) wurde von ihm als eigenes angeborenes Grundbedürfnis des Menschen beschrieben.

personen bis zum Alter von anderthalb Jahren, entsteht eine Verunsicherung über Normen und Regeln.

Kognitiv befindet sich das Kind nach dem Entwicklungspsychologen Piaget (1973, 1992) im Alter bis zu 2 Jahren auf der Stufe der sensomotorischen[4] Intelligenz. Es verfügt über ein Wissen von der Welt, das noch ohne Begriffe und Symbole auskommt. Etwa ab dem 18. Monat kann sich das Kind im Voraus eine Vorstellung von einer Handlung und ihrem Ergebnis machen. Hier liegen die Anfänge des Denkens.

Der Spracherwerb setzt ab ca. dem 2. Lebensmonat mit dem „Lautieren" ein, mit ca. einem Jahr folgt ein erstes gesprochenes Wort. Im 2. Lebensjahr kann das Kind „ich" sagen und hat eine Vorstellung von sich selbst als eigenständigem Wesen. Im 3. Lebensjahr kann es die meisten Dinge benennen und spricht Zwei-bis-drei-Wort-Sätze. Es versteht, was auf kindgerechtem Sprachniveau gesprochen wird.

ⓘ Kasten, H. (2004): Entwicklungspsychologische Grundlagen, 0-3 Jahre.

Biografiearbeit im Säuglings- und Kleinkindalter

Bei Kleinkindern umfasst Biografiearbeit das Erzählen von Geschichten und das Sammeln oder Dokumentieren von Informationen oder Erinnerungsstücken für später. Bereits auf dem Wickeltisch, beim Zubettgehen oder auf dem Schoßsitzen kann dem Säugling oder Kleinkind seine Geschichte erzählt werden. Hierbei ist wichtig, Begriffe für die leiblichen Eltern zu finden. Diese sollten nicht identisch sein mit den Bezeichnungen für die Pflege- oder Adoptiveltern. Es verwirrt ein Kind, wenn wir ihm sagen: *„Du hast zwei Mamas"*. Klarer ist: *„Du hast eine erste Mutter, in deren Bauch du gewachsen bist"*. Oder: *„Du hast eine Bauchmama, die du nicht kennst und eine Jeden-Tag-Mama, die du lieb hast und zu der du gehörst"*. Oder: *„Du hast einen Vater, der dir dein Leben gegeben hat und einen, den du als Papa lieb hast."*

---

4 Die sensomotorische Intelligenz meint die Koordination von Sinneswahrnehmung und Bewegung.

Dass Säuglinge bereits die Sprache und vor allem ihren emotionalen Gehalt verstehen, daran besteht nach Ergebnissen der modernen Säuglingsforschung kein Zweifel. Dem Kind wird die Geschichte allmählich vertraut. Wir empfehlen annehmenden Eltern von Babys und Kleinkindern, die Geschichte aufzuschreiben, damit der Wortlaut bei jedem Erzählen gleich bleibt. Positiver Nebeneffekt ist, dass auch der Erwachsene immer unbefangener über die Lebensgeschichte des Kindes sprechen kann.

ⓘ Eliacheff, C. (1997): Das Kind, das eine Katze sein wollte. Psychoanalytische Arbeit mit Säuglingen und Kleinkindern.

3.3 Kindergartenalter (3–6 Jahre)

Die Zeit zwischen dem 2. und 4. Lebensjahr bezeichnet Piaget als Stadium des „symbolisch vorbegrifflichen Denkens“. Das Kind kann sich etwas vorstellen oder sich ins Gedächtnis rufen und verwendet Begriffe. Charakteristisch für die Vorstellungswelt des Kindes sind sogenannte animistische und finalistische Deutungen. Das Kind nimmt unbelebte Gegenstände als lebendig wahr (die Sonne geht schlafen, die Tür, an der es sich gestoßen hat, ist böse) und unterstellt Dingen Absichten und Zweck (die Steine sind da, damit man Häuser bauen kann, die Bäume zum Schattenspenden). Kinder haben nun ein Interesse an Geschichten, in denen Märchengestalten oder Phantasiefiguren auftauchen oder Tiere wie Menschen dargestellt werden („magisches Denken“).

Gleichzeitig wissen Kinder schon früh, dass es Figuren und Handlungen in Märchen nicht „in echt“ gibt. Sie haben ein feines, sicheres Gespür, Wirklichkeit und Phantasie voneinander zu trennen. Bei der großen Ansammlung von Phantasiegestalten in den Bildschirmmedien könnten Kinder sonst gar nicht beruhigt aufwachsen.

Aus dem magischen Denken heraus können auch Zwänge entstehen: *„Wenn ich die Ritzen der Platten auf dem Bürgersteig nicht berühre, kommt morgen meine Mama zu Besuch“*. Die Sehnsucht, durch bestimmte Handlungen oder Rituale Macht oder Einfluss zu erlangen oder Unglück fernzuhalten, gibt es nicht nur im Kindergartenalter. Sie bleibt auch bei vielen Erwachsenen in Form von „Aberglauben“ erhalten.

Kinder im Kindergartenalter können sich zeitweise von ihren Bezugspersonen lösen. Sie wollen vieles alleine machen. Sie können ab ca. 3 Jahren Zeitläufe (gestern und morgen) erfassen („noch einmal schlafen“), und ab 4 Jahren vorgestern und übermorgen. Sie verstehen und beantworten komplizierte Fragen und lassen sich auf Vereinbarungen ein. Sie verwenden zunehmend komplexere Sätze und können Gefühle äußern („ich bin traurig“, „ich bin wütend“). Ab dem 4./5. Lebensjahr verstehen sie fast alles, was zu Hause gesprochen wird.

Erikson bezeichnet diese Phase als „Initiative versus Schuldgefühl“. Durch die Stärkung der Autonomie entwickeln Kinder Vertrauen in die eigene Initiative und Kreativität. Zu starkes „Behüten“ hat fehlenden Selbstwert und Schuldgefühle zur Folge. Piaget bezeichnet die Spanne vom 4. bis zum 6. Lebensjahr als „Stadium des anschaulichen Denkens“. Kinder können in diesem Alter noch nicht bewusst überlegen, wie sich andere fühlen (egozentrisches Denken). Wenn ein Kind z. B. seine Mama beißt oder kneift und diese macht daraufhin mit dem Kind dasselbe, *„damit du siehst wie das ist“*, dann kann das Kind in diesem Alter nicht nachvollziehen, warum die Mama dies tut. Es wird daraus schließen: *Beißen und Kneifen sind selbstverständlich.* Unbewusst allerdings nehmen Kinder von klein an wahr, wie sich die nahen Erwachsenen fühlen. Und sie übernehmen sogar Verantwortung dafür (vgl. Miller 2004).

ⓘ Kasten, H. (2005): Entwicklungspsychologische Grundlagen, 4–6 Jahre.

Biografiearbeit im Kindergartenalter

Für die Biografiearbeit im Kindergartenalter sind Rollen- oder Puppenspiel gute Methoden. „Für ein Kind ist es oft leichter, das, was es selbst nur schwer ausdrücken kann, eine Kasperlepuppe sagen zu lassen.“ (Oaklander 2004: 135) Viele Kinder malen gerne. Themen können sein: *Wir malen unsere Familie (als Menschen, als Tiere, als Sterne, als Blumen, als Farbflecke ...)* oder: *zeichne dich selbst (wie du gerade etwas tust, was du gerne machst, wie du dich freust, wie du traurig bist usw.).* Die Bilder können Anhaltspunkte für die weitere Arbeit oder ein Gespräch liefern. Die Lebensgeschichte des Kindes kann als Bilderbuch aufgeschrieben und illustriert werden (vgl. II, Kap. 5.1). Auch Bilderbücher aus dem Handel (siehe II, Kap. 2.2.4) eignen sich als Anregung.

Erwachsene sollen nicht darauf warten, ob ein Kind seine Situation thematisiert oder Fragen stellt, sondern von sich aus initiativ werden. Wenn sich aus einem Rollen- oder Puppenspiel oder dem Anschauen eines Bilderbuches Fragen ergeben, dann sollen diese natürlich konkret beantwortet und möglichst für später dokumentiert werden.

> ⓘ Oaklander, V. (2004): Gestalttherapie mit Kindern und Jugendlichen.
>
> Weinberger, S. (2005): Kindern spielend helfen.
>
> Hobday, A./Ollier, K. (2006): Helfende Spiele. Kreative Lebens- und Konfliktberatung von Kindern und Jugendlichen.

3.4 Grundschulalter (7–11 Jahre)

Im Grundschulalter entsteht bei Jungen und Mädchen ihr Selbstkonzept. Erikson charakterisiert die Phase zwischen 6 Jahren und der Pubertät als „Kompetenz versus Minderwertigkeit“. Das Vertrauen in die eigenen Fähigkeiten wird hier entwickelt oder aber es entstehen mangelndes Selbstvertrauen und Gefühle des Versagens.

Die Kontrolle starker Gefühle fällt 7-Jährigen noch schwer. Oft „lösen“ sie Konflikte durch Aggression und Wutausbrüche. Solange sie wütend sind, können sie darüber auch nicht sprechen, zu einer späteren Gelegenheit ist dies aber in der Regel möglich.

Piaget bezeichnet die Phase zwischen 6 und 10 Jahren als Stufe der „konkreten Operationen“. Das Kind beginnt in sprachlichen Begriffen zu denken. Spätestens mit Eintritt in die Schule begreifen Kinder den Sinn von Normen für das Leben in der Gemeinschaft. Es erfolgt ein allmählicher Wandel von der „heteronomen“ zur „autonomen“ Moral (vgl. Piaget 1986): Jüngere

Kinder nehmen zunächst die Werte und Normen der Erwachsenen als „gültiges Gesetz". Später erst beginnen sie, eigene Regeln und Ordnungen aufzustellen. Manchmal entwickeln sie Geheimsprachen oder -schriften als Ausdruck der Zugehörigkeit zu einer Freundin, einem Freund oder einer Gruppe. Kinder im Schulalter können bereits kooperativ zusammenarbeiten und reagieren auf Gruppendruck. Sie favorisieren geschlechtsgetrennte Gruppen, Wettbewerb gewinnt an Bedeutung. Einzelne Freundschaften und der Kontakt mit Gleichaltrigen (Peergroup) werden immer wichtiger.

Bei seelisch verletzten Kindern wird bei den täglichen Leistungsanforderungen in der Schule häufig ihre Störbarkeit deutlich. Oft verbleiben sie teilweise auf frühkindlichen Stufen. Sie leben im Augenblick und wollen wie ein kleines Kind im Mittelpunkt stehen. Dazu zeigen sie häufig das Aufmerksamkeits-Defizit-Syndrom (ADS). Hier besteht die Gefahr, zwar das ADS zu behandeln, aber die seelischen Verletzungen nicht genug zu berücksichtigen.

ⓘ Armstrong, T. (2002): Das Märchen vom ADHS-Kind.

Auch das Zeitgefühl ist für viele seelisch verletzte Kinder noch nicht ausgeprägt. Sie leben oft eingeschränkt auf das Heute, Hier und Jetzt. Mehringer[5] hat in „Eine kleine Heilpädagogik" sieben grundsätzliche Regeln für den Umgang mit so genannten „schwierigen Kindern" beschrieben, die bis heute nichts von ihrer Gültigkeit verloren haben, insbesondere: „Das Kind in seiner Eigenart wahrnehmen und es so akzeptieren, wie es ist." (1992: 27) Und: „Die Lebensperspektive für das Kind suchen oder: woher das Kind kommt und wohin es gehen kann." (1992: 47) Hier spricht Mehringer davon, wie wichtig es ist, dass das Kind sein Leben und seine Geschichte versteht.

ⓘ Brisch, K. H./Hellbrügge, T. (Hrsg.) (2006): Kinder ohne Bindung. Deprivation, Adoption, Psychotherapie.

---

5 Andreas Mehringer (1911–2004) war langjähriger Leiter des Münchener Waisenhauses.

Biografiearbeit im Grundschulalter

Nun ist das Interesse an der eigenen Person hoch. Kinder sind leicht für die Biografiearbeit zu motivieren. Man kann an einem Lebensbuch arbeiten und dabei Vorlagen zum Ausfüllen benutzen, Sätze ergänzen, Collagen anfertigen, spielen und zeichnen (siehe II, Kap. 2 und 3). Auch hier bietet Oaklander (2004: 87) eine wahre Fundgrube an Ideen: *„Zeichne: Wo du gerne sein möchtest. Einen idealen Ort. Deinen Lieblingsort oder einen Ort, der dir nicht gefällt. Eine Zeit, die du gern hast, oder eine Zeit, die du nicht magst. Das Schrecklichste, das du dir vorstellen kannst."*

In der Grundschule gehört das Thema Familie in der dritten Klasse zum Lehrplan. Oft wird auch ein Stammbaum angefertigt, so dass man dies aufgreifen kann. Für Pflege- und Adoptivkinder sollte der Stammbaum ihrer leiblichen Familie im Vorfeld zum Thema gemacht und deutlich werden, wie sie ihre zwei Familien im Stammbaum darstellen können.

3.5 Jugendliche (ab 12 Jahre)

Der Prozess, herauszufinden, wer man selber ist und welchen Platz man in der Gesellschaft einnimmt, wird im Jugendalter auf immer intensivere Weise fortgesetzt. Heranwachsende stehen unter hohem seelischem Druck. In diese Lebensphase fällt häufig der Schulabschluss, der Zwang, eine berufliche Identität zu finden. Junge Menschen wollen den gesellschaftlichen Standards und Trends Gleichaltriger entsprechen: Mädchen wollen schlank und hübsch sein, Jungen athletisch und kraftvoll. Wenn das Selbstbild mit den Anforderungen von außen nicht übereinstimmt, kommt es zu Minderwertigkeitsgefühlen, Selbstablehnung und manchmal schweren Krisen bis hin zu suizidaler Gefährdung.

Jugendliche sind (oft auch physisch) sehr unterschiedlich entwickelt. Die Mädchen sind den Jungen in ihrer körperlichen und sozialen Entwicklung häufig um 1 bis 2 Jahre voraus. Hormonelle Veränderungen, körperliche Umbrüche gehen einher mit starken inneren Turbulenzen, Spannungen und Stimmungsschwankungen. Mit der Entdeckung von Liebe, Leidenschaft und Sexualität wird die Welt farbiger und intensiver. Die

Jugendlichen verlangen in Auseinandersetzungen mit ihren Bezugspersonen „mehr Freiheiten", sie wollen ihr „Leben genießen" und Pflichten umgehen.

Hartmut Kasten (1999: 47) bezeichnet die Pubertät als „Beginn des großen seelischen Umbaus". Er schildert Eltern, die es passend gefunden hätten, dem jungen Menschen ein „Schild mit der Aufschrift ‚Wegen Umbau geschlossen' umzuhängen und sie ansonsten in Ruhe zu lassen" (ebd.). Mädchen sind eher introspektiv, bringen z. B. lange Zeit vor dem Spiegel zu, schreiben Tagebuch. Gewaltbereitschaft und Aggressivität nehmen bei Jungen, immer häufiger jedoch auch bei Mädchen, zu. Der Einfluss der Bildschirmmedien auf die Gewaltbereitschaft ist inzwischen erwiesen, ebenso deren Akzeptanz-Förderung von Gewalt legitimierenden Männlichkeitsnormen.

Manche junge Menschen suchen nach extremen Risikosituationen, gefährden sich selbst. Grenzen werden oft gesprengt, Regeln außer Kraft gesetzt. Häufig provozieren sie ihre Bezugspersonen. Wenn diese dann ärgerlich oder gekränkt reagieren, fühlen sich die Jugendlichen unverstanden. Das wieder fördert die Legitimation, sich abzugrenzen und abzulösen, sich andere Vorbilder zu suchen.

Piaget bezeichnete das Alter ab 13 Jahren als „formal-operatorisches Stadium", das Denken wird logisch-abstrakt, Transferleistungen können erbracht werden. Gleichzeitig nehmen Selbstkontrolle und die Fähigkeit zu, sich zu konzentrieren und zu organisieren. Erikson hat diese Phase sehr passend als „Identität[6] versus Rollendiffusion" bezeichnet. Wird diese Zeit erfolgreich gemeistert, entsteht ein festes Selbstvertrauen. Dann können Jugendliche mit 16 Jahren Konflikte erfolgreich bearbeiten und lösen.

Überwiegt die Rollendiffusion, wird das eigene Selbst nur bruchstückhaft wahrgenommen, das Selbstbewusstsein schwankt. „Um sich selbst zusammenzuhalten, überidentifizieren sie sich zeitweise scheinbar bis zum völligen Identitätsverlust mit den Cliquen- oder Massen-Helden. [...] Junge Leute können außerdem

6 Erikson versteht unter Ich-Identität „sein Selbst als etwas zu erleben, das Kontinuität besitzt, das ‚das Gleiche' bleibt, und dementsprechend handeln zu können." (Erikson 1968: 36

auffällig ‚klanhaft' empfinden und grausam im Ausschluss all derer sein, die ‚anders' in der Hautfarbe, im kulturellen Milieu, im Geschmack und in der Begabung sind und häufig in geringfügigen Nuancen der Kleidung und Geste, wie sie gerade als *das* Abzeichen der Gruppenzugehörigkeit oder Nichtzugehörigkeit gelten. [...] Es ist wichtig, eine derartige Intoleranz als Abwehr gegen ein Gefühl der Identitätsverwirrung zu verstehen." (Erikson 1968: 257)

Fremdplatzierte junge Menschen, ob adoptiert, in Pflege oder im Heim, haben bei der Ablösung erhebliche Zusatzkonflikte. Der sichere Boden, der schon früh gefehlt hat, kommt jetzt erst recht ins Wanken. Der Schmerz, von der leiblichen Familie fortgegeben zu sein, Identitätskonflikte und Loyalitätskonflikte, brechen erneut auf. Bei vielen Jugendlichen mit zwei Familien verläuft die Ablösung komplizierter. Manche bleiben ganz auf die verlorenen leiblichen Eltern fixiert, andere können sich nicht von ihren annehmenden Eltern ablösen und bleiben ihnen in Dankbarkeit loyal.

Biografiearbeit in der Pubertät und Jugendzeit

In der Jugendzeit wird es schwieriger, die Jungen und Mädchen für die Biografiearbeit zu gewinnen (vgl. Kap. 6.3). Manchmal zeigen sie Desinteresse, manchmal wollen sie wegschieben, was in der Vergangenheit war und richten die Gedanken auf das Jetzt und die Zukunft. Eltern und andere Erwachsene in Elternfunktionen sind jetzt nicht immer die optimalen Personen zur Durchführung, da es häufig Konflikte gibt. Gruppenarbeit, die von außen angeboten wird, ist dann oft fruchtbarer als die Arbeit mit einzelnen Jugendlichen. Diese sollten in die Planung und Gestaltung miteinbezogen werden und auch Verantwortung übernehmen dürfen.

Zu begeistern sind Heranwachsende für gemeinsame Aktivitäten und Aktionen[7]. Weniger interessant ist das Sprechen über die eigene Geschichte, wenn dies vorsätzlich geschehen soll. Wird hingegen ein Film gezeigt, der ihre drängenden Themen

---

7 In der Gruppe „NEW" (Noch ein Weg e.V.) tauschen junge Menschen, die als Pflege- oder Adoptivkinder aufgewachsen sind, einander aus. Kontakt über: PFAD Bundesverband www.pfad-bv.de.

spiegelt, sind sie angeregt, sich mitzuteilen. Die alterstypische Begeisterung für Medien kann man nutzen, indem man z. B. einen Film dreht oder den PC einbezieht. Auch Ausflüge an bedeutsame Orte der Vergangenheit, verbunden mit Interviews früherer Pflegeeltern oder Heimerzieher, können bereichernd sein. Oft entstehen während der Fahrten angeregte Unterhaltungen (vgl. II, Kap. 4).

> ⓘ Kasten, H. (1999): Pubertät und Adoleszenz. Wie Kinder heute erwachsen werden.
>
> Omer, H./von Schlippe, A. (2002): Autorität ohne Gewalt. Coaching für Eltern von Kindern mit Verhaltensproblemen.

4. Zentrale Themen in der Biografiearbeit

„Ich erinnere mich, dass ich als Kind Fragen und Gefühle hatte und dass ich sie, auch wenn ich gewollt hätte, niemals hätte in Worte fassen können. Sogar zu meinen Eltern, die mich liebten und großes Interesse an mir hatten, sprach ich nicht davon."
(Oaklander 2004: 392)

Schon 4-jährige Pflege- oder Adoptivkinder stellen fest: *„Ich wüsste so gern, wie meine Bauchmama aussieht."* Oder *„Wenn unsere Nachbarn mich damals geholt hätten, dann wäre ich jetzt ihr Kind."* Oder: *„Warum wollte mich meine Mama nicht? Was war an mir nicht richtig, was habe ich falsch gemacht?"* Nicht alle Kinder sprechen aus, was sie beschäftigt. Dennoch setzen sie sich bewusst oder unbewusst mit den folgenden Themen auseinander.

4.1 Die Bedeutung der Eltern

Mit den leiblichen Eltern oder einem leiblichen Elternteil aufzuwachsen, ist in unserer Kultur selbstverständlich. Mütter, seltener Väter, die gegen diese Norm verstoßen, werden stigmatisiert, abgewertet, geächtet. Entsprechend belastet und entwertet fühlen sich die Kinder dieser Eltern.

Die Vorstellung, als Kind ohne die eigenen Eltern aufzuwachsen, übt seit jeher eine große Faszination aus. Berühmte Heldinnen und Helden der Kinder- und Jugendbuchliteratur, angefangen bei Tom Saywer und Huckleberry Finn, über Heidi oder Pippi Langstrumpf bis hin zu Harry Potter, müssen ihr Leben ohne ihre Eltern bewältigen.

Kinder in Pflegefamilien, Wohngruppen und Heimen erleben oft eine große innere Zerrissenheit. Einerseits empfinden sie eine tiefe Liebe und Sehnsucht nach Nähe zu ihren Eltern; andererseits haben viele von ihnen sehr oft belastende Erfahrungen in ihrer Familie erlitten, so dass sie Verzweiflung und Ablehnung gegenüber ihren Eltern empfinden. Dazu ist es schwer, eine Familie zu haben, die sich nicht gesellschaftskonform verhalten hat, die von Trennung und Scheidung, Suchtproblemen, psychischer Krankheit, Armut, Kriminalität oder Gewalt betroffen ist. Manche Kinder schämen sich für ihre Eltern. Andere fragen sich, ob sie alles getan haben, um die Katastrophe zu verhindern und haben Schuldgefühle.

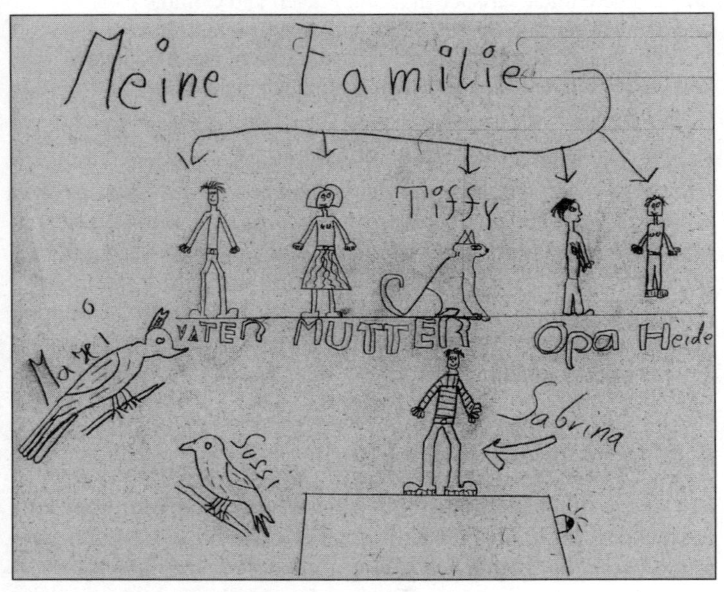

Abb. 3: Meine Familie, Sabrina, 12 Jahre

Die Idealisierung der Eltern

Um ihren Gefühlsverwirrungen zwischen Liebe, Sehnsucht, Enttäuschung und Schuld zu entkommen, glorifizieren manche Jungen und Mädchen ihre Elternteile:

> „Ich wartete auf meine Mama. Aber jetzt habe ich mich im Griff. Kein blödes Herumgesitze mehr für mich […]. Sie ist natürlich in Amerika. Vielleicht in Hollywood. Meine Mama sieht so toll aus, dass sie dort gleich ein Filmstar geworden ist. Man kann nicht einfach in einen Bus steigen und seine Tochter besuchen, wenn man hunderte und tausende von Ki-

lometern weg in Hollywood lebt, nicht wahr? […] Trotzdem. Auch wenn ich nicht herumsitze und warte, kribbelt es jedes Mal in meinem Bauch, wenn jemand an die Tür klopft. Ich halte die Luft an und warte ab, wer es ist. Für alle Fälle …" (Wilson 2003 a: 76 ff.)

Viele Bezugspersonen sind verunsichert, wenn die ihnen anvertrauten Kinder ihre Mütter idealisieren und z. B. behaupten: *„Mit meiner Mama war ich auch im Kino, meine Mama hat mit mir auch Uno gespielt"*, obwohl dies so nicht gewesen sein kann. Sie sollten das Kind hier nicht überführen, sondern z. B. sagen: *„Ich kann verstehen, dass du jetzt an die Mama denkst, weil wir gerade so viel Spaß haben."* Oder: *„Ich glaube, du vermisst deine Mama gerade."* Wenn wir wissen, dass ein Kind innerlich schon ein wenig von dem Schmerz zulassen kann, dass die Mama nicht so war, wie das Kind sie gebraucht hätte, können wir auch vorsichtig die Realität ansprechen: *„Wenn das meine Mama wäre, dann würde ich mir auch vorstellen, dass sie so viel Schönes mit mir gemacht hat. Zugleich wäre ich traurig, weil sie das oft nicht konnte."*

Der Schmerz, von den Eltern getrennt worden zu sein

Die 9-Jährige, die jeden Abend in ihrem Bett weint, weil sie ihre „Bauchmama" verloren hat, die 6-Jährige, die an ihrem Geburtstag sagt: *„Ich kann heute nicht feiern, weil ich meine Mama nicht kenne"*, der 10-Jährige, der erklärt, *„wenn ich meiner Mutter mal begegne, dann knalle ich sie ab"*: Sie alle zeigen, wie die Kränkung, von der leiblichen Mutter[1] früh fortgegeben worden zu sein, schmerzt. Andere Kinder versuchen, diesen Schmerz zur Seite zu schieben: *„Das ist mir doch egal"* oder: *„Das interessiert mich nicht"*. Unter dieser Oberfläche hinterlässt die erlittene Zurückweisung dennoch oft ein starkes Minderwertigkeitsgefühl. Manche Menschen haben eine lebenslang nicht stillbare Sehnsucht, von ihrer Mutter oder ihrem

---

1 Wir sprechen hier überwiegend von Herkunftsmüttern und seltener von Herkunftsvätern, weil sich der Schmerz der Kinder und Jugendlichen, die von ihren Familien getrennt aufwachsen, häufig in erster Linie auf die Mütter richtet. Vom Vater wird – gemäß Rollenaufträgen in unserer Gesellschaft – oft gar nicht erwartet, dass er das Kind hätte aufnehmen oder versorgen können.

Vater doch noch die Liebe zu bekommen, die sie in Kindheit und Jugend vermisst haben. Um sich ihren Eltern ganz nah zu fühlen, wollen sie diesen gleichen, sie ahmen sie nach. Andere Kinder wieder haben schon früh eingesehen: *„Es ging zu Hause nicht. Von meinen Eltern musste ich mich lösen“*.

Fremdplatzierte junge Menschen haben eine höhere Sensibilität für Zurückweisungen, Angst, nicht geliebt zu werden, Angst vor erneuter Trennung. Häufig haben sie auch Gefühle von Einsamkeit und Nichtdazugehören. Viele angenommene Kinder gehen unbewusst davon aus, dass ihre neue Familie sie auch wieder fort geben könnte. Um dem zuvorzukommen, fordern manche ihre annehmenden Eltern in Konflikten ganz offen auf: *„Dann gebt mich doch ins Heim!“*

Pflege- und Adoptiveltern glauben oft, dass die Verwundung, weggegeben worden zu sein, nicht mehr akut sei, weil das Kind sich in seiner neuen Familie geliebt fühlt. Doch das Kind braucht eine große Portion seelische Energie, um diese seelischen Schmerzen zu regulieren.

Auch im Alltag der Heimerziehung wird die Vehemenz des kindlichen Schmerzes, von der Familie getrennt zu leben, oft übersehen. Die Reaktion auf dieses kritische Lebensereignis kann sich in Aggression, Unangepasstheit, mangelnder Impulskontrolle u. v. a. m. äußern. Die Bezugspersonen können dem Kind die Last, die eigenen Eltern verloren zu haben, über sie traurig, wütend oder beschämt zu sein, nicht abnehmen. Sie sollten anerkennen, dass der Kummer oder auch Ärger und Trauer über die Herkunftsfamilie noch lange ein zentrales Thema im Leben des Kindes bleibt.

Eine große Hilfe kann es für ein fremdplatziertes Kind sein, wenn die neue Bezugsperson sagt: *„Wenn mir das passiert wäre, dass ich von meiner Familie getrennt worden wäre, dann wäre ich manchmal sehr traurig oder durcheinander oder wütend.“* Letztendlich müssen früh von ihren Eltern getrennte Kinder vorzeitig leisten, was zu den Entwicklungsaufgaben aller Menschen gehört: Sich damit abzufinden oder auszusöhnen, dass die Eltern einem einerseits das Leben gaben (Verbundenheit), sie einem aber längst nicht alles zuwenden konnten, was man gebraucht hätte (Enttäuschung). Reifung bedeutet auch, von anderen Menschen den benötigten Halt und die benötigte Wertschätzung anzunehmen. Bezugspersonen können einem Jugendlichen erklären: „*Deine Eltern haben dir das Leben gegeben, aber sie konnten dir darüber hinaus vieles nicht geben, was du gebraucht hättest. Ich wäre an deiner Stelle auch voller Trauer oder Wut. Aber dann würde ich mir vielleicht irgendwann sagen: Mensch, mach das Beste draus, sei froh, dass du lebst. Starre nicht immer zurück auf das, was dir die Eltern angetan haben. Schau auf das, was du selber kannst*“ (siehe II, Kap. 5).

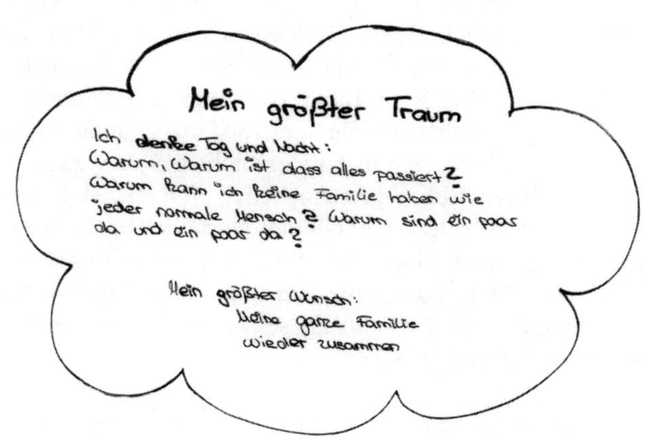

Abb. 4: Mein größter Traum, Nicole, 14 Jahre

Kontakte zur leiblichen Familie

Manche Adoptiveltern glauben, der Schmerz, fortgegeben worden zu sein, könne verheilen, wenn ihr Adoptivkind seine Eltern wieder gefunden hat. Sie bieten dem jungen Menschen an: „*Wenn du willst, können wir deine Mutter suchen*“. Das Wiedersehen von Adoptierten mit ihren leiblichen Familien ist auf einer tiefen Ebene zwar heilsam und schafft Erleichterung, weil es viele offene Fragen klärt. Oft beginnt nach diesem Wiedersehen dennoch ein neuer Kräfte zehrender Prozess. Manche Adoptierte fühlen sich neu zurückgewiesen. Oder es gibt Ansprüche nach Nähe von Seiten der Herkunftsmutter, die vom jungen Menschen nicht erfüllt werden können, was Verwirrung und Schuldgefühle nach sich ziehen kann. Oder eine Mutter möchte, dass ihre Familie nichts von dem jungen Adoptierten erfährt, was für diesen eine neue Kränkung darstellt. Herkunftsmütter und junge Menschen müssen ihre Rolle neu finden und definieren, wer genau sie künftig füreinander sein können, wie viel sie einander geben können, wie viele Berührungspunkte es miteinander gibt. Denn die nicht miteinander gelebten Jahre und die frühe Trennung im Leben können nie mehr aufgehoben werden.

Eine ähnliche Rollenklärung müssen auch fremdplatzierte Kinder in Pflegefamilien, Heimen (oder in offenen Adoptionen) vornehmen, die regelmäßige Kontakte zu ihren Eltern haben. Am Besuchstag und danach sind diese Kinder oft „aufgedreht" oder entwickeln viele Symptome, die längst überwunden waren. Hier können natürlich viele verschiedene Gründe vorliegen (vgl. Wiemann 1999). Wenn Kinder nicht genau wissen, weshalb sie von ihren Eltern getrennt leben müssen, steigert dies die Unruhe. Oder Eltern (und Kind) verhalten sich in diesen Stunden, als ob noch alles wie früher wäre. Den meisten Kindern fehlt eine Definition, eine Klärung, was denn Eltern und Kind füreinander am Besuchstag sein können, und was nicht (siehe I, Kap. 5.5 und II, Kap. 5.2).

ⓘ Schinkel, G. (2006): Bin ich ihr ähnlich? (Adoptivtochter auf Spurensuche in Korea.)

Bott, R. (Hg.) (1995): Adoptierte suchen ihre Herkunft.

4.2 Die Bedeutung der Geschwister

Geschwister verbringen während ihrer Kindheit mehr Lebenszeit miteinander als Eltern und Kinder. Nachgeborene orientieren sich oft stärker an älteren Geschwistern als an den Eltern, vor allem, wenn sie dasselbe Geschlecht haben. Ältere Kinder leiten ihre jüngeren Geschwister häufig an.

Geschwister wachsen mit zwei Normen auf, denen der Erwachsenen und denen der Kinderwelt. Sie teilen dieselben Eltern, dieselbe Wohnung, besitzen ähnliche Dinge, wie Möbel, Kleidung, Spielzeug. „Allein aufgrund des Geschwisterstatus besteht und erhält sich ihre Beziehung. Diese Besonderheiten zusammengenommen tragen sehr wahrscheinlich dazu bei, dass sich Geschwisterbeziehungen von allen anderen sozialen Beziehungen, Freundschaften, Bekanntschaften, Liebesbeziehungen, Eltern-Kind-Beziehungen unterscheiden. In mancher Hinsicht verlaufen sie unreflektierter, automatischer, und erweisen sich als urwüchsiger, enger, tiefer und spontaner." (Kasten 1998: 101)

Bank/Kahn (1994) haben als wichtiges Kriterium den „Zugang" unter Geschwistern bezeichnet: Täglich viele gemeinsam verbrachte Stunden des Lebens fördern die Geschwisterbindung, zusammen mit dem Wissen und dem Erleben, dieselben Eltern zu teilen.

Hoher Zugang fördert eine enge Geschwisterbindung:
- Geschwister mit geringem Altersabstand,
- Geschwister mit großer Nähe (gemeinsames Zimmer, gemeinsamer Kindergarten etc.),
- hoher Grad an gemeinsamer Erfahrung und gemeinsamer Zeit im Alltag;
- geringer Einfluss der Eltern steigert den Zugang unter den Geschwistern.
- Wenn Eltern sich zurückziehen, werden Geschwister zu den wichtigsten Bezugspersonen.

Niedriger Zugang unter Geschwistern führt zu schwächerer Geschwisterbindung:
- Geschwister mit größeren Altersabständen,
- bei Integration in verschiedenen Gruppen,
- bei eigenen Zimmern etc.,
- verschiedene Freunde, Vereine, Bezugsgruppen.
- Geschwister, die getrennt aufwachsen, haben besonders niedrigen oder keinen Zugang zueinander.

Geschwister, die nicht zusammen aufgewachsen sind

Zu wissen, dass es weitere Kinder derselben Elternteile gibt, die ähnliche Eigenschaften haben, meist sogar ein ähnliches Schicksal, ist für alle fremdplatzierten jungen Menschen interessant. Leibliche Geschwister zu kennen, bedeutet für getrennt aufgewachsene Geschwister, sich nicht mehr allein auf der Welt zu fühlen. Zugleich fehlen Vertrautheit und die gemeinsame Geschichte.

Die Pflegemutter des 6-jährigen Urs organisierte ein Zusammentreffen von Urs mit seiner 8-jährigen Schwester Ruth im Kinderheim. Die Geschwister haben sich zuletzt vor 5 Jahren gesehen. Ruth sprang erfreut auf den kleinen Bruder zu. Urs weinte, lief zu seiner Pflegemama und sagte: „Das ist ja gar nicht meine Schwester."

Urs war verwirrt, dass ihm seine Schwester fremd war. Er verband mit dem Begriff „Schwester" Jeden-Tag-Vertrautheit. Er war nicht darauf vorbereitet, dass er mit Ruth zwar leiblich verwandt ist, sie jedoch keine „Jeden-Tag-Geschwister" mehr sind und nicht dieselben sozialen Eltern teilen. Er hätte zuvor erklärt bekommen müssen: „*Ruth ist im Bauch derselben leiblichen Mama gewachsen wie du. Aber du kennst sie nicht mehr.*" Kinder fühlen sich ihren Pflege- und Adoptivgeschwistern, mit denen sie jeden Tag zusammenleben, vertrauter und verbundener als leiblichen Geschwistern, die sie nur selten besuchsweise treffen. Dennoch ist das Zusammentreffen ein wichtiges biografisches Ereignis.

ⓘ Bank, S. P./Kahn, M. D. (1994): Geschwister-Bindung.
Kasten, H. (1998): Geschwister – Vorbilder, Rivalen, Vertraute.

4.3 Die Identitätsentwicklung

Im Bereich der Fremdplatzierung verstehen wir unter Identität die Kenntnis von biologischen Wurzeln und konstitutionellen Bausteinen. Kinder, die in ihren Familien groß werden, wissen: sie sind jüngstes Glied von Generationen. Sie sehen jemandem in der Familie ähnlich. Sie wissen wie von selbst, wer sie sind. Darüber hinaus wird unsere Identität bestimmt über unser Geschlecht, soziale Rollen, Leistung, Freundschaften, Partnerschaften, Normen und Werthaltungen.

Der Wortstamm von Identität kommt aus dem Lateinischen (*idem)* und bedeutet *derselbe*. Mit sich identisch zu sein bedeutet einerseits: *Ich bin derselbe wie bisher* im Sinne von Erikson, („innere Gleichheit und Kontinuität", 1968: 256), und andererseits: *ich bin derselbe wie mein Vater, dieselbe wie meine Mutter oder meine Großmutter, meine Tante* usw.

Eine weitere Bedeutung des Wortes Identität kommt von *Identifizieren*: Wiedererkennen, Übereinstimmen. Sehr schön wird das Glücksgefühl bei Harry Potter spürbar, als er seine Übereinstimmung mit Vater, Mutter und Vorfahren erkennt:

> „Es war eine sehr schöne Frau. Sie hatte dunkelrotes Haar und ihre Augen – ihre Augen sind genau wie die meinen, dachte Harry und rückte ein wenig näher an das Glas heran. Hellgrün – genau dieselbe Form, doch dann sah er, dass sie weinte; zwar lächelte, aber zugleich weinte. Der große, schlanke, schwarzhaarige Mann hinter ihr legte den Arm um sie. Er trug eine Brille und sein Haar war ziemlich durcheinander. Hinterm Kopf stand es ab, genau wie bei Harry. Harry war nun so nah am Spiegel, dass seine Nase jetzt fast ihr Spiegelbild berührte. ‚Mum?', flüsterte er. ‚Dad?' Sie sahen ihn nur an und lächelten. Und langsam sah Harry in die Gesichter der anderen Menschen im Spiegel und sah noch mehr grüne Augenpaare wie das seine, andere Nasen wie die seine, selbst einen kleinen alten Mann, der aussah, als ob er Harrys knubbelige Knie hätte – Harry sah zum ersten Mal seine Familie." (Rowling 1998: 227 f.)

Fast alle fremdplatzierten Kinder definieren sich auch bei dichter und sicherer Bindung zu ihrer sozialen Familie als Teil ihrer Herkunftsfamilie. Ob sie ihren Eltern oder Geschwistern ähnlich sehen, in welchen Eigenschaften sie ihren Eltern gleichen, interessiert sie. Ihre nicht ausgesprochenen Fragen lauten: *Ist meine Mutter ein schlechter Mensch, weil sie ihr Kind fort gab und bin ich deshalb auch schlecht? Ist mein Vater ein dunkles Kapitel in meinem Leben und werde ich so werden wie er?* Viele junge Menschen haben Sorge, als Sohn eines *solchen* Vaters oder als Tochter einer *solchen* Mutter wie diese zu werden. Manchmal wird es von jungen Menschen wie ein Bann oder Fluch erlebt: *„Ich habe schon immer Panik, so zu werden wie meine Mutter. Dabei war sie in meinem Alter ja schon Jahre drogenabhängig, ich hingegen habe meinen Job und halte mich gut über Wasser"*, so eine 25-Jährige.

Wir wissen auch aus Trennungs- und Scheidungsfamilien, dass es Kinder extrem entmutigt, wenn z. B. eine Mutter sagt: *„Du bist so unmöglich wie dein Vater!"* In einem solchen Kind kann sich die Überzeugung festsetzen: *Bei dem Vater kann doch aus* *mir nichts werden!* Bei fremd platzierten Kindern betrifft diese Befürchtung oft beide Elternteile. Manche Kinder reproduzieren aus unbewusster Identifikation immer wieder vermeintliche negative Verhaltensweisen ihrer Eltern.

Adoptiv- und Pflegeeltern sowie Heimerzieher berichten häufig, dass die Kinder ihre Freundinnen und Freunde vorrangig in sozial benachteiligtem Milieu suchen. Auch das hat mit der Identifikation mit der Herkunftsfamilie zu tun, aber auch mit Aspekten der Loyalität: Das Kind beweist seiner Umwelt: *Ich bin und bleibe das Kind meiner Herkunftsfamilie. Ich fühle mich ihr näher, wenn ich mir eine Clique aus ähnlichen Kreisen suche.*

Mit entscheidend ist, wie die nahen Bezugspersonen die Herkunftseltern des Kindes bewerten, ob sie auch gute Seiten an den leiblichen Eltern sehen können und ob sie diese achten. Kinder brauchen außerdem von ihren Bezugspersonen Erklärungen, weshalb ihre Eltern in ihre Notlage kamen. Um einem negativen Selbstbild vorzubeugen, sollte mit den Kindern erarbeitet werden, welche positiven Eigenschaften sie von ihrer Mutter oder ihrem Vater mitbekommen haben. *„Du musst viele gute Eigenschaften von Mama und Papa geerbt haben: du kannst gut malen, singen, tanzen. Und du hast viel Kraft. Das alles haben dir deine Mama und dein Papa mit auf den Weg gegeben“.* Selbst wenn über die Ursprungsfamilie eines Kindes überhaupt nichts bekannt ist, können neue Eltern positive Eigenschaften des Kindes seinen leiblichen Eltern zuordnen: *„Deinen Lockenkopf hast du vielleicht von deinem Papa, deine Begabung im Zeichnen könnte von deiner Mama sein.“*

Zugleich sollte zur Festigung des Selbstwertes und der Ich-Identität den Kindern bewusst gemacht werden, dass kein Mensch mit seinen Eltern deckungsgleich ist: *„Kein Kind gleicht haargenau seinen Eltern. Jedes Kind ist eine funkelnagelneue Mischung aus Mutter und Vater und all seinen Vorfahren. Jedes Kind hat die Chance, ein neuer, eigener Mensch mit eigenen Fähigkeiten und Interessen zu werden.“* (Weitere Beispiele in II, Kap. 5)

4.4 Der Loyalitätskonflikt

Der Loyalitätskonflikt[2] bedeutet, dass ein Kind sich zwei unterschiedlichen übergeordneten Instanzen gegenüber treu und verpflichtet fühlt. Hiervon sind Trennungs- und Scheidungskinder sehr oft betroffen: Das Kind fühlt sich beiden Elternteilen verbunden. Die Mutter sieht jedoch nicht gern, wenn es sich auf den Vater freut, und der Vater erlaubt ihm nicht, die Mutter uneingeschränkt zu lieben. In der Biografiearbeit kann der Loyalitätskonflikt von Dritten in Worte gekleidet werden. Zwar wird es nicht immer möglich sein, das Kind komplett aus dem Loyalitätskonflikt zu entbinden, aber das Kind kann sich orientieren und fühlt sich nicht so allein mit seinem Problem. In Gruppen für Kinder geschiedener Eltern werden diese Themen ebenfalls thematisiert.

Auch Kinder in Heimen und Wohngruppen bleiben Kinder ihrer Eltern. Bei Konflikten zwischen Herkunftsfamilie und Einrichtung kommt es bei Kindern ebenfalls zu Loyalitätskonflikten. Manchmal ist es einem Heimkind auch peinlich, wenn seine Eltern, die es liebt, die Erzieherinnen oder Erzieher in Aufregung versetzen, die das Kind ebenfalls sehr gern hat.

Pflegekinder haben es noch schwerer. Viele fühlen sich gegenüber ihren Eltern schuldig, dass sie sich der Pflegefamilie zugehörig fühlen. Gleichzeitig ist ihnen auch gegenüber ihren Pflegeeltern unbehaglich zumute, weil ihnen die Eltern wichtig bleiben. Nicht immer ist den Kindern der Loyalitätskonflikt bewusst. Die Spannungen, die der Loyalitätskonflikt bei den Kindern erzeugt, treten vor und nach Kontakten zur Herkunftsfamilie deutlich zutage. Die Kinder können nicht einordnen, was hier geschieht. Sie erleben Ansprüche der Herkunftseltern *(Ich bin deine Mama, du darfst nicht Mama zur Pflegemutter sagen)* auf der einen Seite und der Pflegeeltern auf der anderen Seite *(Wir sind die faktischen Eltern, deine leiblichen Eltern zählen nicht mehr, sie haben dich ja im Stich gelassen.)* Manche Kinder fürchten, die Zuwendung der Pflegeeltern zu verlieren, wenn sie ihre leiblichen Eltern noch lieb haben und erklären ihre Eltern zu Gegnern. Dies hat dann wieder negative Aus-

---

2 loyal heißt wörtlich: pflichttreu gegenüber Gesetzen, Regierungen

wirkungen auf ihre Identität: *Wenn meine Eltern meine Gegner sind, kann ich als Teil von ihnen nicht wertvoll sein.*

Der Loyalitätskonflikt verschärft sich, wenn Jugendamt, Herkunfts- und Pflegeeltern unterschiedliche Auffassungen über die Verbleibensperspektive in der Pflegefamilie haben. Eine wirkungsvolle Entlastung vom Loyalitätskonflikt ist die Erlaubnis für das Kind, zwei Familien zu haben. So wie Scheidungskinder nur dann zufrieden aufwachsen, wenn beide Elternteile das Kind darin unterstützen, den anderen Elternteil zu lieben, so benötigt das Pflegekind die Erlaubnis seiner Herkunftsfamilie, sich in der Pflegefamilie daheim zu fühlen und von der Pflegefamilie die Zustimmung, die Eltern weiter lieb zu haben. Diese Erlaubnis kann es auch von Dritten, die mit dem Kind biografisch arbeiten, bekommen oder von Fachdiensten, die das Kind betreuen.

Auch Adoptierte befinden sich oft im Loyalitätskonflikt zwischen ihren beiden Familien. Manche fühlen sich gegenüber ihren Adoptiveltern verpflichtet und dankbar, dass sie Schuldgefühle entwickeln, wenn sie nur an ihre Herkunftseltern denken oder Fragen zu diesen haben. Dieser Loyalitätskonflikt entsteht nicht, wenn der Herkunftsfamilie des Kindes von klein an ein emotionaler Platz in der Adoptivfamilie gegeben wird, z. B. indem das Kind schon früh ermuntert wird, seine leibliche Familie zu malen oder sie ins Abendgebet einzuschließen. Es hilft adoptierten Kindern, wenn sie im Bewusstsein groß werden dürfen, dass neben ihrer Adoptivfamilie die leibliche Familie ein selbstverständlicher Teil von ihnen ist und bleibt (siehe II, Kap. 5).

5. Kontexte und Rahmenbedingungen

„Wie es meinem Kind geht, ob es sich weiter hängen lässt oder neuen Mut gewinnt, hängt auch mit meinem ‚biografischen Interesse' zusammen. Das Kind braucht jemand, der da mit ihm spricht, die Lage klären und aufarbeiten hilft."
(Mehringer 1992: 48)

Biografiearbeit stellt breit gefächerte Interventionsmöglichkeiten bereit. Resultat kann eine kurze und knappe Beschreibung oder aber eine reichhaltige, bunte und schön gestaltete Dokumentation sein. Dies ist immer auch abhängig vom Interesse und der Motivation des Kindes sowie den zur Verfügung stehenden Ressourcen im sozialen Umfeld.

Biografiearbeit kann einzeln oder in Gruppen oder als Kombination aus beidem stattfinden. In Pflege- und Adoptivfamilien ist sie häufig in den familiären Alltag eingebunden, aber auch ambulant, in einer Tagesgruppe oder Beratungsstelle, ist die Arbeit sinnvoll. In der stationären Erziehungshilfe kann Biografiearbeit von der Bezugserzieherin für ein einzelnes Kind oder aber für eine Gruppe angeboten werden.

5.1 Gruppen- oder Einzelarbeit

Gruppenarbeit empfiehlt sich für Kinder ab ca. 8 Jahren, da erst dann die Fähigkeit zur kooperativen Zusammenarbeit vorhanden ist. Sie ist in der Erziehungshilfe, auch wegen knapper Ressourcen, häufig eher praktikabel als die zeitintensive Einzelarbeit. Mit Geschwistern kann Biografiearbeit gemeinsam gestaltet werden. Sie können ihre Erfahrungen und Erlebnisse austauschen. Wenn sie getrennt untergebracht sind, sind die Treffen bereits ein biografisches Ereignis, das durch Fotos dokumentiert werden sollte. Trotzdem sollte jedes Kind eine eigene Dokumentation erhalten.

In der Gruppe können die Kinder ihre Erlebnisse mit Familie und Einrichtung miteinander teilen und erfahren, dass andere ähnliches erlebt haben. Geldard/Geldard (2003: 31) sprechen von „Unterstützungsgruppen“: „Die Aufgabe des Gruppenleiters […] besteht darin, die Gruppenmitglieder aufeinander zu verweisen und zur gegenseitigen Unterstützung zu ermutigen. […] Das Hauptziel solcher Gruppen besteht darin, die Belastungen, unter denen jedes einzelne Gruppenmitglied leidet, durch gegenseitige Unterstützung und den Austausch von Bewältigungsstrategien, Informationen und Ermutigungen zu reduzieren.“ Für Jugendliche ist dieser Austausch oft wichtiger als mit Erwachsenen. Gruppenarbeit geht jedoch nicht so spezifisch auf die Lebensgeschichte des jungen Menschen ein. Deshalb sollte nach der Gruppenarbeit einzeln weitergearbeitet werden.

In der Eins-zu-eins-Situation kann eine vertraulichere und tiefere Beziehung entstehen als in einer Gruppe. Der Erwachsene hat mehr Spielraum, um individuell auf das Kind mit seinen Wünschen, Bedürfnissen, Sorgen und Fragen einzugehen. Einzelarbeit ist zeitintensiver – nach unserer Erfahrung aber lohnenswert, weil das Kind durch die regelmäßige Beschäftigung eines Erwachsenen mit ihm und seiner Lebensgeschichte ein großes Maß an Zuwendung und Respekt erfährt.

Möglich ist Gruppenarbeit auch im Rahmen eines Seminars. Mit Jugendlichen kann in Kleingruppen an ihrer Biografie gearbeitet werden, während die Erwachsenen auf die Weiterarbeit zu Hause vorbereitet werden. Oder es gibt gemeinsame und getrennte Sequenzen. Jugendliche erleben die aktive Beteiligung an einem solchen Seminar als sehr positiv. Eine 16-Jährige: *„Hier wird nicht über uns, sondern mit uns geredet!“* (Mehr zur Gruppenarbeit in II, Kap. 3).

ⓘ Geldard, K./Geldard, D. (2003): Helfende Gruppen. Eine Einführung in die Gruppenarbeit mit Kindern.

5.2 Umfang und Dauer

Generell richten sich Umfang und Dauer der Biografiearbeit nach der Lebensgeschichte, dem Alter, der Motivation sowie der gegenwärtigen Situation des Kindes. Lebt ein Kind bereits seit dem Kleinkindalter in einer Pflege- oder Adoptivfamilie, kann man bereits von Anfang an die Geschichte aufschreiben und vorlesen, Dokumente, Fotos und Zeichnungen in einem Lebensbuch sammeln bzw. eine Erinnerungskiste einrichten.

Viele biografische Elemente sind beiläufig Bestandteil des Alltags, etwa wenn Kindern ein Bilderbuch über ein Pflege- oder Adoptivkind vorgelesen wird und sich daran Fragen und Antworten zur eigenen Situation anschließen. Der Geburtstag oder der Ankunftstag in der Familie können für Rituale genutzt werden, um die Geschichte des Kindes und seiner Herkunftsfamilie, die Ankunft in der annehmenden Familie zu erzählen, zu ergänzen oder vorzulesen. An Todestagen kann eine Kerze für Verstorbene entzündet werden. Die Biografiearbeit hat dann eher den Charakter einer längeren begleitenden Arbeit, die auch größere Pausen haben kann.

In einer Institution sollten feste Zeiten freigehalten werden, in denen mit dem Kind gearbeitet wird. Die Kinder sind dann in der Regel auch älter und haben bereits mehr erlebt, was die Arbeit umfangreicher macht. Ein halbes bis ein ganzes Jahr mit wöchentlichen oder zweiwöchentlichen festen Terminen von einer Stunde sollte man einplanen.

Ein guter Zeitpunkt für den Beginn des Prozesses ist gleich nach der Aufnahme ins Heim oder in die Pflegefamilie, weil dann viele der Themen und Fragen präsent sind z. B. *Warum bin ich hier? Wie lange bleibe ich hier?* Gleichzeitig erfahren die Bezugspersonen viel über die Vorlieben, Stärken und Eigenschaften des Kindes.

5.3 Einbindung in den Lebensalltag und den institutionellen Tagesablauf

Für das ungestörte Arbeiten müssen im Alltag zeitliche Nischen geschaffen werden. Das kann eine abendliche feste „stille Stunde“ sein, in der die Pflegemutter mit einem Kind arbeitet und der Pflegevater die anderen Kinder betreut.

Fachkräfte aus Institutionen sehen oft geringe Realisierungschancen, da die personellen Ressourcen und die Zeit im Alltag so knapp seien. Biografiearbeit sollte daher in der Konzeption der Einrichtung verankert und die personellen und finanziellen

Ressourcen bereitgestellt werden. Im Dienstplan muss für die Biografiearbeitszeit eine Stunde doppelt besetzt werden oder eine Honorarkraft regelmäßig in die Einrichtung kommen. Dennoch müssen Bezugspersonen am Prozess beteiligt bleiben. Die Kinder brauchen auch außerhalb der für Biografiearbeit vorgesehenen Zeit Menschen, die auf ihre emotionale Situation eingehen.

Vertraulichkeit und Aufbewahrung

Zunächst gilt der Grundsatz, Inhalte der Biografiearbeit an niemanden weiterzugeben. Diese Sicherheit ist wichtig, damit das Kind sich überhaupt öffnen und Gefühle äußern kann. Trotzdem kann es Umstände geben (bei Kindeswohlgefährdung), bei denen Informationen weitergesagt werden müssen, um dem Kind zu helfen oder es zu schützen. Daher muss dem Kind zu Beginn der Biografiearbeit erklärt werden, dass die Biografiearbeit vertraulich ist, es aber auch Tatsachen geben könnte, die man zu seinem Schutz weitergeben muss. Wichtig ist hier die Zusicherung, dass, wenn dies notwendig wird, das Kind über jeden Schritt und über das Weitergesagte genau informiert wird. Durch diese Klarstellung wird vermieden, dass eine Informationsweitergabe vom Kind als Verrat erlebt wird.

Fremdplatzierte Kinder machen die Erfahrung, dass andere Personen ihre Lebensgeschichte kennen und über ihr Leben bestimmen. Sie wissen, dass in Teams und Konferenzen von vielen Menschen über sie gesprochen wird. In der Biografiearbeit sollen Kinder die Chance haben, selbst zu bestimmen, was sie anderen mitteilen und von sich zeigen.

Deshalb gehört jede Dokumentation, die während der Biografiearbeit erarbeitet worden ist, dem Kind und es darf selbst bestimmen, wem es etwas zeigen möchte. Trotzdem sollte die Dokumentation sicher aufbewahrt werden, um sie zu schützen (z. B. vor Zerstörung in einem Wutanfall). Eine Möglichkeit ist die Aufbewahrung in einem abgeschlossenen Schrank, einem „Tresor". *„Ein Tresor dient dazu, wertvolle Dinge sicher aufzubewahren und davor zu schützen, verloren zu gehen oder gestohlen zu werden. Das Buch über dein Leben ist uns sehr wertvoll, deswegen möchten wir es gerne sicher aufbewahren. Du* *kannst es jederzeit haben, aber danach schließen wir es wieder sicher ein."*

Das Kind kann auf Nachfrage seine Dokumentation bekommen, nach dem Anschauen wird sie wieder eingeschlossen. Diese Maßnahme schützt das Kind auch davor, sein Lebensbuch allzu freigiebig herum zu zeigen und mit den Reaktionen der Umwelt dann nicht zu recht zu kommen.

5.4 Umgang mit sensiblen Informationen

Viele Kinder möchten ihre biografischen Dokumentationen gerne Freundinnen und Freunden oder anderen Erwachsenen zeigen. Diese gehen aber nicht immer adäquat mit den darin enthaltenen Informationen um. Ist z. B. einem Lebensbuch zu entnehmen, dass die Mutter das Kind schwer misshandelt hat, ist dies für Außenstehende oft schockierend. Mit dem Kind sollte deshalb besprochen werden, dass das Lebensbuch ein sehr privates Buch ist und man sorgfältig auswählen darf und muss, wem man es zeigt. Die Frage, wie gegenüber der Umwelt mit privaten, schmerzlichen Themen umzugehen ist, wird immer eine Gratwanderung bleiben.

> „Einmal kam er [mein Sohn] von einer Kindergartenfreundin nach Hause und berichtete unter Tränen, dass er dort erzählt habe, John [sein Vater] habe sich erhängt. Die Mutter des Mädchens habe ihm daraufhin ganz streng gesagt, dass er das aber nicht überall rumerzählen darf. Er verstand nicht, dass man darüber nicht sprechen darf. Es tat mir Leid für ihn, damals sagte ich ihm, dass es für uns normal sei, über den Tod von John zu erzählen, dass es aber viele Menschen gibt, die nicht über solche Themen reden können oder wollen. [...] Meine Kinder mussten lernen zu unterscheiden, wem sie ihre Geschichte erzählen und wem nicht." (Endres 2000: 37, Einfügungen d. A.)

Die Sorge, das Kind könnte gegenüber Dritten sensible Informationen weitergeben, darf nicht dazu führen, dem Kind wichtige Sachverhalte zu verschweigen (vgl. Wiemann 2006 b). Wenn wir Kindern verbieten, bestimmte Tatsachen anderen zu erzählen, errichten wir eine Trennmauer zwischen dem Kind und seinem sozialen Umfeld. Dem Kind muss gesagt werden, dass nicht alle Menschen „ganz normal" über traurige oder schwere Dinge sprechen können: *„Du kannst gar nichts dafür. Es gibt viele Menschen, die von solchen Angelegenheiten einfach zu wenig verstehen."*

„Coverstory"

Damit das Bedürfnis des Kindes, etwas von sich und seiner Lebensgeschichte zu zeigen, befriedigt wird, können wir ein Fotoalbum anlegen, das es anderen zeigen kann. Hilfreich ist auch, eine „Coverstory", eine Geschichte für die Öffentlichkeit, zu entwickeln. „To cover" ist hier nicht im Sinne von Zudecken oder Geheimhalten gemeint, sondern als „Schutz vor", wie etwa das Cover einer LP diese vor Beschädigungen schützt. Die Wirklichkeit wird nicht verfälscht, aber intime Informationen werden nicht preisgegeben.

Die Coverstory gibt eine logische und einfache Erklärung auf die Frage „Warum lebst du im Kinderheim (bei Pflege- oder Adoptiveltern)?" Gemeinsam kann überlegt und im Rollenspiel geübt werden, was anderen gesagt werden kann:

„Ich lebe bei Pflegeeltern, weil meine leiblichen Eltern nicht jeden Tag für mich da sein konnten. Das Jugendamt hat deswegen neue Eltern für mich gesucht."

„Meine Mama ist gestorben, als ich sehr klein war. Mein Papa konnte sich nicht alleine um mich kümmern. Deshalb wollte er, dass ich in einer anderen Familie aufwachsen kann."

„Meine Mama ist ganz oft krank und muss ins Krankenhaus. Deshalb hat sie dafür gesorgt, dass ich im Kinderheim wohne. Ich kann sie aber trotzdem immer sehen."

„Meine Mama in Bolivien hatte schon fünf Kinder und für alle nicht genug zu essen. Deshalb wollte sie, dass ich neue Eltern in Europa bekomme, die genug für mich zum Essen und zum Spielen haben und mich in eine gute Schule schicken können."

Das Kind benötigt dazu die Erlaubnis, weitere Fragen nicht beantworten zu müssen bzw. generell zu sagen: *„Ich möchte darüber nicht sprechen"*, oder auch: *„Geht dich nichts an, kannst ja meine Mama fragen"*. In Kindergarten und Schule sollten die

Fachkräfte dem Kind Schutz bieten. Entlastend ist hier auch, wenn die Erzieherin von sich aus verschiedene Familienformen wie Patchworkfamilie, Ein-Elternfamilie, Pflegefamilie usw. thematisiert und so die Familiensituation des Kindes eine unter vielen ist.

Die Entwicklung der Coverstory ist auch für Bezugspersonen sinnvoll, die ja ebenso eine Version für den Nachbarn oder die Kindergartenmutter benötigen. Die Frage „Wem sage ich wie viel" muss von Erwachsenen und Kindern immer wieder neu entschieden werden. Es handelt sich um einen sensiblen Prozess zwischen dem Schutz der Privatsphäre einerseits und dem Bedürfnis, sich anderen Menschen anzuvertrauen andererseits.

5.5 Verknüpfung von Hilfeplanung und Biografiearbeit

Werden für ein Kind Hilfen zur Erziehung nach dem Kinder- und Jugendhilfegesetz in Anspruch genommen, so ist nach § 36 SGB VIII ein Hilfeplan[1] über die Art und den Umfang der gewährten Hilfe zu erstellen. Wird Biografiearbeit als notwendig erachtet, sollte dies im Hilfeplan festgeschrieben und so als offizielle Hilfe verankert werden. Gegebenenfalls kann auch Kostenübernahme gewährt werden. Im Zuge der Professionalisierung der sozialen Arbeit sollten Institutionen daran interessiert sein, Biografiearbeit als Leistungsmerkmal in die Hilfeplanung aufzunehmen.

Zwischen Hilfeplanung und Biografiearbeit gibt es bestimmte Schnittstellen. Bei der Hilfeplanung entsteht ein Dokument mit verbindlichem Charakter, in welchem viele Informationen über das Kind und seine Herkunftsfamilie enthalten sind. Durch die Unterzeichnung der Beteiligten wird deutlich, dass z. B. die Sorgeberechtigten der Unterbringung des Kindes aktiv zugestimmt haben. Dieser „Vertrag" kann nicht einfach rückgängig gemacht werden. Im Hilfeplan wird das Auftragsverhältnis zwi-

1 Zur Hilfeplanung lädt das Jugendamt die Sorgeberechtigten, das Kind/den Jugendlichen sowie die an der Hilfsmaßnahme beteiligten Institutionen oder Personen ein. Hilfeplangespräche finden in der Regel jedes halbe Jahr statt.

schen Eltern und Pflegefamilie (Jugendhilfeeinrichtung) für das Kind transparent.

Oft gibt es zwischen Institutionen und Herkunftsfamilie, ebenso zwischen Pflegeeltern und Herkunftsfamilie ungeklärte Vorstellungen über Sinn, Zweck und Ziel von Besuchskontakten. Im Hilfeplan kann hier eine Definition festgeschrieben werden, die auch wieder Eingang in das Lebensbuch des Kindes finden kann, z. B.: *Die Besuchskontakte finden einmal im Monat statt. Der Vater kann dann sehen, wie sein Sohn sich weiterentwickelt und Max kann sehen, wie es seinem Vater geht und genießen, dass sein Vater sich für ihn Zeit nimmt. Der Vater bleibt immer der Vater von Max. Zugleich ist er derzeit kein Jeden-Tag-Vater, sondern ein Besuchsvater. Nach dem Besuch geht jeder wieder in seinen Alltag zurück: Der Vater in seine Wohnung und Max in seine Wohngruppe (Pflegefamilie).* Die Hilfeplanung mit solchen Inhalten zu füllen, hilft Eltern und Kindern, sich ihrer Situation deutlicher bewusst zu werden.

Die Hilfeplanung orientiert sich oft an Normalitätserwartungen. Dominieren sollte jedoch die Akzeptanz des abweichenden Verhaltens des jungen Menschen. Die Formulierungen sollten wertschätzend und ressourcenorientiert sein und auch von Kindern verstanden werden. In ihrer Studie über heute erwachsene ehemalige Heimkinder kommt Normann (2003) zu dem Ergebnis, dass sich junge Menschen im Hilfeplanverfahren trotz Partizipation ausgegrenzt fühlen. Biografisches Arbeiten bedeutet auch, sich konzeptionell dem Kind und seiner subjektiven Wirklichkeit stärker zuzuwenden.

ⓘ	Schwabe, M (2005): Methoden der Hilfeplanung. Normann, E. (2003): Erziehungshilfen in biografischen Reflexionen.

6. Welche Kompetenzen brauchen Erwachsene für die Biografiearbeit mit Kindern?

„Biografiearbeit ist die Einbeziehung der Vergangenheit in die augenblickliche Gegenwart und mögliche Zukunft."
(Kerkhoff/Halbach 2002: 13)

Biografiearbeit kann von Erwachsenen gestaltet werden, die mit dem Kind leben oder arbeiten und eine vertrauensvolle Beziehung zu ihm haben: Mutter oder Vater, Adoptivvater oder Pflegemutter, eine Bezugserzieherin im Heim oder in einer Tagesgruppe. Wenn Kinder vorübergehend fremdplatziert sind, z. B. bei Bereitschaftspflegeeltern oder in Notaufnahmegruppen können die Bezugspersonen mit den Kindern biografisch arbeiten. Lassen sich Eltern in einer Erziehungsberatungsstelle begleiten, so können die Fachkräfte die Beratungssuchenden bei der Biografiearbeit unterstützen oder eine Beraterin arbeitet mit dem Kind und bezieht die Eltern mit ein.

Eine therapeutische Ausbildung ist nicht erforderlich. Biografiearbeit will und kann Therapie durch ausgebildete Therapeutinnen und Therapeuten nicht ersetzen, kann aber heilende Wirkung haben und umgekehrt in Kindertherapien gut einbezogen werden (vgl. Weinberger 2001, Hobday/Ollier 2001). Notwendig und entlastend ist für alle, die Biografiearbeit praktizieren, Beratung und Fortbildung in Anspruch zu nehmen oder sich bspw. in einem Arbeitskreis auszutauschen.

6.1 Die respektvolle innere Haltung gegenüber den Eltern des jungen Menschen

Fremdplatzierte Kinder kommen selten aus „heilen" Familien, sonst hätten sie dort weiterhin leben können. Es hilft ihnen nicht, wenn die Erwachsenen, die mit ihm arbeiten, in eigenen Affekten verharren, über die Familie des Kindes empört sind, über sie richten oder sich mit ihr vergleichen. Voraussetzung der Biografiearbeit mit Kindern ist, dass der Erwachsene, der mit dem Kind arbeitet, seine eigenen Emotionen wie Unverständnis oder Wut gegenüber den Eltern des Kindes überwunden hat. Dies gilt auch für Elternteile nach Trennung und Scheidung. Erst wenn die Trennung akzeptiert, die Phase der Neuorganisation begonnen hat, können Elternteile mit dem Kind biografisch arbeiten. In der akuten Phase sollten lieber andere Bezugspersonen die Arbeit mit dem Kind übernehmen.

Es geht in der Biografiearbeit nicht darum, das Verhalten der Eltern zu beschönigen oder in einem besseren Licht darzustellen. Gemeint ist die innere Haltung des Respekts gegenüber den Herkunftseltern, die gleichzeitig Achtung und eine Wertschätzung des Kindes ist. Diese Haltung erfordert ein hohes Maß an Professionalität und innerer Neutralität. Es gehören auch das Wissen und die Akzeptanz hinzu, dass Menschen durch ihre Sozialisationsprozesse geprägt wurden und nicht allen Menschen die Fähigkeit gegeben ist, an sich zu arbeiten oder sich zu verändern.

6.2 Eine positive Beziehungsebene zum Kind – Kommunikation und Interaktion

Für die Biografiearbeit soll eine Atmosphäre von Wertschätzung und Akzeptanz geschaffen werden. Dazu benötigt das Kind tiefen Respekt des Erwachsenen, so sein zu dürfen, wie es ist. Hier helfen innere Haltungen wie: *Wenn ich das alles erlebt hätte, was dieses Kind erlitten hat, dann wäre ich ebenfalls schwierig, aggressiv, würde mich verweigern, würde provozieren etc.* Das Kind soll nicht belehrt, erzogen oder von etwas überzeugt werden. Wird mit Biografiearbeit ein pädagogischer Zweck verbunden, (z. B. *die Biografiearbeit soll dir helfen, deine Probleme in den Griff zu bekommen*), dann werden die Kinder sich nur noch begrenzt oder gar nicht darauf einlassen können.

Fast alle Kinder, mit denen biografisch gearbeitet wird, haben Beziehungsabbrüche erlebt und kennen das Gefühl, verlassen zu werden. Beständigkeit und Verlässlichkeit des Erwachsenen sind deshalb wichtige Voraussetzungen. Es kann manchmal lange dauern, bis die jungen Menschen bereit sind, sich zu öffnen und mit Erwachsenen z. B. über Gefühle zu sprechen.

Viele Jungen und Mädchen haben sich in ihrem Leben oft sehr ohnmächtig und unsicher gefühlt. Sie möchten jetzt gern ihr Gegenüber steuern, um sich sicherer zu fühlen. Die erwachsene Bezugsperson sollte dies berücksichtigen. *„Du kannst mir sagen, was ich jetzt tun soll ...“* Hilfreich ist, nichts zu verlangen, sondern anzubieten, etwas für das Kind zu tun. *„Wenn du Lust hast, male ich dir hier etwas auf ... kannst du mir etwas diktieren, ... kann ich das für dich in den PC eingeben?“*

Auch die Körpersprache sollte einbezogen werden. Delfos empfiehlt:

> „Wenn wir möchten, dass uns ein Kind zuhört, sollten wir besser stehen bleiben. Wollen wir uns mit einem Kind austauschen, werden wir uns auf die gleiche Höhe begeben müssen, beispielsweise indem wir in die Hocke gehen. Wollen wir, dass ein Kind uns etwas erzählt und Verantwortung für das Gespräch empfindet, dann müssen wir eine niedrigere und tiefere Körperhaltung einnehmen als das Kind [...] Wenn die Gesprächspartner nebeneinander sitzen oder stehen, kann das Kind seine Geschichte häufig eher am Stück erzählen, als wenn es dem Erwachsenen gegenüber sitzt.“ (Delfos 2004: 78 ff.).

Kommt das Kind mit beunruhigenden oder peinlichen Emotionen in Berührung, so kann ein direkter Blickkontakt manchmal schon zu viel sein. Empfehlenswert ist, um ein Stück Distanz einzubauen, von anderen Personen zu sprechen, denen etwas Ähnliches widerfahren ist: *„Ich kenne einen Jungen, dessen Vater ist alkoholabhängig. Der hat manchmal Angst, er würde so werden wie sein Vater.“* Hier hat der Junge die Möglichkeit, zu bestätigen *„Das geht mir auch so“* oder z. B. auch zu antworten: *„Darüber habe ich noch nicht nachgedacht.“* Dennoch hat der Erwachsene das vermutete Thema „Identitätskonflikt“ mit dieser kleinen Intervention eingeführt.

Werden beim jungen Menschen schmerzliche Gefühle berührt, so sollte die Bezugsperson zeigen, dass dies in Ordnung ist und zum Leben dazugehört. War die Biografiesitzung anstrengend oder besonders tiefgehend, so benötigt das Kind die Zeit und die Möglichkeit, wieder zu sich zu finden. „Das Kind muss nach einem schwierigen Gespräch zum Beispiel rennen oder schaukeln können [...]. Es ist wichtig einzuschätzen, ob das Kind allein sein muss, um zu sich selbst zu kommen oder ob es Kontakt braucht." (Delfos 2004: 97)

6.3 Umgang mit Widerstand und Vermeidungsverhalten

Möchte ein Kind zur vereinbarten Zeit nicht mitarbeiten, so ist dies zu akzeptieren. Von der Bezugsperson könnte gesagt werden: *„Das ist in Ordnung. Was möchtest du lieber machen?"* Die Bezugsperson kann vor dem Kind auch laut denken und aussprechen: *„Ich frage mich, ob das an mir liegt, ob ich etwas getan oder gesagt habe, was dir nicht gefallen hat."*

Manchmal ist auch ein Kind nicht in der Verfassung, sich seiner Vergangenheit zu stellen. Dies muss erlaubt sein: *„Ich bin auch nicht immer in der Lage, mich mit meiner Geschichte zu befassen"*. Hier kann eine niedrig dosierte Übung aus der Gegenwart angeboten werden, die positive Gefühle auslöst. Schöne Beispiele finden sich in Pfeffer (2002). So könnte bspw. das Thema Glück oder Freude thematisiert werden.

Vor allem Jugendliche wollen häufig ihre schmerzliche Vergangenheit nicht berühren. Dieses Verweilen in Abwehr löst jedoch auf Dauer nicht die inneren Spannungen. Vermeidungsverhalten kann als solches benannt und zugleich respektiert werden: z. B. *„Ich verstehe, dass du nichts über früher hören willst, vielleicht tut einiges immer noch so weh, dass du nicht daran denken willst."* Ein „Lebensbrief", den ein wichtiger Erwachsener dem Jugendlichen schreibt, ist eine wertvolle Alternative (siehe II, Kap. 5.3). Gemeinsame Jahre in der Pflegefamilie oder im Heim können auch in einem Erinnerungsbuch oder einem Video dokumentiert werden, das die Bezugspersonen verfassen und dem Jugendlichen schenken.

Provoziert ein Kind, albert herum oder überschreitet Grenzen, so sollte die Bezugsperson zwar Grenzen setzen, diese aber in Wertschätzung einbetten: *„Du bist ein ganz klasse Mädchen, bitte höre mir mal zu."* Schwieriges Verhalten kann auch „entschärft“ werden, indem die Bezugspersonen es annimmt und vor allem nicht verletzt reagiert. *„Ich merke, du brauchst das jetzt so. Wir wollen mal 10 Minuten ganz albern sein“* oder *„Wir wollen jetzt 10 Minuten ganz doll herumschimpfen.“*

Verweigerung oder Desinteresse sind bei der Biografiearbeit eher die Ausnahme. Kinder sind meist motiviert. Eine Pflegemutter berichtet: *„Oft hatte ich das Gefühl, dass ich nicht an die Lotte herankam. Bei der Biografiearbeit sind wir uns zum ersten Mal seit Jahren ganz nah gekommen.“*

6.4 Hinweise für die Gesprächsführung

Die Sprache der Annahme, aktives Zuhören, Ich-Botschaften senden (weniger Du-Botschaften), das sind klassische Empfehlungen zur Gesprächsführung mit Kindern, die durch Thomas Gordons Familienkonferenz in den 1970er Jahren die Pädagogik revolutionierten. Diese Prinzipien haben noch heute ihre Gültigkeit und es ist lohnenswert, sich die dort unterhaltsam an vielen Beispielen beschriebenen Kommunikationstechniken anzueignen.

„Einfühlung bedeutet eine Eigenschaft der Kommunikation, die dem Sender einer Botschaft [Kind] zu verstehen gibt, dass der Zuhörer [Erwachsener] mit ihm fühlt, sich an die Stelle des Senders versetzt, einen Augenblick in den Sender hineinschlüpft.“ (Gordon 1972: 92, Einfügungen d. A.) Dieses Prinzip ist auch ein zentraler Eckpunkt der klientenzentrierten Gesprächsführung nach Carl Rogers: Einfühlendes Verstehen bedeutet „den inneren Bezugsrahmen des anderen möglichst exakt wahrzunehmen, mit all seinen emotionalen Komponenten und Bedeutungen, gerade so, als ob man die andere Person wäre, jedoch ohne jemals die ‚als ob' Position aufzugeben.“ (Rogers zitiert nach Weinberger 2001: 30).

In Redewendungen wie: *„Wenn das mir passiert wäre, wäre ich auch manchmal durcheinander ... traurig ... unzufrieden ...“*, geben wir dem jungen Menschen die Freiheit, zu antworten und zu präzisieren: *„Nein, bei mir ist es anders, ich bin eher wütend ...“* Oder sich besonders verstanden zu fühlen und zu bestätigen: *„Mir geht es auch so.“*

Das Kind braucht die Bestätigung, dass das, was es erzählt, für den Erwachsenen interessant ist. Weil es so wichtig ist, wird es ja im Lebensbuch aufgeschrieben. Als motivierend hebt Delfos Redewendungen hervor wie: „Ich verstehe jetzt viel besser, was es bedeutet, … weil du mir erzählt hast …“ (Delfos 2004: 88).

Gordon zählt eine Reihe „einfacher Türöffner“ der Kommunikation auf. Es gibt unverbindliche Erwiderungen wie: ‚Aha’, ‚Tatsächlich’, ‚Wirklich’, um die Kinder zu ermutigen, weiter zu sprechen oder etwas deutlichere Signale: ‚Erzähl mir darüber’, ‚Ich möchte etwas darüber hören.’, ‚Dein Standpunkt würde mich interessieren’.“ (Gordon 1972: 54)

Delfos gibt viele brauchbare Hinweise zur Gesprächsführung mit Kindern:

> „Für einen guten Austausch ist es notwendig, das Kind hören zu lassen, dass der Erwachsene nicht alles weiß und die Dinge gerade gern vom Kind selbst hören möchte. Also nicht: Wie ist es in dieser Klasse? Sondern: Ich weiß nicht, wie es in dieser Klasse ist, erzählst du mir etwas darüber?“ (Delfos 2004: 91)

Die einfühlend gemeinte Feststellung *„Das ist bestimmt nicht einfach für dich“* (Du-Botschaft) fordert möglicherweise eher Widerspruch beim jungen Menschen heraus, weil auch eine Komponente von Kritik darin enthalten ist. Die Bemerkung *„Wenn mir das passiert wäre, wäre das für mich nicht so einfach“* (Ich-Botschaft) hingegen ermöglicht dem jungen Menschen, seine eigenen Gefühle wahrzunehmen und zu benennen oder in der für ihn zu diesem Zeitpunkt noch notwendigen Abwehr zu verharren und zu antworten: *„Mir ist das egal.“* Wichtig ist, dies dann erst einmal so zu respektieren.

> ⓘ Gordon, T. (1972): Familienkonferenz. Die Lösung von Konflikten zwischen Eltern und Kind.
>
> Delfos, M. F. (2004): „Sag mir mal …“. Gesprächsführung mit Kindern.

6.5 Offenheit und Ehrlichkeit

Nur wenn Kinder die Bezugsperson, die mit ihnen biografisch arbeitet, als authentisch, ehrlich und offen erleben, können sie die ihnen und ihren Eltern entgegengebrachte Achtung und Wertschätzung auch entgegennehmen.

In der Konzeption zur klientenzentrierten Gesprächstherapie von Carl Rogers spielt die Dimension Echtheit und Kongruenz (mit sich selbst) eine zentrale Rolle. Rosenberg entwickelt in seinem Konzept zur „gewaltfreien oder einfühlsamen Kommunikation" vier Komponenten: „Beobachtung, Gefühle, Bedürfnisse, Bitten." (Rosenberg 2005: 25) Das Erkennen der eigenen Gefühle und die sich daraus entwickelnden Bedürfnisse in angemessener Form seinem Gegenüber mitzuteilen, kann nach Rosenberg eingeübt werden.

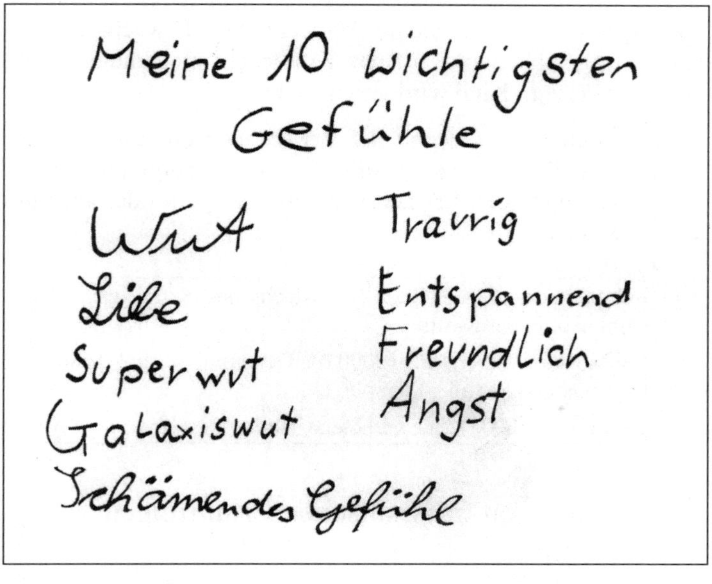

Meine 10 wichtigsten Gefühle

Wut
Traurig
Liebe
Entspannend
Superwut
Freundlich
Galaxiswut
Angst
Schämendes Gefühl

Abb. 5: Meine 10 wichtigsten Gefühle, Junge, 10 Jahre

Es kann ein Ritual am Beginn jeder Biografiesitzung sein, dass Erwachsener und Kind klären, wie sie sich heute fühlen (siehe II, Kap. 2.2.3). Der Erwachsene kann seine Stimmung beschreiben: *„Ich bin heute gut drauf, weil ich mich auf das Wo-*

chenende freue" oder: *„Ich bin heute ein wenig bedrückt. Meine Mutter ist krank geworden."* Der Erwachsene ist so Modell für das Kind, zu den eigenen Stimmungen zu stehen und bleibt damit echt und glaubwürdig.

Kinder erleben häufig, dass Erwachsene ihnen gegenüber Dinge verschweigen. Dies ist manchmal angemessen, um das Kind vor Erwachsenenkonflikten zu schützen. Nicht in alles können wir Kinder einbeziehen. Es gibt Privates zwischen den Generationen und den Geschlechtern, Eltern und Kindern. Hier ist die Grenzziehung zwischen Eltern und Kindern eher „gesund". Es muss immer abgewogen werden: Was betrifft allein die Intimsphäre des Erwachsenen und von welchen Konflikten oder Fakten sind die Kinder betroffen? Sehr oft handelt es sich bei zurückgehaltenen Informationen aber um Angelegenheiten, von denen das Kind ganz existentiell betroffen ist (z. B. *Warum musste ich von zuhause fort? Wer ist mein leiblicher Vater? Welche Krankheit hat meine Mutter?*). Der Erwachsene, der etwas zurückhält, wirkt auf das Kind nicht mehr authentisch. Der Kontakt zum Kind wird geschwächt.

Auch spüren Kinder, wenn der Erwachsene unsicher ist oder nicht die Wahrheit sagt. Häufig fragen sie dann nicht mehr nach, aus Angst, den Erwachsenen zu verärgern oder aber um ihn zu schützen.

> ⓘ Imber-Black, E. (2000 a): Die Macht des Schweigens. Geheimnisse in der Familie.
>
> Imber-Black, E. (Hrsg.) (2000 b): Geheimnisse und Tabus in Familien und Familientherapie.
>
> Tisseron, S. (2002): Die verbotene Tür.

6.6 Umgang mit traumatischen Erfahrungen des Kindes

Eine der häufigsten Sorgen von Menschen, die mit Kindern biografisch arbeiten möchten, lautet: *Was passiert, wenn ich beim Kind traumatische Erfahrungen berühre oder aufdecke? Schade ich dann dem Kind? Kann ich seine Reaktionen dann noch auffangen?*

„Psychische Traumatisierung lässt sich definieren als vitales Diskrepanzerlebnis zwischen bedrohlichen Situationsfaktoren und den individuellen Bewältigungsmöglichkeiten, das mit Gefühlen von Hilflosigkeit und schutzloser Preisgabe einhergeht und so eine dauerhafte Erschütterung von Selbst- und Weltverständnis bewirkt.“ (Fischer/Riedesser 2003: 375) Kinder werden von traumatischen Ereignissen stärker beeinträchtigt als Erwachsene, die schon in ihren Gehirn- und Ich-Strukturen ausgereift sind.

Traumatische Stressereignisse gehen einher mit Handlungsunfähigkeit, Erstarren, „Einfrieren“, Ohnmacht, unterdrückter Übererregung und Kontrollverlust. „Traumata treten durch Ereignisse auf, die die normalen Anpassungsstrategien des Menschen überfordern. Sie sind eine Bedrohung für Leben und körperliche Unversehrtheit.“ (Weiß 2004: 17) Mit dem Begriff Trauma ist nicht das Ereignis selbst gemeint, von dem ein Mensch überwältigt wird, sondern die Verwundung, die physiologisch im Körper und im Nervensystem des Menschen gespeichert worden ist. Nicht jeder Mensch, der Opfer furchtbarer, auswegloser, lebensbedrohlicher Ereignisse geworden ist, behält auch ein Trauma, eine im Nervensystem und im Körper gespeicherte Verwundung zurück. Von Traumatisierung sprechen wir, wenn die Erfahrung von Überwältigung so extrem war, dass Folgestörungen zurückbleiben.

Die moderne Hirnforschung und die bildgebenden Verfahren haben uns hier neue Erkenntnisse ermöglicht. „Eine kleine, mandelförmige Struktur im Mittelhirn, Amygdala genannt, ist dafür verantwortlich, eine schnelle Reaktion zu aktivieren, wenn eine Gefahr wahrgenommen wird.“ (Levine/Kline 2005: 29) Der Körper entwickelt blitzschnell einen Fluchtplan und wenn Flucht nicht möglich ist, einen Erstarrungsplan. Können Reflexe von Flucht oder Verteidigung nicht ausgeführt werden, bleiben sie nach Levine/Kline quasi im Organismus stecken. Im Gehirn werden neuronale Verschaltungen geschaffen, die auch dann, wenn der Mensch wieder in Sicherheit ist, auf minimale Reize so reagieren, als ob das Leben in Gefahr wäre. Die Amygdala löst „blinden Alarm“ aus, auch wenn real keine Gefahr besteht. Wir sprechen hier von posttraumatischer Belastungsstörung.

Die neuronalen Verschaltungen können sogar so strukturiert sein, dass man sich an das Ereignis selber nicht mehr erinnern kann. Dennoch genügen geringfügige Auslöser (trigger), z. B. bestimmte Sinneswahrnehmungen (Geruch, Geräusche, Empfindungen), um extreme Reaktionen (z. B. heftige Panik oder überschießende Aggression) auszulösen. Diese so genannten Flashbacks kommen bei Kindern selten, bei Jugendlichen und Erwachsenen öfter vor. Wenn wir die Auslöser kennen, so sollten wir sie vermeiden. Das Reaktivieren der traumatischen Erfahrung kann im Nervensystem zu neuer traumatischer Verwundung führen (Retraumatisierung).

Von einem 7-jährigen Mädchen berichten die Pflegeeltern: „Aus heiterem Himmel kann dieses Kind schwere Schreiattacken bekommen. Wir sagen vielleicht nur ‚geh mit deinen Füßen bitte von der Couch runter' und sie rastet regelrecht aus, brüllt, zerkratzt sich das Gesicht. Wir können sie dann stundenlang nicht beruhigen.“

Für dieses Kind bahnt ein leichtes Gefühl von Unterlegenheit (durch das Kritisiertwerden) den Weg zu tiefer abgespeicherten traumatischen Erfahrungen und löst eine schwere Panikreaktion aus. Das Kind benötigt Hilfe durch eine professionelle Traumatherapie.

Ziel einer Traumatherapie ist, das Großhirn wieder in die Lage zu versetzen, festzustellen, ob eine Angst- bzw. Panikreaktion angemessen ist und bei Entwarnung die körperlichen Reaktionen wieder zu beruhigen. Hierbei hilft es, wenn das lebensbedrohliche Erlebnis erinnert wird. Diese Erinnerung kann aber nur dann zu einer Korrektur der Realitätswahrnehmung führen, wenn die Konfrontation mit dem Ereignis in einer Phase großer Stabilität und absoluter Sicherheit geschieht und die Dosierung sorgfältig gewählt wird.

An den Erkenntnissen der modernen Hirnforschung ist besonders beeindruckend: Die durch ein Trauma ausgelösten neuronalen Verschaltungen sind nicht irreversibel. Manchmal ist es nicht einmal notwendig, ein traumatisches Ereignis komplett in die Erinnerung zurückzurufen. Durch neue positive Erfahrungen können die neuronalen Strukturen zwischen Amygdala und Großhirn wieder so verändert werden, dass die durch traumatische Erlebnisse „eingeätzten“ Verschaltungen sogar verkümmern können. Durch „glückliche“ Erfahrungen bilden sich schützende neuronale Netzwerke wie ein Verband um die vom Trauma gebildeten neuronalen Bahnen. Deshalb steht im Zentrum der modernen Traumatherapie, mit den Klienten solche positiven Erfahrungen herzustellen und das Ich zu stärken.

Auch in der Biografiearbeit gibt es Stabilisierungsübungen, Entspannungsübungen, Übungen mit der Imagination des „sicheren Ortes“ (siehe II, Kap. 4.1), Übungen mit einem inneren Helfer. Solche Imaginationen, regelmäßig wiederholt, helfen die neuronalen Netzwerke neu zu gestalten.

> ⓘ Levine, P. A./Kline, M. (2005): Verwundete Kinderseelen heilen. Wie Kinder und Jugendliche traumatische Erlebnisse überwinden können.
>
> Pal-Handl, K. u. a. (2004): Wie Pippa wieder lachen lernte. Ein Bilderbuch für Kinder.
>
> Lackner, R. (2004): Wie Pippa wieder lachen lernte. Fachliche Hilfe für traumatisierte Kinder.
>
> Lueger-Schuster, B./Pal-Handl, K. (2004): Wie Pippa wieder lachen lernte. Elternratgeber für traumatisierte Kinder.

Da Biografiearbeit überwiegend stabilisierende Funktion hat, kann und soll sie auch mit traumatisierten Kindern durchgeführt werden. Manchmal wissen wir ja nicht einmal, in welchem Ausmaß ein fremd platziertes Kind traumatisiert wurde. Selbst wenn das Kind sich an traumatische Situationen erinnert oder Panik und Ängste wiederbelebt, so werden möglicherweise die traumabezogenen neuronalen Bahnen neu aktiviert, aber es kommt nicht zwangsläufig zu einer Retraumatisierung. Wird allerdings ein durch schwere Misshandlung traumatisiertes Kind wieder mit dem Täter konfrontiert, ist eine Retraumatisierung zu erwarten. Dies darf auch im Rahmen von Biografiearbeit keinesfalls passieren.

Mohr/ter Horst (2004: 12) empfehlen für den Fall, dass man in der Biografiearbeit ein traumatisches Erlebnis berührt, dieses „Erlebnis (vorerst) auszuklammern und nur unter der Supervision einer Fachkraft fortzusetzen, die sich mit der Traumabehandlung auskennt.“ Das befürworten auch wir. Allerdings darf hier kein zu großer zeitlicher Abstand zwischen der Sitzung, bei der an das traumatische Erlebnis wieder erinnert wurde, und der nächsten Sitzung entstehen. Es ist sinnvoll, die Biografiearbeit mit stabilisierenden, an den Ressourcen orientierten Verfahren fortzusetzen. Geht es um erstmalige Aufdeckung z. B. von sexueller Misshandlung, so müssen entsprechende Fachstellen einbezogen werden (vgl. II, Kap. 6.5). Ist beim Kind eine sexuelle Traumatisierung bekannt, sollte von Anfang an eine auf Traumabehandlung spezialisierte Fachkraft die Biografiearbeit durchführende Person fachlich begleiten.

Wenn ein Kind von sich aus über schwere Erfahrungen berichtet, Einzelheiten erzählt, trauert, weint usw. so darf dies nicht mit dem Aufbrechen (Flashback) einer traumatischen Situation verwechselt werden. Zuhören, Anteilnahme, Mitfühlen ohne „Nachbohren“ und Hilfen, das Schwere bewusst „zur Seite zu legen“, reichen hier als Unterstützung des Kindes aus.

Reagiert ein Kind hingegen unvorhergesehen mit hochgradiger Übererregung, Panik, Zittern, Schreien, Weglaufenwollen usw. ist folgendes zu beachten:

Verhalten der Bezugsperson bei akuter Wiederbelebung eines Traumas (Flashback)

- Die Bezugsperson sollte nicht selbst in Panik geraten, sondern dem Kind Sicherheit durch ihre Präsenz geben.
- Sie sollte sich vergegenwärtigen: Das Kind kennt die hier aufgebrochenen Gefühle bereits, es hat das alles schon erlebt. Es hat sich geöffnet, weil es der Bezugsperson vertraut und sich bei ihr sicher fühlt.
- Nach einiger Zeit des Tröstens oder des Im-Arm-Haltens wird diese Reaktion abklingen. (Sollte nach mehr als einer Stunde keine Veränderung im Erregungszustand eintreten, was außerordentlich selten vorkommt, so ist ärztliche Hilfe zu holen.)

Die von Levine/Kline genannten Prinzipien für die Unterstützung eines Kindes unter Schock gelten auch hier:

> „Sicherheit und Wärme vermitteln, damit es weiß, dass es nicht allein ist.

> Verbindung zu einer geerdeten, zentrierten und erwachsenen Präsenz ermöglichen.
> Das Vertrauen zu vermitteln, dass Sie dazu fähig sind, ihm bei der Hingabe an seine Empfindungen, Emotionen und unfreiwilligen Reaktionen eine Stütze zu sein, und dass Sie einen Prozess, in dem es sich auf Lösung und Entspannung zu bewegt, nicht aufgrund eigener Ängste unterbrechen werden …" (Levine/Kline 2005: 216)

Wenn die akute Affektreaktion abklingt, sollte dem Kind versichert werden, dass es in Ordnung ist, die Fassung zu verlieren, wenn man so etwas Schlimmes erlebt hat.

ⓘ Weiß, W. (2004): Philipp sucht sein Ich. Zum pädagogischen Umgang mit Traumata in den Erziehungshilfen. Ognjenović, V. (2005): Es soll dir gut gehen! 50 Workshops für die sozialtherapeutische Arbeit mit traumatisierten Kindern und Erwachsenen.

Dann müssen dem Kind Mittel und Wege gezeigt werden, wieder Abstand zu gewinnen und sich zu beruhigen. Es kann z. B. versichert werden: *„Das Schlimme, das du gerade wieder erlebt hast, ist schon einige Jahre her. Hier und heute bist du in Sicherheit."* Auch kann eine Übung aus der imaginativen Traumatherapie in die Biografiearbeit einbezogen werden: Dem Kind wird ein Tresor aufgemalt und es wird aufgefordert in seiner Vorstellung die schmerzhaften Erinnerungen und Bilder dort einzuschließen. In der Instruktion muss klar werden, dass keine Menschen in diesen Tresor geschlossen werden, sondern die Erinnerungen an das Schreckliche und die Bilder. Der Tresor, angereichert mit den schweren Erinnerungen, bekommt in der biografischen Dokumentation einen Platz. Die nächste Sitzung beginnt mit positiven und schönen Aspekten des Lebens, oder eine Phantasiereise zum sicheren Ort wird imaginiert oder aufgemalt (siehe II, Kap. 4.1). Das Kind sollte baldmöglichst einer professionellen Traumatherapie zugeführt werden. Wer sich mit dem Thema Trauma und Traumatherapie vertraut machen möchte, findet wertvolle Anregungen bei Luise Reddemann. Viele der dort dargestellten Übungen sind auf Kinder übertragbar.

ⓘ Krüger, A./Reddemann, L. (2007): Psychodynamisch Imaginative Traumatherapie für Kinder und Jugendliche. PITT-KID – Das Manual.

Reddemann, L. (2001): Imagination als heilsame Kraft. Zur Behandlung von Traumafolgen mit ressourcenorientierten Verfahren.

Reddemann, L. (2004 a): Psychodynamisch Imaginative Traumatherapie.

Reddemann, L. (2004 b): Eine Reise von 1000 Meilen beginnt mit dem ersten Schritt. Seelische Kräfte entwickeln und fördern.

Reddemann, L., Dehner-Rau, C. (2006): Trauma. Folgen erkennen, überwinden und an ihnen wachsen.

7. Einbezug der Herkunftsfamilie

Du kannst vor dem davonlaufen, was hinter dir her ist,
aber was in dir ist, das holt dich ein.
Aus Afrika

Für jedes Kind ist wichtig, wie seine Mama und sein Papa früher gelebt haben: Aus welchen Familien kommen sie? Wie waren sie in der Schule? Wer sind ihre Geschwister? Wann, wie und wo haben sich Vater und Mutter kennen gelernt? Was mochten sie aneinander? Mit den Eltern sollte ein Bündnis im Interesse des Kindes entstehen, um möglichst viele Daten, Informationen und Einzelheiten aus der Vergangenheit zu rekonstruieren. Meist wird an der Biografie der Eltern deutlich, dass ihnen als Kind Zuwendung und Sicherheit gefehlt haben. Kinder können hier verstehen lernen, weshalb ihre Eltern nicht mit ihnen leben konnten (siehe II, Kap. 5).

Haben Eltern wegen schwerer Misshandlung oder sexueller Gewalt keine Kontakte zum Kind, sollte die (Biografiearbeit durchführende) Bezugsperson sich von einer auf Traumabehandlung spezialisierten Fachkraft beraten lassen (siehe I, Kap. 6.6). Mit ihr kann im Einzelfall abgewogen werden, ob es sinnvoll ist, die Elternteile zu befragen. Manchmal bietet die Biografiearbeit einen Anlass, Eltern zu einer selbstkritischen Auseinandersetzung anzuregen. Zeigen sie z. B. in einem Brief ernsthafte Reue, so kann dies junge Menschen entlasten.

Eine Kontaktaufnahme ist auszuschließen, wenn eine Retraumatisierung des Kindes befürchtet werden muss. (Viel Raum benötigt dann die Bearbeitung von möglicher Trauer und Wut des jungen Menschen.) Fallen Eltern als Informanten aus, gibt es meist andere Angehörige, die für die Biografiearbeit herangezogen werden können. Die folgenden Hinweise gelten vor allem für Kinder und Eltern, die nicht mehr jeden Tag zusammenwohnen.

7.1 Vorbereitung der Herkunftseltern und Motivation zur Mitarbeit

Ryan/Walker ermutigen, Eltern in die Biografiearbeit einzubeziehen: „Vielleicht hatten wir einfach Glück, denn die Kooperationsbereitschaft der leiblichen Eltern versetzt uns immer noch in Erstaunen. Gewöhnlich kann nur die leibliche Familie die Informationen geben, die man für einen Stammbaum braucht; eine der besten Möglichkeiten, einem Kind zu zeigen, wo es ‚herkommt'." (Ryan/Walker 2004: 33)

Wenn Mütter oder Väter über das Vorhaben Biografiearbeit informiert werden, so soll die Frage „Warum musste das Kind fort?" zunächst zurückgestellt werden. Schuldgefühle, Ängste und Abwehrmechanismen würden aktiviert. Wir gewinnen die Herkunftseltern in der Regel schnell, wenn wir um Mithilfe beim Sammeln von Informationen bitten. Dies kann durch einen Brief (siehe II, Kap. 1.3) oder ein Gespräch geschehen. *„Ich freue mich, wenn Sie uns helfen."* Oder: *„Sie machen Ihrer Tochter ein großes Geschenk, wenn Sie ihr Informationen über Ihre Familie und Verwandten zusammenstellen."*

Am Anfang genügt ein kleiner Auftrag, z. B. den Mutterpass herauszusuchen oder drei Fotos von früher. Dann können wir weitere konkrete Ideen formulieren: *„Es wäre ganz toll, wenn Sie uns einmal einen Stammbaum Ihrer Familie aufzeichnen könnten oder ich kann es für Sie tun."*

Das innere Konzept für das Gespräch mit den Eltern sollte beinhalten: *Ich lasse die Eltern so, wie sie sind. Ich muss sie nicht ändern, ich muss nicht bewerten oder verurteilen. Alles, was passiert ist, muss ich als gegeben hinnehmen. Ich will die Eltern als Bündnispartner für die Biografiearbeit gewinnen. Sonst nichts.* Sinnvoll ist, im Gespräch die Position der Eltern zu sehen: *„Ich kann mir vorstellen, wie schwer es sein muss, getrennt von der eigenen Tochter zu leben."* Oder: *„Ich weiß, wie andere Leute reagieren, wenn sie erfahren, dass Eltern ihr Kind in eine Pflegefamilie (in ein Heim) geben mussten. Ich stelle mir das alles nicht einfach vor."*

Wenn Eltern bereit sind, können wir die Informationen bei einem oder mehreren Hausbesuchen abfragen und aufschreiben.

Je nach Situation kann hier das Kind mitkommen. Manche Mütter oder Väter reflektieren ihr eigenes Leben, gehen viele Stationen durch und erzählen viel. Andere wieder stellen Fotos, Daten und Informationen zusammen.

Eine Mutter stellte für ihren Sohn ein beschriftetes Fotoalbum zusammen. Sie nahm Kontakt auf mit dem Kinderheim, in welchem die Kinder für einige Zeit lebten. Sie ließ sich Fotos und Dokumente kopieren, um sie in das Album einzukleben. Auch einen Stammbaum malte sie auf. Sie fand zu Hause noch einen alten Stoffbären ihres Sohnes. Im Album gab es ein Foto von vor 10 Jahren, wo er diesen im Arm hat. Nun schenkte sie ihrem Sohn das Album zusammen mit dem Stoffbären.

Manche Eltern können oder wollen aber über die Gründe, weshalb ihr Kind von ihnen fort musste, nicht sprechen. Manchmal ist Beratung der Eltern sinnvoll, wie sie ihrem Kind erklären können, warum es woanders leben muss. Das Kind benötigt die Beauftragung der Eltern, dort sein zu dürfen, wo es jetzt lebt. Hier muss manchmal intensiv mit den Eltern gearbeitet werden. Das Ergebnis dieser Arbeit kann in einem Brief für das Kind niedergeschrieben werden (siehe II, Kap. 5.3).

Manchmal können Vater oder Mutter auch an einer Reise in die Vergangenheit teilnehmen, biografisch wichtige Orte besuchen oder die Gräber verstorbener Familienangehöriger.

7.2 Einbezug anderer Angehöriger

Was wir über den Einbezug von Vater oder Mutter ausgeführt haben, gilt natürlich auch für andere Familienmitglieder und Verwandte. Eine wertvolle Informationsquelle sind ältere Geschwister, weil sie über früher erzählen können. Leben die Geschwister getrennt, so sind die Treffen selbst ein Teil der Biografiearbeit und zusammen mit den Geschwistern durch Fotos und kurze Berichte, was an diesem Tag besprochen oder unternommen wurde, zu dokumentieren.

Werden Großeltern oder Verwandte in die Biografiearbeit mit einbezogen, so ist es in der Regel sinnvoll, den jungen Menschen an den Gesprächen zu beteiligen, erst recht, wenn ohnehin regelmäßige Kontakte bestehen.

Wird nach vielen Jahren erstmalig zu den Großeltern oder Verwandten eigens zum Zwecke der Recherche für die Biografiearbeit Kontakt aufgenommen, dann sollte, bevor das Kind mit den Großeltern oder Verwandten zusammentrifft, zunächst die erwachsene Bezugsperson ein erstes Gespräch führen. Hierbei ist auszuloten: *Was fühlen und denken die Großeltern oder was fühlt der Onkel des Kindes über die Mutter oder den Vater des Kindes? Warum haben sie all die Jahre keinen Kontakt zum Kind gehabt?*

Es kann leicht passieren, dass Verwandte die Mutter oder den Vater oder das Kind herabsetzen. Dies kann und soll zwar von dem Kind nicht ferngehalten werden. Aber das Kind kann von der Bezugsperson informiert und vor einem Zusammentreffen vorbereitet werden: *„Deine Oma redet nur schlecht über ihre Tochter. Sie kann die guten Seiten an deiner Mutter nicht sehen. Wollen wir trotzdem zusammen zur Oma fahren und sie interviewen? Oder soll ich ohne dich hinfahren und die wichtigsten Fragen über die Kindheit deiner Mutter stellen?"*

Sollte das Kind mitgehen, so sollte die durchführende Person sich darauf vorbereiten, destruktive Prozesse zu stoppen: *„Ich kann nachvollziehen, dass sie sehr enttäuscht sind von Ihrer Tochter. Aber uns interessieren vor allem Einzelheiten. Wie war die Geburt Ihrer Tochter? Wie war sie als Baby? Wann konnte sie laufen, wann sprechen, wie war sie in der Schule?"*

Großeltern können über die Kindheit des leiblichen Elternteils erzählen und Einzelheiten über ihre eigenen Eltern und Großeltern berichten. Sie können beim Erstellen von Genogrammen helfen. Bestimmt gibt es positive Ereignisse oder Anekdoten, oft wissen die Großeltern noch, wie Mutter und Vater einander kennen gelernt haben usw.

Dasselbe gilt für Geschwister von Elternteilen. Auch sie können einen Lebenslauf der Eltern erstellen, wichtige Ereignisse (Hochzeiten, Geburten, Todesfälle) in einer Lebenschronik zusammentragen. Vielleicht gibt es Fotos, die das Kind bisher nie gesehen hat, die kopiert werden können. Die Kontaktaufnahme zu den Angehörigen kann also eine bedeutende und fruchtbare Etappe im Prozess der Biografiearbeit bedeuten.

7.3 Umgang mit Widersprüchen und Geheimnissen

Manchmal haben verschiedene Familienmitglieder, Vater und Mutter, ältere Geschwister oder Oma und Opa unterschiedliche Versionen über bestimmte Ereignisse. Die Bezugsperson, die Biografiearbeit durchführt, braucht nicht detektivisch die „Wahrheit" herauszufinden. Allerdings kann sie Hypothesen bilden: *„Ich vermute, deine Oma sucht die ganze Schuld bei der Mama oder Mamas Freunden. Die Mama ärgert sich darüber, drum sagt sie, dass die Oma lügt."*

In den Dokumentationen, die aus der Biografiearbeit entstehen, können auf verschiedenen Seiten unterschiedliche Positionen zu einer wichtigen Angelegenheit dargestellt werden, z. B. *„Mama sagt, Katharina konnte nicht zu Hause bleiben, weil Papa sie immer verprügelt hat"*. Dann auf der nächsten Seite: *„Papa sagt, Katharina konnte nicht zu Hause bleiben, weil Mama nicht gut genug auf sie aufgepasst hat." „Katharinas Bruder sagt, Katharina konnte nicht zu Hause bleiben, weil sie so viele Probleme in der Schule hatte und die Eltern ihr beide nicht helfen konnten." „Die Frau Meier vom Jugendamt sagt, Katharina konnte nicht zu Hause bleiben, weil Mama und Papa zu viel Alkohol getrunken haben und beide sich kaum um die Kinder gekümmert haben"*. Dann kommt eine weitere Seite: *„Katharina selber denkt, sie konnte nicht zu Hause bleiben, weil ..."*. Das Kind kann seine eigenen Kommentare an die Versionen der anderen Familienmitglieder schreiben. Dann kann eine weitere Seite folgen: *„Katharinas Gefühle zu den Ereignissen zu Hause sind ..."*

Wenn Angehörige nicht wollen, dass ein Kind „die Wahrheit" erfährt

Die 8-jährige Jennifer lebt in einem SOS-Kinderdorf. Jennifers sorgeberechtigte Mutter erzählt beim Vorgespräch zur Biografiearbeit, dass Jenny ihren langjährigen Lebenspartner Klaus für ihren leiblichen Vater hält. Sie besteht eindringlich darauf, dass Jennifer auf keinen Fall erfährt, dass Klaus nicht ihr Vater ist. Der pädagogische Mitarbeiter lenkt ein und sagt Verschwiegenheit zu.

In sehr vielen Familien gibt es Geheimnisse. Nun hat die Mutter den Mitarbeiter zu ihrem Mitwisser gemacht und ihn verpflichtet, Jennifer nichts weiterzusagen. Er fühlt sich unbehaglich, denkt jedoch, dass er sich an sein Versprechen halten muss. Möglicherweise spürt Jennifer etwas von seinem Unbehagen. Etwas steht zwischen ihm und Jennifer. Jennifer könnte denken, das läge an ihr.

Wer mit Kindern biografisch arbeitet, sollte sich von Eltern nicht vorschnell zur Geheimhaltung verpflichten lassen. Besser ist, zu antworten: *„Darüber muss ich nachdenken"*. Oder: *„Wir müssen darüber noch einmal in Ruhe sprechen."* Wenn es beim ersten Gespräch nicht gelingt, die Mutter umzustimmen, so braucht es Zeit für weitere Beratungen. Mit der Mutter muss geklärt werden, was sie befürchtet, wenn Jennifer die Wahrheit erfährt. Ihre Ängste sollen ernst genommen werden. Der Mutter muss deutlich gemacht werden, dass je später sie es sagt, die Enttäuschung für Jennifer größer wird, da es einen Vertrauensbruch zur Mutter geben kann. Auch müssen der Mutter konkrete Hilfen und Worte aufgezeigt werden, wie sie Jennifer informieren könnte. Es genügt nicht, dass sie erklärt, dass Klaus nicht Jennifers leiblicher Vater ist, sondern sie müsste den Namen des leiblichen Vaters nennen und was sie an ihm einmal gemocht hat, wie er aussah und weshalb die Beziehung auseinander ging.

Wenn die Mutter zu keiner anderen Einstellung gelangt, dann sollte die Situation auf der Ebene der Hilfeplanung geklärt werden und die Mutter ggf. zu einer Beratung in einer Erziehungsberatungsstelle verpflichtet werden. Hilft auch das nicht, kann die Fachkraft im Jugendamt der Mutter vermitteln, dass die Interessen von Jennifer vorgehen. Sie könnte einen Brief entwerfen, in welchem sie Jennifer altersgemäß informiert. Dieser Brief sollte der Mutter vorher gezeigt werden, damit sie einschätzen kann, was ihrer Tochter mitgeteilt wird.

Ähnliche Konflikte treten immer wieder auf. Es braucht Zeit und Sensibilität, mit den betroffenen Menschen einen guten Lösungsweg zu suchen.

Teil II:
Praxis der Biografiearbeit

1. Vorüberlegungen

„Drum muss ich noch einmal zurück an so viele Orte,
um mich wieder zu finden ...“ (Pablo Neruda, Der Wind)

Bevor man mit der Biografiearbeit beginnt, müssen – gerade in einer Institution – die Rahmenbedingungen geklärt werden. Manche Informationen sind schwierig einzuholen und es braucht oft Zeit, bis man mit wichtigen Personen einen Termin organisieren kann.

1.1 Recherche und mögliche Kooperationspartner

Biografiearbeit erfordert im Vorfeld Zeit für Recherchen. Das können Daten und Fakten sein (Wie lange war das Kind im Heim? Welche Schulen hat es besucht?), darüber hinaus aber auch bedeutsame Geschichten, Erlebnisse, Eindrücke und Erinnerungen von anderen Personen sowie Fotos und Dokumente (z. B. die Geburtsurkunde). Ziel der Recherche ist es, einen möglichst vollständigen Lebenslauf des Kindes bereits vor Beginn der Arbeit zusammenzustellen, um nicht während des Prozesses auf notwendiges Material warten zu müssen.

Dazu können z. B. wichtige Menschen aus der Vergangenheit des Kindes angeschrieben oder befragt werden wie Herkunftseltern, Verwandte, Sozialarbeiterinnen und Erzieher oder Mitarbeiterinnen und Mitarbeiter aus anderen Bereichen (Küche, Werkstatt) in Institutionen wie Heimen oder Tagesgruppen.

Die Mutter von der heute 6-jährigen Madeleine starb vor zwei Jahren. Madeleine wurde darauf in eine Pflegefamilie vermittelt. Die Pflegemutter wusste nur wenig über Madeleines erste vier Lebensjahre. Eines Tages entdeckte sie auf dem Impfpass des Kindes, dass die alten Eintragungen immer von derselben Kinderarztpraxis in Münster stammten. Sie schrieb den Kinderarzt an. Dieser lud die Pflegemutter und Madeleine ein. Er konnte viel über sie und ihre Mutter erzählen. Im Wartezimmer nahm Madeleine erfreut einen Teddy hoch und erklärte: „Der war damals auch schon da!"

Mit Jugendlichen kann man Besuche und Interviews gemeinsam durchführen, was zwar zeitaufwendig, aber meistens sehr eindrücklich ist. Ein Fotoapparat oder eine Videokamera unterstützen die Dokumentation und haben für die Jugendlichen einen hohen Motivationscharakter (siehe II, Kap. 4.2).

1.2 Planung und Vorbereitung

Die folgende Checkliste kann eine hilfreiche Grundlage sein.

Allgemeine Checkliste zur Planung und Vorbereitung von Biografiearbeit

- Wen kann und sollte ich fragen und ansprechen, um mehr über die Vergangenheit des Kindes zu erfahren?
- Wie viel Zeit werde ich für die Recherche brauchen, kann ich aufbringen und wann kann ich damit beginnen?

Zeit- und Raumplanung

- Wann ist der geeignete Zeitpunkt, um mit der Arbeit mit dem Kind zu beginnen?
- Ist eine Gruppenarbeit als Vorbereitung für die Einzelarbeit sinnvoll? Wenn ja, welche Kinder passen zusammen? Wer kann die Einzelarbeit im Anschluss fortführen?
- Welchen Zeitraum plane ich ein?
- Welchen Rhythmus kann ich einhalten?
- Wo kann ich mit dem Kind ungestört arbeiten?
- Wo kann ich die Arbeitsprodukte sicher aufbewahren?

Hilfe und Unterstützung

- Welche Kolleginnen/Freunde können mich verbindlich unterstützen, entlasten und beraten?
- Mit wem könnte ich gemeinsam Biografiearbeit in einer Gruppe durchführen?
- Wer kann das Kind während der Zeit unterstützen?
- Gibt es eine Gruppe von Biografiearbeit Durchführenden zum Austausch?

Situation des Kindes

- Welche emotionalen Konflikte können bei dem Kind hervorgerufen werden?
- Wen muss ich darauf vorbereiten?
- Wie kann ich die Eltern/Bezugspersonen auf Konfrontationen/Fragen des Kindes vorbereiten?
- Wie kann ich die Eltern mit einbeziehen und Verständnis für die Arbeit wecken?
- Welche Perspektive ist für das Kind geplant und sinnvoll?

Praktische Umsetzung

- Welche Materialien benötige ich und wo bekomme ich diese her?
- Welche Methoden möchte ich anwenden?
- Welche Stationen sollte und kann ich mit dem Kind aufsuchen, wie organisiere ich das und wer trägt die Kosten?

1.3 Zusammentragen und Ordnen von Informationen

Ausgehend von den Inhalten z. B. für ein Lebensbuch sammelt man vorab aus Akten, durch Befragung von Eltern und anderen Bezugspersonen relevante Informationen und Dokumente (Fotos, Geburtsurkunde, Daten der Eltern und des Kindes). Damit erstellt man zunächst für sich einen Lebenslauf des Kindes, in dem die bedeutsamen Ereignisse notiert sind. Anhand dieser chronologischen Übersicht erhält man oft erste Hinweise, welche Ereignisse für die Arbeit ein wichtiges Thema sein könnten (z. B. mehrere Wohnortwechsel in einem Jahr, Verlust wichtiger Personen). Zudem werden dadurch Informationslücken deutlich, die man noch füllen sollte oder die zu bearbeiten sind (siehe II, Kap. 6.8).

Dieser Lebenslauf kann dann Schritt für Schritt gemeinsam mit dem Kind erarbeitet und in kind- und altersgemäßer Form erstellt werden. Die Kinder tragen oft selbst Vieles zum Lebenslauf bei.

Häufig muss im Laufe der Zeit noch etwas eingefügt werden (die Erstellung am PC ermöglicht unkompliziert „Updates").

Mit Jugendlichen können viele Informationen auch gemeinsam während des Prozesses eingeholt werden, indem man mit ihnen gemeinsam Interviews durchführt oder ihnen den Auftrag zur Recherche (z. B. mit Kassettenrekorder oder Videokamera) gibt.

Folgende Checkliste gibt einen Überblick über Bestandsaufnahme und Informationsbeschaffung. Sie bezieht sich auf fremdplatzierte Kinder, die nicht mehr bei ihren leiblichen Eltern leben.

Checkliste Informationsbeschaffung und Bestandsaufnahme

- Die Bezugspersonen des Kindes (leibliche Eltern, Pflegeeltern etc.) über das Projekt Biografiearbeit informieren und um Mitarbeit bitten (siehe I, Kap. 7.1).
- Informationen über das bisherige Leben des Kindes und seiner Herkunftsfamilie einholen (bei der Herkunftsfamilie, dem Jugendamt, Institutionen wie Kinderheimen, Kindergarten), dabei auf positive oder neutrale, für das Kind wesentliche Informationen achten, die u. U. nicht in den Akten stehen.
- Gründe für die Fremdplatzierung (aus Sicht der verschiedenen Beteiligten) formulieren, Kopie des Hilfeplanes.
- Erstellen eines Genogramms und Klärung der Familienbeziehungen.
- Erstellung einer Lebenschronologie, in der bedeutsame Ereignisse im Leben des Kindes und der Familie festgehalten werden (Umzüge, Orts- und Unterbringungswechsel, Änderung der Familienverhältnisse durch Heirat, neue Geschwister, Kindergarten- und Schulbesuch, Vereinszugehörigkeit usw.) Beim Feststellen von Lücken und Unklarheiten nachhaken und recherchieren.
- Familie und andere Bezugspersonen um Fotos des Kindes und der wichtigsten Bezugspersonen bitten (Abzüge erstellen).

Vorlage für einen Brief an die Herkunftseltern

Eltern und andere Angehörige sind hilfreiche Informationsquellen. In einem freundlichen Schreiben erklärt man den Zweck der Biografiearbeit und bittet sie um Mitarbeit.

> Sehr geehrte Frau Meier, sehr geehrter Herr Meier,
> Ihre Tochter Daniela lebt nun schon zwei Jahre in der Mädchengruppe. Unsere Einrichtung hat es sich zur Aufgabe gemacht, mit allen Kindern an ihrer Biografie zu arbeiten. Das bedeutet, wir möchten für und mit Ihrer Tochter ein persönliches Lebensbuch zusammenstellen. Darin wollen wir Daten, Fakten, Informationen und Erinnerungen sammeln. Wir wollen die gegenwärtige Lebenssituation ihrer Tochter beleuchten (Schule, Hobbys, Freundinnen) und wir werfen auch einen Blick auf die Zukunft: wie stellt Daniela sich diese vor?
> Die Erfahrung hat gezeigt, dass Kinder durch Biografiearbeit ein Stück gefestigt werden und mit sich selbst und anderen besser in Kontakt kommen.
> Natürlich sind Sie als Eltern die wichtigste Informationsquelle für Daniela. Deshalb bitten wir Sie sehr herzlich um Ihre Mitarbeit. Wir legen eine Liste mit Fragen und Ideen bei, was Sie für uns alles zusammentragen können.
> Gerne stehen wir auch für Fragen per Telefon oder persönlich zur Verfügung.
> Ihr Team der Mädchengruppe

Checkliste für die Eltern

Die folgende Checkliste für Eltern kann ein erster Anhaltspunkt sein, was alles mit den Eltern thematisiert werden kann. Nicht alle Punkte müssen „abgearbeitet" werden. Manchmal können nur ein oder zwei Dinge angeschaut werden. Natürlich können auch sehr viel mehr Informationen von den Eltern gesammelt werden.

- Mutterpass ansehen (Geburtstag, Uhrzeit der Geburt, Größe bei der Geburt, Gewicht, Kopfumfang).
- Name, Beruf und Geburtstag der Eltern und Großeltern des Kindes sowie der Geschwister der Eltern.
- Geburtsurkunde des Kindes (in Kopie).

- Stammbaum/Genogramm der Familie mit allen wichtigen Angaben.
- Fotos aus der Kindheit von Mutter und Vater.
- Fotos aus der frühen Kindheit des Kindes.
- Wohnorte, Adressen.
- Kontaktpersonen, Gewohnheiten, und Fähigkeiten des Kindes (Mit wem hat das Kind gelebt? Wann konnte das Kind laufen? Was hat es gern gegessen, was gern gespielt als Kleinkind? Gab es Tiere? Freundinnen und Freunde? Kinderkrankheiten?).
- Wichtige Ereignisse im Leben des Kindes (Tagespflege, Kinderkrippe oder Kindergarten, Krankenhausaufenthalte, Umzüge, Wohnortwechsel, Scheidung der Eltern, Trennung von Eltern und Kind, Heimaufenthalte).
- Eigener Lebenslauf (Kindheit und Jugend) von Vater und Mutter. Aufzeichnung wichtiger Ereignisse nach ihrer zeitlichen Chronologie: Geburten, Wohnortwechsel, Hochzeiten, Krankheiten, Todesfälle, Schulabschlüsse, Prüfungen, Beginn einer Arbeitsstelle, besondere Reisen, etc.
- Besonders glückliche Tage, besonders schmerzliche Tage und Ereignisse im Leben der Eltern.
- Besonders schöne Erinnerungen, Anekdoten usw. aus der gemeinsamen Zeit mit dem Kind.
- Was gibt es an Entwicklungen bei Vater oder Mutter, seit das Kind nicht mehr bei ihnen lebt (neue Partnerschaften, Umzüge, Geschwister, etc.)?

2. Anfertigen eines Lebensbuches

Wer die Vergangenheit ängstlich verdrängt,
wird kaum mit der Zukunft im Reinen sein.
(Alexander Twardowskij)

Eine gebräuchliche Art der Dokumentation in der Biografiearbeit ist die Arbeit mit einem Lebensbuch (vgl. I, Kap. 1.2). Mittlerweile gibt es in deutscher Sprache verschiedene fertige Vorlagen von Lebensbüchern zum Ausfüllen, in denen viele zentrale Themen der Biografiearbeit schön und umfassend aufbereitet sind (siehe auch II, Kap. 7):

ⓘ Mohr, K./ter Horst, K. (2004): Mein Lebensbuch. (Es enthält eine Vielzahl optisch ansprechender, vorstrukturierter Materialien und Vorlagen für Kinder in Einrichtungen. Neben den Blättern zum Ausfüllen gibt es spannende kurze Vorlesegeschichten, die das Kind gefühlsmäßig einstimmen.) www.daslebensbuch.de

Engelhart-Haselwanter, E. (2006): „lebensbuch" des Vorarlberger Kinderdorfes. (Ebenfalls schöne und geeignete Vorlage für Kinder in öffentlicher Erziehung. Dazu gibt es eine Variante für Pflegekinder.) www.voki.at

Die Lebensbücher bieten einen guten Rahmen und wertvolle Anregungen für jene, die zu wenig Zeit haben, eigene Vorlagen zu entwickeln. Wir möchten trotzdem dazu ermutigen, mit jedem Kind ein individuell gestaltetes Lebensbuch anzufertigen. Selbst erstellte, modifizierbare Fragebögen bieten den Vorteil, sie an die vorhandenen Informationen über das Kind anpassen zu können. Benötigt werden ein Pappschnellhefter oder ein Ringbuch (damit immer wieder Blätter eingeheftet werden können), Schreibmaterial, Schere, Klebstoff, Buntstifte, möglichst buntes ansprechendes Papier und Fotokarton. Eine schöne Idee ist es, das Titelblatt vom Kind selbst z. B. in Form eines Wappens gestalten zu lassen.

Abb. 6: Wappen

Manche Institutionen erstellten im Laufe der Zeit einen ganzen Ordner mit unterschiedlichen Vorlagen, aus denen dann etwas Passendes gewählt wird. Kopien aus Vorlagenbüchern sollte man vorher prüfen: Wenn zu wenige Informationen vorhanden sind, kann es frustrierend sein, nur wenige Zeilen eines Blattes ausfüllen zu können.

Formulierungsvorschlag für den Einstieg in die Arbeit

„Ich würde gerne mit dir ein Buch darüber machen, in dem drin steht, wer du bist, was dich ausmacht und auch, was du so erlebt hast. Das Buch hat verschiedene Kapitel wie ‚Das bin ich', ‚Das ist meine Familie', ‚Das ist meine Geschichte', und wir werden bei jedem Treffen diese Kapitel ein wenig füllen. Du kannst entscheiden, womit du anfangen möchtest."

Wir empfehlen einen niedrigschwelligen Einstieg („Das bin ich") und sich dann allmählich den schwierigeren Themen zu nähern (z. B. „Das ist meine Geschichte"). Es sollte im Tempo des Kindes vorgegangen werden: der Erwachsene setzt Impulse, das Kind entscheidet, an welchem Thema es arbeiten will. Erfahrungsgemäß beginnt es mit den Themen, über die es leichter sprechen kann. Wenn es dann mehr Vertrauen und Sicherheit gewonnen hat, wird es auch schwierige und belastende Dinge anschneiden (vgl. Ryan/Walker 2004). Während der Arbeit mit dem Lebensbuch gibt es zahlreiche Gelegenheiten, mit Kindern über wichtige Anliegen und Aspekte ins Gespräch zu kommen.

Beendet ist die Arbeit an einem Lebensbuch eigentlich nie, denn immer wieder finden Veränderungen statt, die man besprechen und reflektieren kann. Sie ist aber zunächst abgeschlossen, wenn die unten aufgezählten Bereiche bearbeitet, die wichtigen Fragen im Leben des Kindes geklärt sind (*Wo komme ich her? Wer ist meine leibliche Familie? Warum musste ich fort? Warum lebe ich hier? Was wird aus mir?*) und das Kind seine Situation versteht. Wenn es zu einem Unterbringungswechsel kommt, muss die Arbeit von anderen Bezugspersonen fortgesetzt werden.

2.1 Strukturierung

Folgende Themen sollten im Lebensbuch enthalten sein:

- *Das bin ich! Was ich über mich selbst weiß!* Persönliche Daten des Kindes (Geburtsdatum, Name, Namensbedeutung, Geburtsurkunde, Mädchen sein, Junge sein, meine Gesundheit, Ich und mein Körper, meine Stärken, Schwächen, Fähigkeiten, Interessen usw.).
- *Das ist meine leibliche Familie!* Daten und Informationen der leiblichen Eltern und Geschwister (Fotos, Stammbaum, Steckbriefe, Geburtsdaten, gegenwärtige Situation, Wohnort, Kontaktmöglichkeiten, Landkarten usw.).
- *Das ist meine Pflegefamilie/Adoptivfamilie/das Kinderheim, in dem ich lebe!* Daten und Informationen zur jetzigen Familie/Unterbringung (Stammbaum, Steckbriefe, Daten, Wohnort, Fotos, Darstellung der Erzieher und Gruppenmitglieder usw.).
- *Meine Gefühle!* Wie fühlt sich das Kind in der jetzigen Situation? Was tut ihm gut? Welche Ängste hat das Kind? Was macht es ärgerlich?

- *Das ist meine Geschichte!* Lebenslauf und Umstände des Wechsels der Lebensumstände (Warum wurde das Kind fremd untergebracht?)
- *Das Land, aus dem ich komme!* (für Kinder mit Migrationshintergrund) Bilder, Informationen und Daten, bekannte Persönlichkeiten des Herkunftslandes.
- *Meine Gegenwart!* Ein Tag oder eine Woche in meinem Leben.
- *Meine Zukunft!* Wie stellt sich das Kind seine Zukunft vor? Wie möchte es leben, arbeiten, möchte es heiraten und eine Familie gründen?

Dazu kann ein Kapitel mit dem Titel *Was mir sonst noch wichtig ist* eingefügt werden, in dem alles gesammelt wird, was anderswo nicht hineinpasst. Hier können kleine Aufsätze gesammelt werden oder Aussagen des Kindes, die der Erwachsene aufschreibt, z. B. zu Themen wie:

- Was wurde mir alles in die Wiege gelegt? Was habe ich von anderen Menschen übernommen, gelernt und vermittelt bekommen? Was habe ich selbst aus alledem gemacht?
- Schöne Zeiten – schwere Zeiten
- Womit ich mich selbst glücklich machen kann

2.2 Ideen und Vorlagen

2.2.1 Das bin ich

Hier kann man sich auf vielfältige Art und Weise mit den Stärken des Kindes beschäftigen – was es gut kann, gerne macht, welche Vorlieben es hat usw.

Steckbrief des Kindes

Steckbriefe können am Computer erstellt und auf buntem Papier ausgedruckt werden. Sie können mit wenigen Informationen oder ausführlicher und tiefgehender gestaltet sein.

Aufgenommen werden kann:

- Name
- Geburtsdatum, -ort
- Augenfarbe, Haarfarbe, Hautfarbe

- Hobbys
- Satzergänzungen wie: „Das mache ich am liebsten“, „Besonders gut kann ich“, „Ich wohne in …, zusammen mit …“

Für kleinere Kinder kann man die Informationen gemeinsam aufschreiben, ein Bild der Familie oder von sich selber malen lassen oder einen Abdruck der Hand einfügen.

Das bin ich!

Ich heiße:

Alexandra

Mein Geburtstag ist am:

12.2.1996

So groß bin ich:

1,34

Meine Augenfarbe ist:

blau

Meine Haarfarbe ist:

blond

Ich wohne zusammen mit:

Dieter, Susanne, Lisa und Krümel (Meerschweinchen)

Besonders gut kann ich:

Einradfahren, Fahrrad, Schwimmen

Am liebsten mache ich:

Quatsch

Abb. 7: Steckbrief

Name und Bedeutung

Der Vorname wurde in den meisten Fällen von den leiblichen Eltern ausgesucht. Oft sind Kinder nach Menschen aus der Verwandtschaft benannt oder es gibt eine Geschichte der Namenswahl. In Vornamenbüchern kann man die Bedeutung des Namens heraussuchen und auf ein Blatt schreiben (siehe II, Kap. 3.2). Für Kinder mit Migrationshintergrund bieten Internetforen häufig gute Recherchemöglichkeiten.

Weitere Gestaltungs- und Fragemöglichkeiten sind:

- Mein Name bedeutet ....
- Benannt bin ich nach ....
- Meine Eltern und Freunde rufen mich ....
- Wenn ich es selbst aussuchen könnte, würde ich gerne heißen .... (vgl. Lattschar 2003: 61)

Fragebögen

Mein persönlicher Fragebogen

Mein Lieblingsessen: ______

Meine Lieblingsfarbe: ______

Diese Musik(gruppe) höre ich gerne: ______

Was ich besonders gerne mag: ______

Das kann ich besonders gut: ______

Das mache ich am liebsten: ______

Meine besten Freunde sind: ______

Ich erinnere mich gerne an: ______

Wenn ich groß bin, wäre ich gerne.... ______

Abb. 8: Persönlicher Fragebogen

Wenn sie schön gestaltet sind, haben Fragebögen für Kinder zwischen 8 und 12 Jahren einen hohen Aufforderungscharakter. In diesem Alter lassen viele Kinder Bücher wie „meine Freunde“ von Klassenkameraden und Lehrern ausfüllen. Für die Biografiearbeit können spezielle Fragebögen entwickelt werden. Dabei sollten die Fragen vom Einfachen zum Schwereren gehen. Beim Einsatz ist darauf zu achten, ob das Kind Widerstände zeigt. Es ist erlaubt, Fragen nicht zu beantworten.

Weitere Satzanfänge können sein: (vgl. Lattschar 2005 b: 13)

- Mein Lieblingsbuch ....
- Meine Hobbys ....
- Diesen Menschen mag ich am allerliebsten ....
- Diesen Menschen kann ich gar nicht leiden ....
- In der Schule ....
- Meine Mutter ....
- Mein Vater ....

Mein „inneres Haus“

In der Vorlage (Wiemann 2004 b) werden die wichtigsten Menschen im Leben des Kindes erfragt und in ein Haus mit vielen Zimmern eingetragen oder eingezeichnet.

Die wichtigsten Menschen in meinem Leben

Das ist mein Lebenshaus mit vielen Zimmern.
In jedem Zimmer wohnt ein wichtiger Mensch.
Du kannst diese Menschen hier einschreiben oder malen.

Pflegemutter	Pflegevater
Svenja (beste Freundin)	Mama
Papa	Oma
Opa	Hanne (Schwester)

Abb. 9:
Mein „inneres Haus“

Mädchen sein – Junge sein

Wir alle werden schon früh durch unsere Geschlechtsrolle geprägt. Sie ist für Mädchen und Jungen ein zentrales Thema. Auch hier können Satzergänzungen hilfreich sein. Die Kinder können auch kleine Aufsätze verfassen.

- Mein Leben als Mädchen (Junge)...
- Was ich daran gut finde, ein Mädchen (Junge) zu sein ....
- Was mir nicht so gut daran gefällt ein Mädchen (Junge) zu sein...
- Mädchen (Jungen) unterscheiden sich von Jungen (Mädchen) folgendermaßen ....
- Was Mädchen (Jungen) alles können ....
- Was Mädchen (Jungen) nicht tun sollten ....
- Was Mädchen (Jungen) tun sollten ....
- Ein „richtiges“ Mädchen ....
- Ein „richtiger“ Junge ....
- Was Jungen (Mädchen) besser können als Mädchen (Jungen)

Abb. 10: Mein Haus, Laura, 6 Jahre

Freies Malen

Folgende Themen eignen sich für freies Malen:

- Das bin ich.
- Da leben wir/unser Haus, unsere Wohnung (Abb. 10, S. 110).
- Meine Familie (eine Szene aus unserer Familie).
- Meine Freunde.
- Usw.

Sind wenig Fotos vorhanden, können ersatzweise auch selbst gemalte Bilder verwendet werden.

> ⓘ Ballinger, E. (1998): Ich! Das Buch über mich. (Fertiges Buch zum Ausfüllen, das gut als Kopiervorlage dient – bezieht sich nicht speziell auf Biografiearbeit, kann aber in diesem Rahmen verwendet werden.)
>
> Wittkamp, J. (2002): Das bin ich. Mein Heft zum Spielen, Einkleben und Malen.

Abb. 11: Meine Freunde, Anthony, 11 Jahre

2.2.2 Meine Familie(n)

Einzelne Familienmitglieder beschreiben

Alle wichtigen Mitglieder der Familie (Eltern, Geschwister, Großeltern) und/oder Institution (Erzieher) sollten hier aufgeführt und beschrieben werden. Wenn keine Fotos vorhanden sind, können sie gezeichnet werden. Wichtig ist, dass sie einen Platz im Lebensbuch erhalten, auch wenn man wenig über sie weiß (vgl. II, Kap. 6.8). Das Kind kann auch sagen, was es gerne an der Mutter/dem Vater/den Geschwistern mag, wo sie sich ähnlich sind usw.

Informationen über leibliche Familienmitglieder:

- Name, Geburtsdatum, evtl. Todesdatum.
- Wohnort/Adresse.
- Weiterhin, wenn bekannt:
- Erlernter Beruf, Ausbildung.
- Positive Eigenschaften, Hobbys.
- Ähnlichkeiten mit dem Kind (Äußerlichkeiten, Begabungen, Fähigkeiten).
- Jetzige Lebenssituation (bei Eltern: neuer Partner, weitere Kinder, bei Geschwistern: leben diese bei den leiblichen Eltern oder sind sie auch woanders untergebracht etc.).

Steckbriefe von Familienmitgliedern

Man kann auch Steckbriefe von allen Familienmitgliedern erstellen (meine Mutter, mein Vater, meine Pflegemutter, mein Pflegebruder usw.). Hier können auch Fragen wie „was ich gerne mit meiner Mutter mache“, „diese Ähnlichkeiten haben wir“ oder „Was ich nicht so gerne an meinem Vater mag“ bearbeitet werden. Gibt es kaum Informationen, kann man einen Steckbrief mit einem Phantasiethema, z. B. „wie ich mir meinen Vater vorstelle“ entwerfen.

Was ist Familie?

Auf einem großen Blatt wird gemeinsam mit dem Kind gesammelt, welche unterschiedlichen Formen von Familie man aus der Umgebung, der Schulklasse, den Medien oder der Literatur kennt. Man kann die verschiedenen Formen aufmalen oder als Collage gestalten (Patchworkfamilie, Stieffamilie, Kinderdorf/Heim/Familiengruppe, Einelternfamilie, Pflegefamilie, Adoptivfamilie usw.).

Dimensionen der Elternschaft

Um die verschiedenen Aspekte von Elternschaft (vgl. I, Kap. 2.2 und Ryan/Walker 2004: 84) für Kinder zu dokumentieren, zeichnet man auf einem Blatt vier Kreise, Quadrate oder Sofas, in die man die verschiedenen Elternbezeichnungen hineinschreibt oder hineinmalt. Hat sich das im Laufe der Zeit geändert, können zwei Versionen erstellt werden (z. B. vor und nach dem Wechsel in die Pflegefamilie, ins Heim). Zu jedem Kreis kann mit dem Kind gesammelt werden, wer diese Verantwortung übernimmt.

Abb. 12: Vier Elternschaften

Diese Übung kann mit folgenden Erläuterungen durchgeführt werden:

Es gibt verschiedene Arten von Eltern. Die ersten Eltern, die jedes Kind hat, sind die *leiblichen Eltern*. Was denkst du, geben sie einem Kind (dir) mit? (Das Leben, Aussehen, Haarfarbe, Hautfarbe, Augenfarbe, Geschlecht, Begabungen und Fähigkeiten, Name usw.) Ohne die ersten Eltern, wärst du nicht auf der Welt. Deine leiblichen Eltern heißen … und …

Viele Kinder kommen zur Welt und leben mit ihren leiblichen Eltern. Manchmal ist es aber nicht so. Dann braucht es andere Eltern, bei denen ein Kind aufwachsen kann. Wir nennen sie *„Jeden-Tag-Eltern"*, weil sie sich täglich um das Kind kümmern. Was meinst du, gehört alles dazu? (Essen, Kleidung, Spielen, Schmusen, Liebe, Hausaufgaben nachschauen, ins Bett bringen usw.). Deine Jeden-Tag-Eltern heißen … und …

Und dann gibt es noch die *gesetzlichen Eltern*. Sie entscheiden wichtige Dinge in deinem Leben. Was könnte das denn sein? (Bestimmen, wo man lebt, Einwilligung zu Operationen, bestimmen die Schule, die du besuchst, erlauben Piercing, bestimmen, dass du in der Pflegefamilie lebst usw.). Gesetzliche Eltern sind meist die leiblichen Eltern. Manchmal ist das aber auch ein Vormund. Der wird vom Familiengericht bestimmt und regelt die wichtigen Dinge. Wie ist es bei dir?

Und dann gibt es noch die *zahlenden Eltern*. Damit ein Kind leben kann, braucht es auch Geld für Essen, Kleidung und Miete. Das brauchen die Jeden-Tag-Eltern, bei denen das Kind lebt. Für was benötigt ein Kind alles Geld? Wer zahlt alles für dich? (Vater, Mutter, Jugendamt, wenn die leiblichen Eltern einen finanziellen Beitrag zur Hilfe zur Erziehung leisten, so soll dies hier hervorgehoben werden).

Gute Seiten – schwierige Seiten

Um Kindern dabei zu helfen, Ambivalenzen zuzulassen, können über einzelne Familienmitglieder oder Geschwister Bögen angelegt werden, in denen es zwei Spalten gibt:

- Was ich an meiner Mama (meinem Papa, meiner Stiefmama, meinem Pflegepapa, meiner Schwester, meinem Bruder, meiner Oma, usw.) besonders gut finde:
- Was ich an meiner Mama (usw.) nicht so gut finde:

Geschwisterbeziehungen

Geschwister von fremdplatzierten Kindern leben häufig voneinander getrennt in unterschiedlichen Familien oder Einrichtungen. Sie können gemeinsam oder getrennt auf ein Blatt gemalt werden. Wichtig sind auch Pflege- oder Adoptivgeschwister oder Halbgeschwister und die Klarheit über die Verwandtschaftsverhältnisse.

- Bin ich meinen Geschwistern ähnlich?
- Welche Eigenschaften habe ich mit ihnen gemeinsam und worin unterscheide ich mich von ihnen?
- Was ich an meiner Schwester, meinem Bruder mag, was ich nicht so sehr mag!
- Was wir gern zusammen spielen!
- Worüber wir uns streiten!

„Haus meines Lebens"

In ein Haus (Wiemann 2004 b) (selbst gemalt oder Vorlage), wird eingetragen, welche Fähigkeiten und Eigenschaften das Kind von seiner Mutter und seinem Vater, seiner Pflegemutter und seinem Pflegevater mitbekommen und übernommen hat. Das Haus dokumentiert die Situation der „doppelten Elternschaft", in der sich Pflegekinder befinden. Es kann auch für Adoptiv-, Stief-, sowie Heimkinder verändert werden.

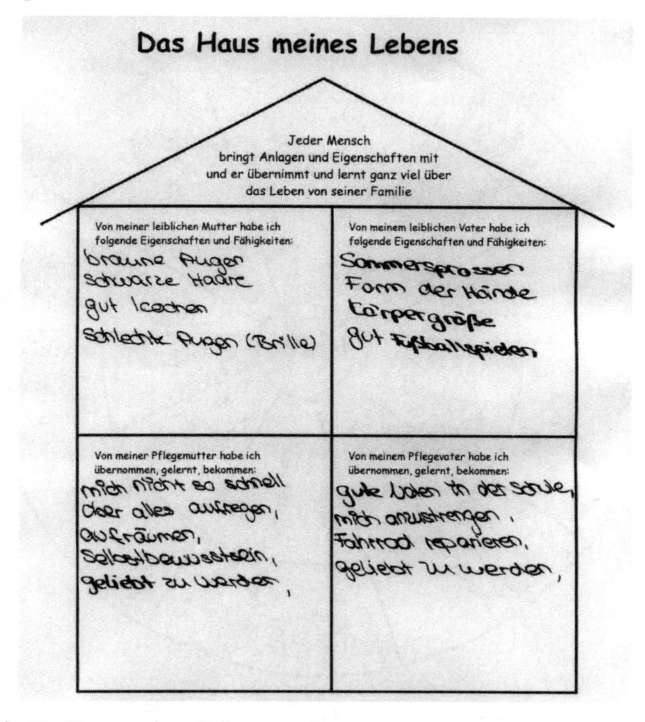

Abb. 13: Haus meines Lebens

Das Familienrad

Im Familienrad werden Zuschreibungen und Botschaften von Familienmitgliedern und Verwandten eingetragen. Die Übung kommt aus der systemischen Familientherapie und wird bei Familienrekonstruktionen eingesetzt (Kaufmann 1990). Die Methode verlangt Reflexionsvermögen und ist für Jugendliche geeignet.

Auf einem großen Blatt wird ein kleiner Kreis mit dem eigenen Namen darin gezeichnet. In einen weiteren größeren Kreis, der um den Namen gezogen wird, werden die bedeutsamen Familienmitglieder und/oder Freunde und andere wichtige Personen wie die Speichen eines Rades angeordnet. In einem dritten Kreis werden diese Speichen fortgesetzt. Dort hinein werden die Botschaften dieser Personen geschrieben (z. B. *„Sei immer brav“, „Enttäusche mich nicht“, „Mach was aus dir“*).

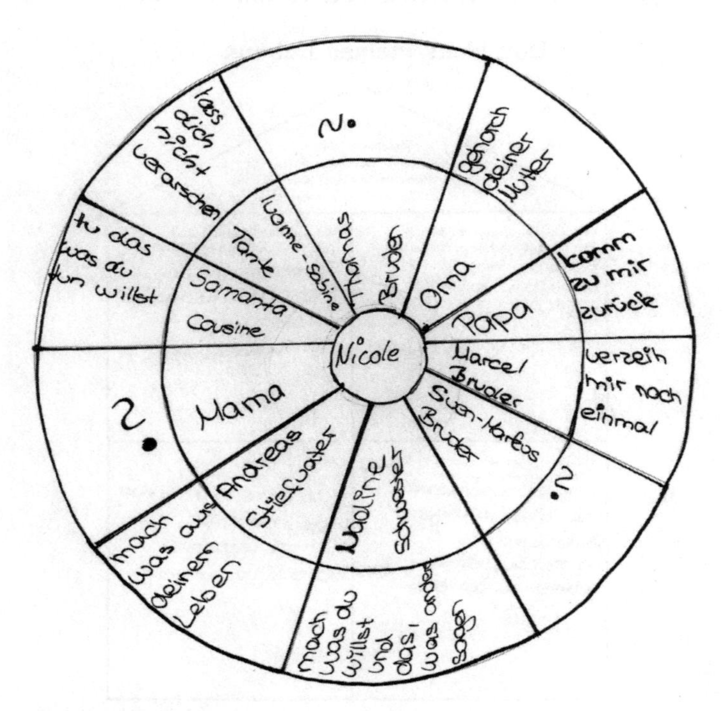

Abb. 14: Familienrad, Nicole, 14 Jahre

Stammbäume, Genogramme

Im Stammbaum wird das Familiengeflecht dargestellt, um die Familienbeziehungen zu (er)klären und zu verstehen. Stammbäume können gemalt oder gebastelt werden; es gibt auch Computerprogramme[1]. Eine schöne Kopiervorlage (leider ohne Platz für Stiefelternteile) befindet sich in Ballinger (1998: 22 f.).

Abb. 15: Genogramm, gezeichnet mit Kindern

Für Kinder abwechslungsreich ist die Beschriftung von aus Tonpapier ausgeschnittenen Baumblättern (oder Herzen) mit

1 Als Freeware erhältlich z. B. www.daubnet.com, www.bst-soft.de/fam.htm

den Lebensdaten von Angehörigen (Name, Geburtsname, Geburtsdatum, evtl. Todesdatum, Verwandtschaftsbezeichnung, z. B. Onkel, Oma etc.). Diese werden dann auf einem Blatt festgeklebt. Ein Baum wird drum herum gezeichnet. Durch das Einfügen von Seitenästen können auch Konstellationen jenseits der „klassischen Normalfamilie“ dargestellt werden.

Ein Plakat des Bundesverbandes der Pflege- und Adoptiveltern dient als Vorlage, Herkunftseltern und neue Familie in einen Baum einzuzeichnen: Die leiblichen Eltern werden als Wurzeln dargestellt, die Pflege-/Adoptiveltern als Äste; der Name des Kindes steht auf dem Stamm[2].

Als Genogramm wird die grafische Darstellung der Familienbeziehungen mittels standardisierter Symbole bezeichnet. Auch dazu gibt es Software[3]. Genogramme können aber auch leicht „mit der Hand“ erstellt werden. In der Version für Kinder sollte man darauf achten, dass nur die notwendigen Daten eingefügt werden und das Genogramm nicht mit Zusatzinformationen überfrachtet wird. Statt standardisierter Symbole können Personen oder Strichfiguren gezeichnet werden. Kinder können ihre Sicht der Beziehungen der Familienmitglieder besprechen und eintragen (Abb. 15, S. 117).

2.2.3 Meine Gefühle

Viele seelisch verletzte Kinder verfügen nur über ein geringes Repertoire, ihre Gefühle in Worte zu fassen oder benutzen allgemeine Kategorien wie „gut oder schlecht“. Übungen fördern die kindliche Ausdrucksmöglichkeit von Gefühlen.

Satzanfänge

Verschiedene vorgegebene Satzanfänge werden vom Kind vervollständigt.

- Glücklich bin ich, wenn ....
- Das macht mich traurig ....
- Manchmal bin ich ganz durcheinander, wenn ....
- Aufgeregt bin ich, wenn ....

---

2 Zu beziehen über www.pfad-bv.de

3 Z. B.: www.klaus-wessiepe.de/geno.htm

– Sauer macht mich ....
– Enttäuscht fühle ich mich..
– Worüber ich immer traurig bleiben werde..............................
– Was mich glücklich macht..

Illustrierte Vorlagen zum Ausfüllen bietet Ballinger (1998: 42-44).

Gefühlstagebuch

Von Sanders/Swinden (1992) stammt die Idee eines Gefühlstagesbuches. Hier werden auf einem Blatt für jeden Wochentag positive und negative Ereignisse eingetragen. Gemeinsam kann man dann besprechen, was es für Möglichkeiten gibt, Dinge zu verändern.

Tag	☺ Das freute mich!	☹ Das machte mich traurig!
Mo		
Di		
Mi		
Do		
Fr		
Sa		
So		

Abb. 16: Gefühlstagebuch

Gefühlskarten

Gefühlskarten gibt es vorgefertigt zu kaufen (Reichling/Wolters 1994). Sie können auch ganz leicht selbst hergestellt werden. Zunächst sammelt man verschiedene Gefühle und lässt diese dann vom Kind zeichnerisch darstellen. Ein Kreis als Gesicht kann dazu vorgegeben werden. Eine solche Sammlung könnte folgende Begriffe ergeben:

– glücklich
– frustriert
– enttäuscht
– aufgeregt
– traurig
– neutral
– sauer
– wütend
– geborgen
– durcheinander
– weiß nicht
– …

Man kann ein Spiel daraus machen, in dem man eine Karte zieht. Das entsprechende Gefühl wird pantomimisch darstellt und das Gegenüber muss raten, um welches Gefühl es sich handelt. Zu Beginn einer Stunde kann das Kind eine Karte ziehen, die seinem momentanen Gefühl entspricht. Bei der Arbeit am Lebensbuch (z. B. beim Lebensweg, der Lebensgrafik) können die Karten immer wieder eingesetzt werden, um Gefühle in bestimmten Situationen auszudrücken.

Eine einfache Einstimmung zum Thema Gefühle ist ein Satz aus drei Karten, den ich (BL) immer bereithalte:

☺ Glücklich, ☹ traurig, 😐 neutral.

Damit kann das Kind schnell gefragt werden, wie es ihm gerade geht.

2.2.4 Meine Geschichte

Dieses Kapitel wird von vielen Kindern an den Schluss geschoben, da es häufig belastend und schwierig für sie ist, über ihre Geschichte zu sprechen bzw. Ängste und Unsicherheiten bestehen. Deshalb gilt hier in besonderem Maße der Grundsatz: „im Tempo des Kindes vorgehen“.

Meine Geburt

Die Geburt des Kindes ist immer verknüpft mit den leiblichen Eltern, deswegen könnte dieser Abschnitt auch in „meine Familie“ oder „das bin ich“ untergebracht werden. Sie ist aber auch ein Teil seiner Geschichte, weshalb sie hier aufgenommen wurde. Die (kopierte) Geburtsurkunde ist ein wertvolles Dokument, das abgeheftet werden kann.

Zunächst sollten die biologischen Fakten von Zeugung und Geburt besprochen werden. Anregungen dazu kann man sich in vielen Aufklärungsbüchern holen. Sind die Umstände der Zeugung und Geburt ungewöhnlich (In-Vitro-Fertilisation, Samenspende, Vater unbekannt usw.) oder nicht bekannt (etwa bei einem Findelkind), so muss auch das in kindgerechte Worte gefasst werden (siehe II, Kap. 6.9). Gibt es Fotos vom Kind als Baby, evtl. mit der Mutter/den Eltern, so können diese hier eingeklebt werden.

Ein Fragebogen zu den Umständen der Geburt und des Kleinkindlebens kann im Vorfeld von Eltern ausgefüllt werden und mehr Informationen liefern.

Alles über meine Geburt und mein Babyleben

Mein Familienname: Knecht

Meine Vornamen: Jennifer

Wann bin ich geboren (Datum/Uhrzeit): 12.7.94 12:43 Uhr

Wo bin ich geboren (Ort/Krankenhaus?)?: Bad Dürkheim

Ist vor oder während meiner Geburt etwas Besonderes passiert?:
Ich bin fast am Geburtstermin zur Welt gekommen.

Wer war bei meiner Geburt dabei?: Oma, Mama

Was steht in meiner Geburtsurkunde?:

Wie viel habe ich gewogen?: 3224 g 1kg 1kg 1kg

Wie groß war ich?: 52 cm

Was gibt es sonst über mich als Baby zu berichten?
(Haare, Haarfarbe, Stillbaby, Flaschenkind, Schnuller, erstes Wort, erstes Spielzeug, erstes Kuscheltier, Besonderheiten....)

- lange schwarze Haare
- mit Kaiserschnitt
- Kuscheltier Hase
- Flaschenkind
- Mein erstes Wort: Lolo (Vogel)
- mit 11 Monaten gelaufen
- braves Kind, wenig geschrieen

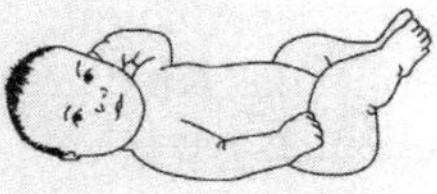

Abb. 17: Meine Geburt

Mein Ankunftstag

Der erste Tag des Kindes in einer Pflege- oder Adoptivfamilie oder im Heim markiert einen neuen Lebensabschnitt. In vielen Familien und Institutionen wird dieser Tag gefeiert. Er bietet Anlass, Bilanz zu ziehen und Erinnerungen an diesen Tag und die Eindrücke und Gefühle aller Beteiligten auszutauschen.

Ähnlich, wie leibliche Kinder an ihrem Geburtstag die Geschichte ihrer Geburt erzählt bekommen (oder danach verlangen, im Sinne von „Erzähl noch mal …"), kann der Ankunftstag Anlass sein, die Geschichte des Ankommens in der Familie zu thematisieren. Für Kinder in Pflege- oder Adoptivfamilien ist es wertschätzend, zu hören, wie aufgeregt alle waren und sich gefreut haben. Einbezogen werden sollte immer die Herkunftsfamilie des Kindes, denn ohne sie wäre das Kind nicht auf der Welt und auch nicht in der neuen Familie/Institution.

Auch Kinder in Institutionen erinnern sich an den ersten Tag, an den „ersten Erzieher" oder andere Einzelheiten. Gab es eine Inobhutnahme, ist der Tag mit widerstreitenden Gefühlen besetzt – diese sollen auch dokumentiert werden.

> ⓘ Curtis, J. L. (2000): Erzähl noch mal, wie wir eine Familie wurden. (Herkunftsfamilie kommt leider nicht vor.)
>
> Kunert, A./Hildebrandt, A. (2003): Und dann kamst du und wir wurden eine Familie. (Die leiblichen Eltern werden erst gegen Ende erwähnt.)

Die Vorlage „Mein Ankunftstag"[4] (siehe Abb. 18, S. 123) zeigt einen Koffer, in dem die wichtigsten Daten zum Ankunftstag eingetragen werden:

- Datum der Ankunft.
- Wer hat das Kind geholt/gebracht?
- Wo lebt es jetzt?
- Wo lebte es vorher?
- Was hatte es bei der Ankunft dabei?
- An was erinnern sich alle Beteiligten über die Ankunft?

---

4 Die Vorlage wurde entnommen aus Strobach (2002: 136), modifiziert von B. Lattschar.

Eine schöne Idee von Erzieherinnen und Erziehern eines Kinderheimes[5] ist es, das Kind jedes Jahr an seinem Ankunftstag vor demselben Hintergrund zu fotografieren. Seine Entwicklung, sein „Größer-werden“ werden so dokumentiert und das Leben im Heim noch einmal wertgeschätzt.

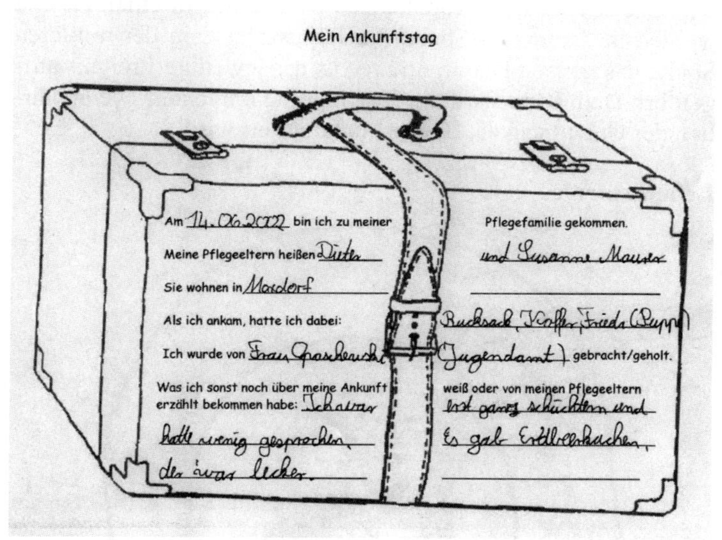

Abb. 18: Mein Ankunftstag

Die eigene Lebensgeschichte in Worte fassen

Hier erfolgt die Auseinandersetzung mit den Ereignissen, die zu der Fremdunterbringung/Adoption usw. geführt haben.

- Ich kann nicht in der Familie leben, in der ich geboren wurde, weil ....
- Wenn andere Leute mich fragen, warum ich bei einer Pflegefamilie/im Heim/bei Adoptiveltern lebe, sage ich ....

Die Antwort auf die erste Aussage dokumentiert ausführlich, warum das Kind nicht bei der leiblichen Familie leben kann (siehe II, Kap. 5.1). Die Beantwortung der zweiten Frage ist die „Coverstory“: diese sollte kurz und einfach beantwortet werden

5 Die Idee stammt von Fachkräften des Heilpädagogischen Kinderheimes Oberotterbach e.V., Weisenheim am Sand.

und die Version für die Öffentlichkeit darstellen (siehe I, Kap. 5.4).

Lebensgrafik

In der Lebensgrafik (vgl. Ryan/Walker 2004: 64 ff.) werden wichtige Ereignisse chronologisch dargestellt. In einer Tabelle werden in der linken Spalte die Jahreszahlen, in der mittleren Spalte das genaue Datum und rechts das jeweilige Ereignis aufgeführt. Dem Kind wird die Orientierung erleichtert, wenn jährlich der Geburtstag als Bezugspunkt notiert wird.

Lebensspirale

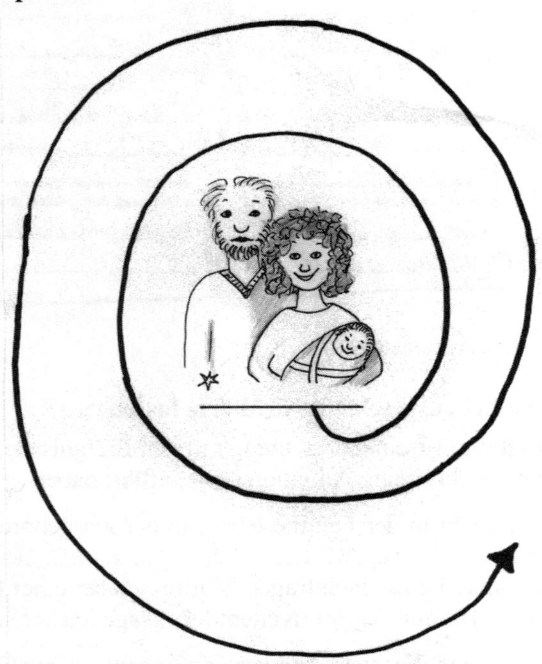

Abb. 19: Lebensspirale, Entwurf: Birgit Gutting

Bei der Lebensspirale handelt es sich um eine Vorlage, die ich (BL) gerne in Eltern-Kind-Seminaren einsetze. Die Spirale beginnt in der Mitte mit der Zeichnung von Eltern mit einem Baby (Geburt). Die Kinder tragen dann alle für sie bedeutsamen

Ereignisse ihres Lebens chronologisch ein. Die Form der Spirale erinnert daran, dass das Leben weitergeht und es neue Ereignisse und Entwicklungen geben wird.

Lebenslinie

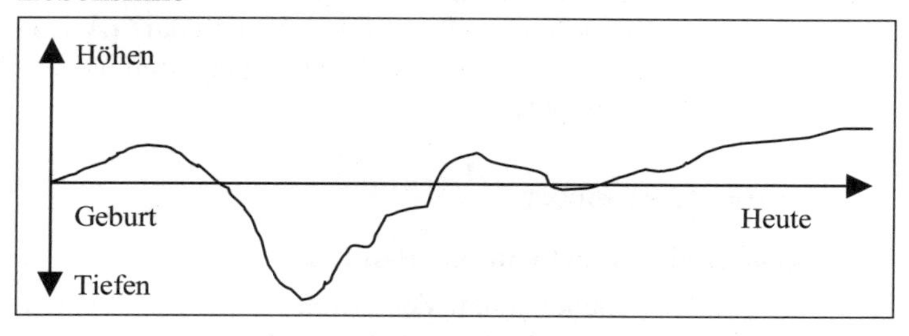

Abb. 20: Lebenslinie

Auf einem Zeitstrahl werden bedeutsame Ereignisse des Lebens chronologisch eingetragen. Man kann eine einfache Linie zeichnen und darauf mit Kreuzen, Punkten etc. die Daten und Ereignisse markieren oder aber Höhen und Tiefen des Lebens durch Eintragen der Ereignisse über oder unter der Lebenslinie grafisch in Kurven darstellen (vgl. Klingenberger 2003: 172). Die Lebenslinie eignet sich gut für die Arbeit mit Jugendlichen und Erwachsenen.

Lebensbäume

Jugendliche oder Erwachsene (z. B. Eltern) kann man einladen, einen Baum als Sinnbild des eigenen Lebens zu malen und dann bilanzierende Fragen zu stellen[6] (vgl. Klingenberger 2003: 51; Mueller-Harju/Noll 1997: 17 ff.):

- Was sind meine Wurzeln? Woraus beziehe ich meine Kraft? Woher komme ich? (Wurzeln)
- Was gibt mir Kraft zum Wachsen? Wie spüre ich mein Wachstum? Wohin möchte ich wachsen? Welche Talente habe ich? Welche möchte ich entwickeln? (Dünger)

---

6 Danke an Ruth Jotter-Funk, Ambulanter Dienst des Heilpädagogischen Kinderheims Oberotterbach e.V., Frankenthal, für die Entdeckung dieser Methode.

- Was gibt mir Halt? Was gibt mir Schutz, was verletzt mich? Was belastet mich? (Stamm und Rinde)
- Was wünsche ich mir? Wovon träume ich? (Blätter)
- Was gebe ich weiter? Welche Früchte trage ich?
- In welchen Beziehungen stehe ich zu meinen Mitmenschen? Wie viel Raum brauche ich? Wie stelle ich mich dar? (Äste)
- Was durfte oder konnte sich nicht entwickeln und ist abgestorben? (Verkümmerte Triebe)

2.2.5 Meine Gegenwart

Ein Tag oder eine Woche in meinem Leben

Der Tages- oder Wochenablauf des Kindes wird beschrieben. Auch das Thema Einschlafen und Aufwachen und das Aufschreiben von wichtigen Träumen ist von großem Interesse.

- Wenn ich morgens aufwache ....
- Wenn ich abends einschlafe ....
- Mein schönster Traum..
- Mein schlimmster Traum ....
- Eine Woche in meinem Leben ....
- Ein Tag in meinem Leben ....

Mein Zimmer

Das Kind beschreibt oder malt sein Zimmer in seiner Familie/Pflegefamilie/Wohngruppe oder es wird ein Foto des Zimmers eingeklebt.

Schönes und Lästiges

Das Leben besteht aus der Lustseite: das sind Dinge, die das Kind gerne und viel machen möchte und aus der Pflichtseite: das sind Dinge, die jedes Kind machen muss.

- Was ich gar nicht gerne mache (Pflichtseite des Lebens)........
- Wie es mir geht, wenn ich die Pflichten bewältigt habe..........
- Pflichten, an denen ich trotzdem Freude habe ....
- Angenehme Dinge des Lebens (Lustseite des Lebens) ....
- Dinge, die ich besonders gern und oft mache ....

Humor

Gerade für Kinder mit seelischen Verletzungen ist wichtig, positive Erfahrungen, Spaß und Lachen zu dokumentieren.

- Worüber habe ich zuletzt herzlich gelacht? ....
- Was ich besonders lustig finde ....
- Meine Lieblingswitze ....

2.2.6 Das Land, aus dem ich komme

Für Kinder aus aller Welt sollen Informationen über ihr Herkunftsland gesammelt werden (siehe I, Kap. 2.7).

Landkarte/Weltkarte

Eine Kopie einer Europa- oder Weltkarte kann in das Lebensbuch eingeheftet werden. Darauf wird das Herkunftsland des Kindes markiert. Die Flagge des Landes kann dazu aufgemalt, die Entfernung zum Aufenthaltsland angegeben werden. Für eine Gruppe von Kindern kann auch eine große Weltkarte aufgehängt werden, auf der das Herkunftsland jedes Kindes durch kleine Namensfähnchen markiert wird.

Informationen über das Herkunftsland

Aus Reiseprospekten und -videos, Atlanten, Lexika und Zeitschriftenartikeln werden Informationen über das Herkunftsland[7] gesammelt. Anhaltspunkte dafür können sein:

- Sprache (mit Beispielen)
- Wirtschaftlicher Hintergrund
- Politische Situation
- Sitten, Gebräuche, Kultur
- Musik
- Landschaften und Städte
- Geschichte des Landes
- Porträts wichtiger Persönlichkeiten (Schauspieler, Politikerinnen, Sportlerinnen etc.)

---

7 Sehr informative „Sympathiemagazine“ über zahlreiche Länder dieser Erde gibt es unter www.studienkreis.org

Daraus kann auch ein eigenes kleines Buch entstehen oder eine Ausstellung gestaltet werden.

Ein Fest feiern

Viele Gruppen von Adoptiveltern mit Kindern aus anderen Ländern der Erde organisieren Treffen mit anderen Adoptivfamilien mit Kindern desselben Landes, manchmal auch bunte Treffen mit Kindern aus aller Welt. Hier wird die Musik der Länder gespielt, es werden Tänze getanzt und das Essen der jeweiligen Länder gekocht.

Was mir gut/was mir weniger gut an meinen Ländern gefällt

Mit dem Kind wird gemeinsam auf Blättern gesammelt, was ihm gut oder weniger gut an seinem Herkunftsland und am Land, in dem es jetzt lebt, gefällt. Ein Gespräch über unterschiedliche Kulturen, Traditionen und Bräuche, und die Konflikte, die daraus entstehen, kann sich anschließen.

2.2.7 Meine Zukunft

Welche Ideen, welche Vorstellungen und Erwartungen hat das Kind über sein zukünftiges Leben? Wo und mit wem möchte es leben? Möchte es eine Familie gründen? Welchen Beruf möchte es ergreifen? Welche Ängste bestehen?

Mein Leben in 10 Jahren!

Ein großes Blatt wird in mehrere Bereiche aufgeteilt, die man mit den verschiedenen Bereichen überschreibt: „Beruf", „Familie", „Partnerschaft", „Wohnen", „Freunde", „Freizeit". Das Kind wird aufgefordert, seine Vorstellung von jedem Lebensbereich in 10 Jahren hineinzuschreiben oder zu malen.

Drei Wünsche für die Zukunft

Die so genannte „Wunderfrage" aus der lösungsorientierten Therapie kann gut auf Biografiearbeit übertragen werden. Die Wünsche sollten schriftlich oder in einem Bild festgehalten werden.

„Eine Zauberfee erfüllt dir drei Wünsche für deine Zukunft: was wünschst du dir? Wie kann das konkret aussehen?"

Zukunftsvisionen[8]

Durch diese Übung wird das Kind ermutigt, sich viele verschiedene Wahlmöglichkeiten für seine Zukunft zu erträumen.

Aufgabe: Stelle Dir vor, Du bist so alt wie Deine Eltern. Ein Freund bittet Dich ein Bild über Deine Familie zu malen. Wie sieht Deine Familie aus?

Hilfsfragen:

- Bist Du verheiratet oder nicht?
- Wer ist Deine Frau/Mann?
- Hast Du Kinder oder nicht? Wie viele Kinder hast du?
- Haben Deine Kinder Namen?
- Wo wohnst Du mit Deiner Familie?
- Wohnt noch jemand anderes im Haus?

Abb. 21: Meine zukünftige Familie, Ulrike, 9 Jahre

8 Die Idee stammt von Viorica Tudor, Stuttgart

3. Gruppenarbeit

„Was in der Vergangenheit geschehen ist, gehört der Vergangenheit an. Da die Dynamik des Lebens die Relativität der Dinge immer wieder verändert, nimmt ein zurückliegendes Erlebnis durch das Wechselspiel des Lebens neue Aspekte an und verändert sich ebenfalls dauernd.“ (Axline 1969: 190).

Das folgende Programm wurde (in Anlehnung an Ryan/Walker, 2004, 99 ff.) für eine Gruppe von Heimkindern zwischen 12 und 13 Jahren entwickelt. Es kann auch im Rahmen einer Wochenendfreizeit (mit Nachtreffen) durchgeführt werden bzw. für den ambulanten Bereich modifiziert werden. Gibt es viele Kinder in der Gruppe mit Migrationshintergrund, bietet es sich an, zusätzlich eine Einheit zum Herkunftsland zu gestalten; ist die Gruppe geschlechtshomogen, kann auch die eigene Geschlechtsrolle ein Thema sein (siehe auch I, Kap. 2.7 und II, 2.2).

3.1 Vorbereitung

Die Gruppe sollte nicht mehr als sechs bis sieben Kinder umfassen und von zwei Fachkräften (idealerweise einem Mann und einer Frau) betreut werden. Sie sollte möglichst altershomogen sein, auch geschlechtshomogene Gruppen können sinnvoll sein. Die Kinder sollten mindestens 8 Jahre alt sein, um auch kooperativ zusammenarbeiten zu können. Im Vorfeld muss überlegt werden, in welcher Zusammensetzung die Gruppe arbeitsfähig ist. Für die Gruppentreffen benötigt man einen ausreichend großen Gruppenraum, der störungsfrei und gemütlich ist.

Material, das für alle Sitzungen benötigt wird:

- Filzstifte, buntes Papier, Kleber, Scheren, Plakate
- Stein oder ähnlicher Gegenstand

Vor dem ersten Treffen lädt man die Kinder persönlich ein und informiert sie über Inhalt und Zweck der Gruppe. Auch die Pflegeeltern/Erzieher der Kinder sollten über den Ablauf und die Inhalte aufgeklärt und für die Weiterarbeit vorbereitet werden. Dies kann in Form eines Informationsabends oder einer Teambesprechung geschehen. Eine Einladung an die Kinder kann folgendermaßen aussehen:

> Liebe Jenny,
> du hast dich für eine Teilnahme an der Gruppe „Auf meinen Spuren“ entschieden. Wir möchten dich nun herzlich zu unserem ersten Gruppentreffen einladen. Es findet am Mittwoch, dem 24.04.02, von 16:00–17:30 Uhr im Gruppenraum der Gruppe Räuber statt. Wir treffen uns dann zehn Wochen lang mittwochs zu dieser Zeit.
> Wir werden uns in der Gruppe gemeinsam auf Spurensuche in euerm Leben begeben. Mit Spielen, Geschichten und Aktionen gestalten und besprechen wir gemeinsam Vieles, was Deinen/Euren bisherigen Lebensweg ausmacht. Der Spaß kommt dabei bestimmt nicht zu kurz! Am Ende steht dann ein selbst verfasstes „Buch über mich“, das jedes Kind über sich erstellt.
> Wir sind sehr gespannt und freuen uns auf Dich,
> Birgit und Jochen

3.2 Themen und Inhalte der Treffen

Erstes Treffen: Kennenlernen, Begriffsklärung

- Begrüßung, Kennenlernspiel: (Kennt sich die Gruppe nicht, sollte für das Kennenlernspiel eine ausführliche Form wie z. B. das Namensakronym[1] gewählt werden.)

Name und Aktivität: Alle stehen im Kreis, die erste nennt ihren Namen und eine typische Aktivität, die sie mit einer Handbewegung verknüpft: „Ich heiße Fiona und spiele gerne Fußball.“ Alle machen die Bewegung mit. Der nächste wiederholt Namen und Bewegung des Vorgängers und nennt dann seinen Namen und eine Aktivität, die alle mitmachen.

Namensakronym: Jeder schreibt seinen Namen hochkant auf ein Blatt Papier. Quer schreibt er nun in jede Zeile eine Vorlie-

1 Kunstwörter, die aus den Anfangsbuchstaben anderer Wörter gebildet werden, z. B. EDV (Elektronische Datenverarbeitung).

be, ein Hobby oder eine typische Eigenschaft, so dass jeweils ein Buchstabe seines Namens (vorzugsweise als Anfang des neuen Begriffes) verwendet wird. Dann stellt sich jeder mit seinem Namen im Kreis vor und hängt sein Blatt auf.

- B ücher
- I rland
- R eisen
- G ehen (wandern)
- E I s
- T anzen

- Die Gruppenleiterin und der Gruppenleiter stellen die Idee des Lebensbuches vor. Den Kindern wird der Hinweis gegeben, dass das Lebensbuch später in Einzelarbeit mit ihrem Bezugserzieher oder ihrer Bezugserzieherin fortgeführt wird. Jeder erhält ein Ringbuch/einen Schnellhefter.
- Begriffsklärung „Biografie“: Beschreibung des Lebens, (griech. *bios*: Leben, *gráphein*: aufzeichnen.)
- Brainstorming auf einem großen Blatt in der Mitte: „Warum bin ich hier, was will ich hier?“ Die Kinder können selbst schreiben oder zurufen. Das Gesagte wird nicht kommentiert, es dient der Erwartungsabfrage und Klärung. Die gesammelten Begriffe werden anschließend aufgeschrieben und eingeheftet.
- Gemeinsames Festlegen der Gruppenregeln. Jeder sollte sie aufschreiben und einheften bzw. sie werden auf ein Plakat geschrieben, das im Raum aufgehängt wird.

Eine Gruppe hat für sich folgende Regeln aufgestellt:

Unsere Regeln

- Wir lachen niemanden aus!
- Wir lassen andere ausreden!
- Wir sagen nix weiter, wenn der andere es nicht will!
- Wir halten alle zusammen!

- Einführen des Rituals: *„Wie geht es mir heute?“* Dies ist das Einstiegsritual bei den nächsten Treffen. Man kann dazu einen Gegenstand in die Hand nehmen (etwa einen Stein oder Ball), der demjenigen das Rederecht gibt, der gerade spricht und der reihum weitergegeben wird. In Form eines Blitzlichts sagt jeder kurz, wie er sich im Moment fühlt. Bei diesem ersten Treffen stellt dieses Ritual den Schlusspunkt dar.

Material:
- Ein Ordner/Schnellhefter aus Pappe oder ein Ringbuch für jedes Kind

Zweites Treffen: Das bin ich!

- Evtl. Wiederholung eines Namensspieles zu Beginn.
- Blitzlicht *„Wie geht es mir heute?“*
- Erstellen eines „Steckbriefes“: Mit einer Polaroidkamera wird jedes Kind fotografiert und erstellt anschließend einen Steckbrief über sich selbst (Name, Daten, seit wann im Kinderheim, Hobbys, Vorlieben, Stärken etc., siehe auch II, Kap. 2.2.1). Gegenseitige Vorstellung der Beschreibungen. Die Steckbriefe kommen ins Lebensbuch.
- Ausfüllen der Vorlage: „Mein Name“ (vgl. II, Kap. 2.2.1), Vorstellung des Namens und seiner Bedeutung.
- Evtl. abschließendes Kreisspiel.

Material:
- Vorlage „Steckbrief“ und „Name und seine Bedeutung“
- Vornamenbücher, Polaroidkamera

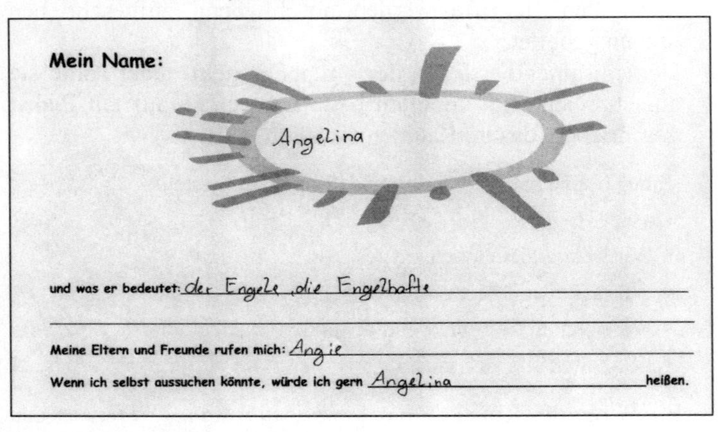
Mein Name:

Angelina

und was er bedeutet: der Engele, die Engelhafte

Meine Eltern und Freunde rufen mich: Angie

Wenn ich selbst aussuchen könnte, würde ich gern Angelina heißen.

Abb. 22: Mein Name

Drittes Treffen: Das bin ich!

- Blitzlicht (evtl. mit Einsatz von Gefühlskarten).

- Persönliche Fragebögen (siehe II, Kap.2.2.1) austeilen und ausfüllen, den anderen vorstellen (Gespräch oder Interview).
- Zum Schluss malt jedes Kind in Einzelarbeit ein persönliches Wappen (frei oder nach Vorlage: aus Sanders/Swinden 1992: 75), evtl. begleitet von ruhiger Musik. Die Wappen werden gegenseitig vorgestellt.

Material:
- Vorlage Persönliche Fragebögen, Vorlage Wappen
- Kassettenrekorder, Entspannungsmusik

Viertes Treffen: Eltern und Familie
- Blitzlicht *„Wie geht es mir heute?"*
- Brainstorming: „Was ist eine Familie? Wozu braucht man Eltern?" (Die Ergebnisse können wieder bis zum nächsten Treffen für jedes Kind vervielfältigt werden.)

Eine Gruppe von 12- bis 13-Jährigen hat dabei Folgendes gesammelt:

- Eine Pflegefamilie ist keine richtige Familie, sondern eine Sonderfamilie.
- Familie besteht aus: Papa, Mama, Bruder, Schwestern, Onkel, Tanten, Omas, Opas, Cousinen, Cousins usw.
- Eine Familie braucht man zum Lieben.
- Eine Familie braucht man, damit man was zum Essen und zum Trinken kriegt und zum Spaß haben.
- Man braucht eine Familie, um auf die Welt zu kommen.
- Man braucht eine Familie, um ein warmes Plätzchen zu bekommen.
- Man braucht eine Familie, damit man lesen und schreiben lernen kann.

- Erklären der „Vier Dimensionen der Elternschaft" anhand von vier Stühlen. Auf jeden Stuhl setzt man stellvertretend eine Person, die die jeweilige Dimension repräsentiert. Gemeinsam werden die Eigenschaften der verschiedenen Dimensionen gesucht und aufgeschrieben (siehe II, Kap. 2.2.2).
- Anfertigen eines individuellen Eltern-Modells für jedes Kind, in dem für jede Dimension der Elternschaft die für das Kind verantwortlichen Personen eingetragen werden (z. B. in vier Kreise, auf vier Stühle, in vier Quadrate).

Material:
– 4 Stühle, evt. Vorlage Vier-Eltern-Modell

Fünftes Treffen: Warum kommen Kinder ins Kinderheim (in eine Pflegefamilie etc.)? Entwickeln einer Coverstory.

– Blitzlicht *„Wie geht es mir heute?“*
– Brainstorming zu „Was ist ein Kinderheim? Warum kommen Kinder ins Kinderheim?“ (Die Ergebnisse können wieder bis zum nächsten Treffen für jedes Kind vervielfältigt werden.)

> Eine Gruppe von 12- bis 13-Jährigen hat Folgendes gesammelt:
>
> **Was ist ein Kinderheim?**
>
> - Ein Kinderheim ist zur Hilfe da.
> - Es ist zum Wohlfühlen, zum Versorgen (Essen usw.) da.
> - Im Kinderheim erlebt man etwas.
> - Man muss Regeln lernen und einhalten.
> - Im Kinderheim erlebt man Spaß und bekommt Liebe.
> - Ein Kinderheim ist zum Leben da.
> - Es ist ein Heim, wo Kinder drin leben, die Probleme mit ihren Eltern haben oder andere Probleme haben.
> - Die Erzieher sind für uns da.
> - Die Kinder sind für andere Kinder da.
> - Das Kinderheim ist dafür da, dass man was lernen kann.
>
> **Warum kommen Kinder ins Kinderheim?**
>
> - Wenn Kinder mit den Eltern Krach haben.
> - Wenn Kinder geschlagen oder missbraucht werden.
> - Weil Kinder nicht mehr bei ihren Eltern leben möchten.
> - Wenn Kinder zu Hause eingesperrt werden.
> - Wenn die Eltern abgehauen sind.
> - Wenn die Eltern gestorben sind.
> - Wenn Eltern im Gefängnis sind.
> - Wenn das Kind behindert ist und die Eltern wollen es nicht mehr haben.

– Frage an die Kinder: Was erzählt ihr, wenn andere fragen, warum ihr im Kinderheim (in einer Pflegefamilie) lebt? Sprechen euch andere darauf an?

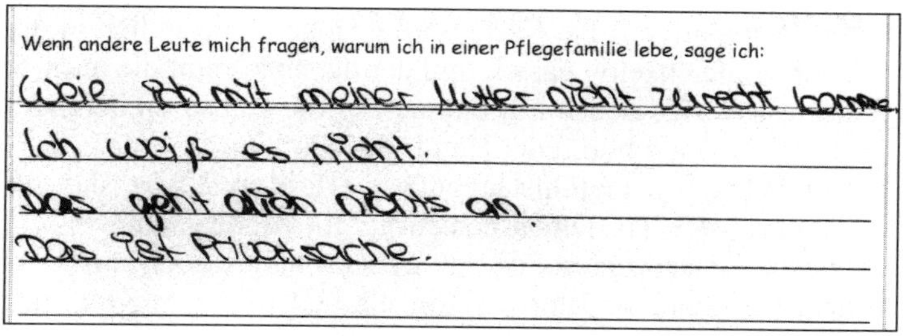

Wenn andere Leute mich fragen, warum ich in einer Pflegefamilie lebe, sage ich:

Weie ich mit meiner Mutter nicht zurecht komme.

Ich weiß es nicht.

Das geht dich nichts an.

Das ist Privatsache.

Abb. 23: Coverstory

- Entwickeln einer „Coverstory“ (vgl. I, Kap. 5.4) als Rollenspiel für jedes Kind in Kleingruppen. Aufschreiben der Coverstory auf einem Blatt:
- Wenn andere Leute mich fragen, warum ich bei einer Pflegefamilie/im Heim/bei Adoptiveltern lebe, sage ich ….

Sechstes Treffen: Gefühle

- Blitzlicht (kann als Einstieg für die Gefühlskarten auch pantomimisch sein).
- Sammeln von unterschiedlichen Gefühlen auf einem großen Blatt. (Frage: Welche Gefühle gibt es?) Jedes Kind fertigt auf Karteikarten seine persönlichen Gefühlskarten an. Auf die eine Seite wird dabei das Gefühl geschrieben, auf die andere das passende Gesicht gemalt. Darauf achten, dass die negativen nicht überwiegen (vgl. II, Kap. 2.2.3).

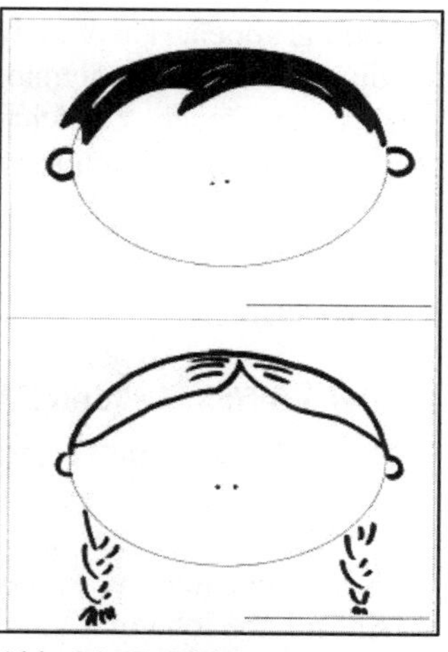

Abb. 24: Gefühlskartenvorlage (Entwurf: Birgit Gutting)

- Thematisieren der unterschiedlichen Gefühle, nachfragen, was der Unterschied ist zwischen bspw. zornig und sauer, Beispiele suchen.
- Spiel: Einer zieht eine Gefühlskarte, geht aus dem Zimmer und kommt mit dem entsprechenden Gesichts- und Körperausdruck wieder herein. Die Gruppe muss das Gefühl erra-

ten. Alternative: Eine Karte wird gezogen, alle stellen in der Gruppe gleichzeitig das Gefühl dar. Dann kommt die nächste Karte usw. Zwischendrin einmal um die Achse drehen oder das vorige Gefühl mit der Hand „auswischen".
- Vorstellen des Gefühlstagebuches (II, Kap. 2.2.3), das bis zum nächsten Treffen täglich ausgefüllt werden soll.
- Die Gefühlskarten sollen im Lebensbuch aufbewahrt werden, sie können später zur Einzelarbeit mit dem Kind verwendet werden.

Material:
- Vorlage Gefühlskarten, Klarsichthülle für die Karten

Siebtes Treffen: Was macht mich glücklich, was macht mich traurig?
- Blitzlicht mit Einsatz der Gefühlskarten.
- Auswerten des Gefühlstagebuches im Gespräch, evtl. in Kleingruppen. Thematisieren, warum es jemanden schlecht ging und warum es jemandem gut ging.
- Erstellen einer Zeitschriftencollage mit der Überschrift: „Was mich glücklich macht." Vorstellen der Collage im Plenum.

Material:
- Zeitschriften

Achtes Treffen: Träume, Wünsche, Ängste, Fähigkeiten
- Blitzlicht (evtl. mit Einsatz von Gefühlskarten).
- Vier Plakate aufhängen mit angefangenen Sätzen:
  Ich träume von...
  Wenn eine gute Fee käme, würde ich mir wünschen ....
  Angst habe ich vor...
  Besonders gut kann ich ....
- Die Kinder gehen herum und sollen auf jedes Plakat einen oder mehrere Sätze schreiben. Alternativ kann man auch nach der „Onkel-Otto-Zettel-Methode" vorgehen: Die Sätze werden unten auf ein DIN A4 Blatt geschrieben. Zum Beantworten schreibt man seine Ergänzung oben hin und knickt das Blatt dann nach hinten um.
- Phantasiereise zu den eigenen Stärken (vgl. II, Kap. 4.1).

Material:
- Phantasiereise, evt. Kassettenrekorder, ruhige Musik

Neuntes Treffen: Einbandgestaltung der Lebensbücher
- Blitzlicht.
- Hinweis darauf, dass die Gruppe sich das nächste Mal zum letzten Mal trifft und die Lebensbücher in Einzelarbeit weitergeführt werden. (Bis zu diesem Zeitpunkt sollten der Termin und die Person feststehen, mit der das Kind weiterarbeitet.)
- Einbandgestaltung z. B. mit Kleisterpapier oder anderen kreativen Techniken oder unter Verwendung des Wappens aus dem dritten Treffen.
- Zum Abschluss Foto der Gruppe machen.

Material:
- Packpapier, Kleister, Buchbinderband, Fotoapparat

Zehntes Treffen: Abschied
- Blitzlicht (im Hinblick darauf, dass dies das letzte Treffen ist).
- Verteilen und Einkleben des Gruppenfotos.
- *Gute-Wünsche-Zettel:* Jedes Kind und die Gruppenleiter erhalten ein Blatt, auf das oben der eigene Namen geschrieben wird. Es wird an den rechten Nachbarn weitergegeben. Dieser schreibt einen guten Wunsch für diesen auf und/oder auch, was er an der Person geschätzt hat und mag. Dann wird das Blatt umgeknickt und wieder an den rechten Nachbarn weitergegeben, so dass dieser nicht sieht, was der Vorgänger geschrieben hat. So schreiben alle einen guten Wunsch für jeden in der Gruppe auf.
- *Kartenabfrage:* Alle erhalten vier Kärtchen und sollen für sich folgende Punkte beantworten:
  Gut gefallen an der Gruppe hat mir ....
  Das hätte ich mir noch gewünscht ....
  Nicht gefallen hat mir..
  Für meine Biografiearbeit mit einer Person alleine wünsche ich mir..
- Anschließend darf jeder seine Karte vorlesen und aufhängen. Die Kärtchen können dann in das Lebensbuch eingeheftet

werden und so eine „Brücke“ für die Einzelarbeit sein: sie zeigen dem/der Bezugsperson, was sich das Kind wünscht und was ihm nicht gefällt.
- Abschluss mit Kuchen oder Eis.

Material:
- Fotos, Karteikärtchen, Kuchen oder Eis

3.3 Nachbereitung und Nachtreffen

Aufbereitung mit den Erwachsenen, die die Biografiearbeit weiterführen

Ist die Gruppenarbeit beendet und wird mit dem Kind einzeln weitergearbeitet, muss dafür ein guter Übergang gewährleistet sein. Im Idealfall treffen sich die Gruppenleiter mit dem Erwachsenen (Pflegeeltern, Erzieher) und dem Kind. Das Kind kann sein Lebensbuch vorstellen, wenn es das möchte, oder man bespricht gemeinsam, was in der Gruppe alles erarbeitet wurde. Dabei kann man noch einmal reflektieren, was dem Kind gut gefallen hat, was es noch besonders interessiert und was es sich wünscht (in Anlehnung an das letzte Gruppentreffen). Je nach Rahmenbedingungen ist eine weitere Begleitung im Sinne von kollegialer Supervision oder Beratung für die Erwachsenen sinnvoll.

Auch ein gemeinsamer Informationsabend (wie in der Vorbereitung) ist möglich. Dabei kann von den Gruppenleitern ein allgemeiner Bericht über die Gruppe gegeben werden, dann können die Kinder den Erwachsenen im Zweiergespräch ihre Lebensbücher vorstellen. Abschließend können die Evaluationsergebnisse des letzten Treffens vorgestellt werden.

Die Vertraulichkeit, die in der Gruppe entstanden ist, darf nicht verletzt werden. Die Kinder sollen nicht das Gefühl bekommen, hier würde über sie gesprochen, sondern selbst entscheiden, was sie erzählen möchten.

Nachtreffen

Die Nachbereitung der Gruppenarbeit in Form eines Nachtreffens oder einzelner Gespräche dient dazu, die Kontakte der Gruppenmitglieder und den Austausch untereinander zu ermöglichen, das Erarbeitete noch einmal zu reflektieren und die Weiterarbeit zu unterstützen. Mindestens ein Treffen sollte ca. 6–8 Wochen nach Abschluss der Gruppenarbeit stattfinden.

Zu Beginn kann wieder das Ritual des Blitzlichtes aufgegriffen werden zu den Fragen, wie es den Kindern seit dem letzten Treffen ergangen ist und wie und mit wem sie die Biografiearbeit weiterführen. Die Kinder können ihre Lebensbücher mitbringen und den anderen vorstellen, wenn sie möchten.

Weiterhin kann noch einmal überlegt werden, was gemacht wurde, was den Kindern gut gefiel und gemeinsam etwas gespielt werden (z. B. Gefühlskartenpantomime).

4. Andere Methoden biografischen Arbeitens

Wer die Vergangenheit nicht ehrt, verliert die Zukunft
– wer seine Wurzeln vernichtet, kann nicht wachsen.
Friedensreich Hundertwasser.

Biografisches Arbeiten vollzieht sich nicht nur „zwischen zwei Buchdeckeln“. Wertvoll sind Gespräche mit Kindern, die wir herbeiführen können oder die sich zufällig ergeben. Manche jungen Menschen sind auch für die Idee des Lebensbuches nicht zu begeistern und brauchen andere Aktivitäten, um sich mit ihrer Vergangenheit zu befassen. Ergebnisse können dokumentiert werden.[1]

4.1 Spiele, Übungen und Phantasiereisen

Lebenskette

Aus den Maria-Montessori-Kindergärten[2] stammt die Idee der Lebenskette, die den Lebensverlauf darstellt. Für jeden Monat des Lebens des Kindes fädelt man auf eine Schnur eine Holzperle auf. Ist ein Jahr vollendet, wird dies durch eine größere Holzperle markiert. Nun werden wichtige Ereignisse auf kleine Karten mit Pfeilen gezeichnet oder gemalt, die Kärtchen werden dann an den jeweiligen Lebensabschnitt gelegt, z. B.:

- Mit … konnte ich zum ersten Mal lachen.
- Mit … konnte ich laufen.
- Mit … habe ich meinen ersten Zahn bekommen.
- Mit … lernte ich sprechen.
- Mit … brauchte ich keine Windel mehr.
- Mit … kam ich in den Kindergarten.

---

1 Methoden wie das Rollenspiel, Puppenspiel oder Anregungen aus der Gestalttherapie wie der „leere Stuhl“ sind ausführlich beschrieben bei Ryan/Walker 2004: 89 ff. oder Weinberger 2001: 134 ff.

2 Wir danken Ute Schmalfuß aus Niebüll für die Idee.

– Mit … konnte ich Fahrrad fahren
– Mit … verlor ich meinen ersten Milchzahn

Besondere Ereignisse, besondere Fähigkeiten, Reisen, aber auch Milieuwechsel, Trennungen von Vater und Mutter etc. können hier vermerkt werden. Die Kette kann entweder in eine Kiste verpackt und halbjährlich ergänzt werden oder sie wird an der Zimmerwand aufgehängt und die Kärtchen werden entsprechend festgesteckt.

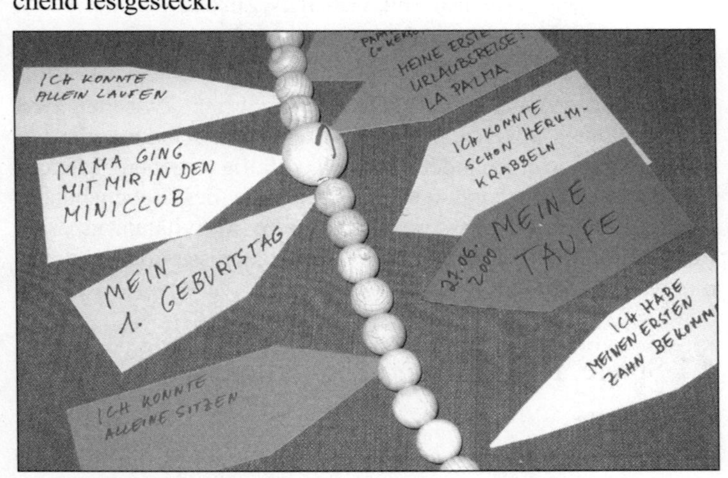

Abb. 25: Lebenskette

Lebensweg

Das Leben wird hier symbolisch als Weg dargestellt. Man kann den Weg auf ein großes Plakat oder auf eine Tapetenrolle zeichnen (vgl. Hobday/Ollier 2001: 129). Der Weg beginnt mit der Geburt und endet mit einem Ausblick in die Zukunft. Entlang des Weges werden die wichtigen „Stationen“ und Ereignisse aufgeschrieben und -gemalt. Schwierige Zeiten kann man durch Hindernisse oder „Stolpersteine“ darstellen, gute Zeiten mit Blumen, Sternen oder Herzen.

Die verschiedenen Gefühle des Kindes zu den einzelnen Stationen können auch mit „Gefühlskarten“ (siehe II, Kap. 2.2.3) auf den Weg gelegt und dann eingetragen werden.

Biografie-Memory[3]

Zunächst werden mit dem Kind biografische Fragen gesammelt und auf buntem Karton in Quadraten ausgedruckt und ausgeschnitten. Die Antworten werden vom Kind auf Blankokärtchen geschrieben oder gemalt. Sie bilden jeweils das entsprechende Memory-Gegenstück. Die folgenden Beispiele für Themen der Fragekärtchen können individuell variiert und beliebig ergänzt werden:

Wie heißt meine Grundschullehrerin?	In welche Grundschule gehe ich?	Welches Schulfach mag ich gar nicht?	Was spiele ich gerne?
Was ist mein Lieblingsgetränk?	Was ist mein Lieblingsessen?	Was ist meine Lieblingsnachspeise?	Ich bin stolz, wenn …
Ich bin traurig, wenn …	Ich bin lustig, wenn …	Ich bin zornig, wenn …	Ich bin nachdenklich, wenn …

Abb. 26: Biografiememory

- Lieblings-Stofftier?
- Lieblings-Schulfach?
- Lieblingsfilm?
- Was lese ich gerne?
- Meine beste Freundin
- Mein schönstes Ferienerlebnis
- Meine leibliche Mutter heißt
- Meine Pflegemama heißt
- Lieblingsfarbe?
- Lieblingsmusik?
- Mein Sport
- Mein Zimmer
- Mein Sternzeichen
- Mein schönstes Weihnachtserlebnis
- Mein leiblicher Vater heißt
- Mein Pflegepapa heißt

---

3 Gemeinsam mit einem zehnjährigen Pflegekind und dessen Pflegeeltern hat Ingrid Erlmoser aus Wien das Biografie-Memory entwickelt (vgl. auch Kap. 4.2 Fotomemory).

– Mein Pflegebruder heißt
– Mein Geburtstag
– Meine Haarfarbe
– Ich kam zu meinen Pflegeeltern am …
– Mein Geburtskrankenhaus
– Meine Augenfarbe

Lebenslinienspiel

Gut geeignet für den Einsatz in einer Kleingruppe, mit Geschwistern, aber auch in der Einzelarbeit ist das Lebenslinienspiel nach einer Vorlage von Reintgen/Vellguth (2001).

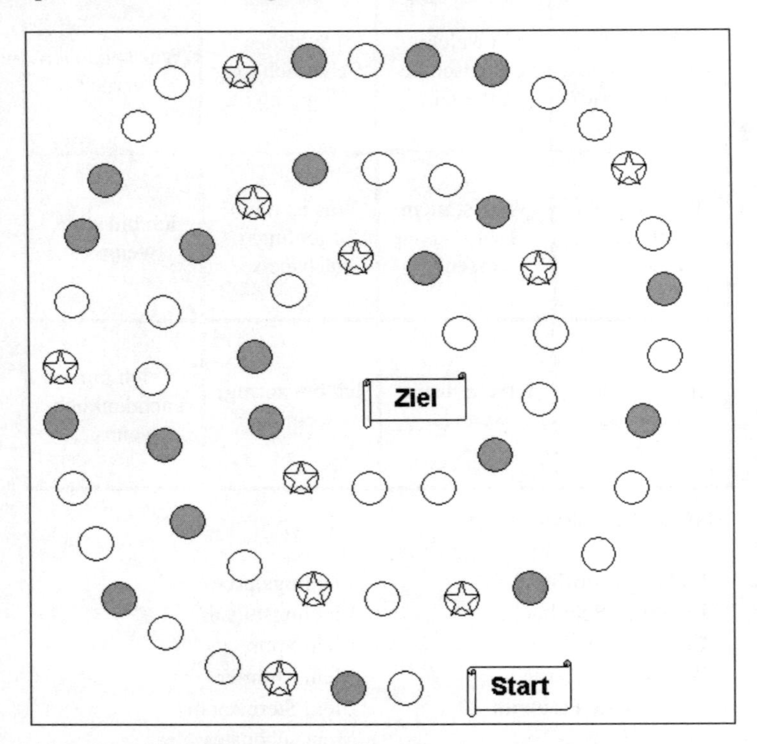

Abb. 27: Lebenslinienspiel: Spielbrett

Auf einem Spielbrett wird vom Start aus durch Würfeln vorwärts gerückt. Kommt man auf ein grau markiertes Feld, wird eine Karte gezogen und vorgelesen. Bei Beantwortung darf man so viele Felder vorrücken wie angegeben, will man nicht antworten, bleibt man stehen. Dann ist der Nächste an der Reihe. Kommt eine Spielfigur auf ein Feld mit Stern, darf der Spieler einem Mitspieler seiner Wahl eine selbst formulierte Frage stellen. Beantwortet dieser sie, darf er zwei Felder vorrücken, will er sie nicht beantworten, bleibt er stehen.

Weitere Fragen können erfunden werden.

Wie träumst du dir deine Zukunft? 2 Felder vorrücken	Was macht dich richtig wütend? 3 Felder vorrücken	Was ist dein größter Wunsch? 2 Felder vorrücken
Was möchtest du später werden? 2 Felder vorrücken	Was macht dich besonders glücklich? 3 Felder vorrücken	Wie gefällt dir dein Vorname? 2 Felder vorrücken
Wovor hast du Angst? 3 Felder vorrücken	Weinst du manchmal? 2 Felder vorrücken	Wann bist du traurig? 3 Felder vorrücken
Was kannst du besonders gut? 3 Felder vorrücken	Welches Erlebnis fandest du besonders schön? 2 Felder vorrücken	Wie kommst du in der Schule zurecht? 2 Felder vorrücken
Worüber ärgern sich deine Eltern bei dir? 2 Felder vorrücken	Was würdest du gerne in deinem Leben ändern? 3 Felder vorrücken	Woran hängst du besonders? 3 Felder vorrücken
Wenn du drei Wünsche frei hättest, was würdest du dir wünschen? 3 Felder vorrücken	Welcher Mensch beeindruckt dich besonders? Warum? 2 Felder vorrücken	Welches Erlebnis war besonders schlimm für dich? 3 Felder vorrücken
Wie wichtig sind dir Klamotten? 1 Feld vorrücken	Nenne zwei Dinge, die dich an dir selbst stören? 2 Felder vorrücken	Was möchtest du später werden? 2 Felder vorrücken
Was gefällt dir an deinen Eltern? 2 Felder vorrücken	Was würdest du gerne können? 3 Felder vorrücken	Was stört dich an deinen Eltern? 2 Felder vorrücken
Was gefällt dir an deinem Aussehen? 2 Felder vorrücken	Welche Musik findest du gut? 1 Feld vorrücken	Welche Hobbys hast du? 1 Feld vorrücken

Abb. 28: Lebenslinienspiel: Fragen

Gefühlsbarometer

Das Gefühlsbarometer[4] ist gut in einer Familie oder Heimgruppe einsetzbar. Auf einem Plakat erhält jedes Familienmitglied eine Zeile, in der sein Name steht. Dahinter ist Platz, um eine Gefühlskarte mit der jeweiligen Stimmung anzubringen (Moosgummi oder laminierte Kärtchen mit Klettband). Jedes Familienmitglied wählt aus einem identischen Satz mindestens drei, höchstens fünf Gefühlsgesichter (z. B. glücklich, traurig, neutral, weiß-nicht-wie). Zu bestimmten Zeiten wird das Gefühlsbarometer „eingestellt", so dass jeder ablesen kann, wie es dem anderen geht. Aktualisierungen sind jederzeit möglich. Das Barometer braucht einen Platz, an dem es jeder gut und oft sehen kann, z. B. in der Küche.

Das Barometer ermöglicht Kindern (und Eltern), sich nonverbal über ihre Befindlichkeit auszudrücken und bietet die Chance, miteinander ins Gespräch zu kommen.

ⓘ Pfeffer, S. (2002): Emotionales Lernen. Ein Praxisbuch für den Kindergarten. (Vielfältige Auswahl von Spielen und Übungen nicht nur für Kindergartenkinder!)

Reichling, U./Wolters, D. (1994): Hallo, wie geht es dir? Gefühle ausdrücken lernen. (Kartensatz)

Sanders, P./Swinden, L. (1992): Lieben, Lernen, Lachen. Sexualerziehung für 6- bis 12-Jährige. (Kopiervorlagen zum Thema Gefühle und Sexualität für Grundschulkinder.)

Für Kinder:
Hoffmann, L. (2001): Das kleine Buch der Gefühle. Geschichten zum Nachdenken, darüber reden und mitmachen.

Gefühlsspiel

Dieses Spiel ist für Gruppen- oder Einzelarbeit gedacht.

Auf Kärtchen werden die unten aufgeführten Sätze geschrieben/gedruckt. Das Kind und der Erwachsene bzw. die Kinder ziehen abwechselnd ein Kärtchen und beantworten die darauf abgedruckte Frage entweder pantomimisch, in Worten oder mit Gefühlskarten (siehe II, Kap. 2.2.3). Dabei kann der Spielpartner oder die Gruppe vorgeben, welche Darstellungsart gewählt

---

4 Die Idee stammt von Birgit Gutting.

wird und kann raten, was gemeint ist. Das ausgedrückte Gefühl wird nicht kommentiert.

- Wie fühle ich mich, wenn ich ein Lob erhalte?
- Wie fühle ich mich, wenn ich ein Geschenk bekomme?
- Wie fühle ich mich, wenn ich angelogen werde?
- Wie fühle ich mich, wenn ich Geburtstag habe?
- Wie fühle ich mich, wenn ich zur Schule/Arbeit gehe?
- Was für ein Gefühl habe ich zu meinem Namen?
- Was für ein Gefühl habe ich zu meinem besten Freund?
- Was für ein Gefühl habe ich zu meiner leiblichen Mama?
- Was für ein Gefühl habe ich zu meinem leiblichen Papa?
- Was für ein Gefühl habe ich zu meinem Pflegevater?
- Was für ein Gefühl habe ich zu meiner Pflegemutter?
- Was für ein Gefühl habe ich zu meinen Geschwistern?
- Was für ein Gefühl habe ich zu dem Jugendamt?
- Wie fühle ich mich an Weihnachten?
- Wie fühle ich mich in dieser Gruppe?
- Was für ein Gefühl habe ich zu meinen Klassenkameraden/ Arbeitskollegen?

Gefühle fotografieren[5]

Das Kind wählt drei besonders wichtige Gefühle aus. Diese werden vom Kind mit Hilfe der Körpersprache dargestellt und auf einem Foto festgehalten. In einem weiteren Schritt raten andere Kinder, welche drei Gefühle das Kind in seinen drei Fotos dargestellt hat. Es wird danach verglichen, wo es Übereinstimmungen gibt und wo nicht.

Die Fotos, die übereinstimmen, werden in das Lebensbuch eingeheftet. Die Fotos, die nicht übereinstimmen, werden gemeinsam besprochen, analysiert und die Aufnahmen werden wiederholt, bis sie stimmig sind.

Phantasiereisen

Phantasiereisen sind einzeln oder in einer Gruppe durchführbar. Sie beruhigen und entspannen, regen zum eigenen Entwickeln innerer Bilder an und können Selbstheilungskräfte aktivieren. Die meisten Kinder genießen diese Form der Stille, Einkehr

5 Die Idee stammt von Viorica Tudor.

und Zuwendung durch den Erwachsenen, die durch das Schaffen einer geeigneten Atmosphäre unterstützt werden sollte (leise Musik, Kerzen, bequeme Unterlage, störungsfreier Raum). „Phantasie und Märchenreisen sind auch eine Form von Meditation durch die gelenkte Phantasie, eine Art Bildmeditation.“ (Müller 2000: 24).

Nach unserer Erfahrung sind fast alle Kinder empfänglich für Phantasiereisen, auch wenn viele (z. B. Jugendliche in einer Gruppe) anfänglich skeptisch sind. Hilfreich ist der Hinweis im Vorfeld, dass niemand mitmachen muss, die anderen aber nicht stören darf.

Eine Entspannungsformel zu Beginn unterstützt die Zuhörenden, ihren Körper bewusst und intensiv wahrzunehmen. Die Übung endet mit der Zurücknahme: der Zuhörende kehrt wieder aus seiner Phantasie in das Hier und Jetzt zurück (vgl. Müller 2000: 32). Die Instruktion kann frei erzählt oder abgelesen werden. Es ist wichtig, langsam zu sprechen und genügend lange Pausen zur Imagination zu lassen. Hier zwei Übungen, die wir gerne einsetzen:

Phantasiereise zum besonderen Ort

Ich liege ganz schwer und entspannt auf dem Boden (Bett, Sessel etc.) – – (= Pause) Ich fühle meinen Körper ganz bewusst und intensiv. – – Ich bin ganz schwer, gelöst und ruhig. – – Meine Hände und Arme sind ganz schwer. – – Mein Nacken und meine Schultern sind ganz schwer. – – Meine Füße und Beine sind ganz schwer. – – Mein Gesicht ist ganz entspannt und gelöst. – – Ich lasse los. – – Ich gebe alle Spannung ab – – weg von mir. – – Ich bin ganz ruhig und entspannt.

Ich stelle mir vor – – ich liege auf einer grünen Wiese – – ich spüre unter mir das weiche Gras. – – Es ist angenehm warm – – die Sonne scheint – – ich spüre ihre Wärme am ganzen Körper. – – Ich fühle den Sonnenschein auf Händen und Armen – – es ist angenehm. – – Die Sonne scheint – – ich genieße ihre Wärme – – ich blinzele. – – Ich sehe mich um. – – Ich sehe die Gräser – – die Blumen – – sanft wiegen sie im warmen Wind – – ich höre die Vögel zwitschern – – eine Hummel summt gemächlich an mir vorbei. – – Ich rieche das Gras – – die Erde – – weiter vorn sehe ich Bäume – – Gebüsch – – grünes Dickicht.

Ist es undurchdringlich? Ich bin neugierig – – ich gehe hin – – ich stehe vor dem Dickicht – – ich will da durch – – gehe näher – – ich merke, ich kann das Dickicht einfach teilen – – ich bin durch. – –

Ich stehe nun auf einem Weg – – der Weg führt zu einem besonderen Ort – – ich sehe ihn schon von weitem – – es ist ein ganz besonderer Ort. – – Ich will unbedingt dahin – – ich gehe – – es ist der schönste Ort, den ich mir vorstellen kann – – ich sehe ihn.

Nun bin ich an diesem wunderschönen Ort – – ich stelle ihn mir vor – – ich sehe ihn – – es ist die Heimat meiner schönsten Träume – – ich bin angekommen. – –

Für jeden sieht er vielleicht anders aus, dieser wunderschöne Ort. – – Ich habe ihn gefunden – – ich bin da – – sehe mich um. – –

Wie sieht er aus, mein wunderbarer Ort? Wo bin ich? – – Vielleicht in der Stadt – – in der Natur. – – Bin ich am Meer? – – In den Wolken? – – Im Weltall? – – Dies ist er – – mein ganz persönlicher Ort. – – Was sehe ich?

Ich sehe mich in aller Ruhe um – – ich habe alle Zeit – – soviel ich will – – ich sehe mich um – – zieht mich etwas besonders an? – – Ich trete näher – – schaue es mir genau an. – – Was empfinde ich? – – Möchte ich hier etwas tun? – – Ich habe genügend Zeit – – ich fühle mich wohl – – ganz entspannt, ruhig – – wohl.

(Du kannst solange bleiben wie du willst, solltest aber auf jeden Fall solange bleiben, bis du diesen Ort kennen gelernt hast!)

Ich kehre nun in Kürze zurück in meine gewohnte Umgebung – – schaue mich noch einmal um – – ich kann immer wieder hierher zurückkehren – – dieser Ort ist für mich da – – ich brauche mich nur zu entspannen und ihn mir vorzustellen – – zum Abschied nehme ich das ganze noch ein letztes Mal in mich auf. – – Ich drehe mich nun um – – und kehre zurück in meine gewohnte Umgebung – – zurück in meinen Körper. – – Ich fühle mich wohl. – – Ich recke mich ein wenig – – strecke mich ein wenig – – atme tief ein und aus und öffne langsam die Augen.

Phantasiereise zu den eigenen Stärken

Bitte setze dich aufrecht in einen Stuhl, die Füße fest auf dem Boden, die Hände auf den Oberschenkeln und den Kopf in einer bequemen Haltung. Nimm bewusst alle Sinneseindrücke wahr, die mit der jetzigen Situation verbunden sind, alles, was du sehen – – hören – – spüren – – riechen – – oder auch schmecken kannst. Schließe jetzt allmählich die Augen, mach dir noch einmal die Sinneseindrücke bewusst, die mit der momentanen Situation verbunden sind – – Bilder – – Geräusche – – Körperempfindungen – – Gerüche – – und vielleicht auch einen Geschmack im Mund. Während du dies alles wahrnimmst, kannst du nun mit deinen Gedanken ein paar Wochen – – Monate – – oder Jahre in deinem Leben zurückgehen – – in verschiedene Situationen deines Lebens, in denen du dich zufrieden – – glücklich – – selbstbewusst – – fähig – – hilfreich – – oder einfach gut gefühlt hast.

Lass dir hier nun ein wenig persönliche Zeit, verschiedene Situationen zu erahnen oder zu finden. – – Suche dir nun eine für dich persönlich besonders wichtige Situation aus, in der du aus eigener Kraft etwas dazu beigetragen hast, dich in deiner persönlichen Art und Weise besonders stark, fähig, zufrieden oder gut zu fühlen.

Lass dir hierfür wieder ein wenig persönliche Zeit. – – Vielleicht ist es dir noch nicht gelungen, dich für eine bestimmte Situation zu entscheiden, dann lass dir noch ein wenig Zeit oder wähle die Situation, die am jüngsten zurückliegt. – – Versuche nun zu spüren, wie sich deine persönliche Stärke anfühlt und mit welchem Körpergefühl sie verbunden ist. – – Versuche dir zuzusehen, wie du selbst handelst, – – was du tust um dich wohlzufühlen, – – wie dein Gesichtsausdruck und deine Körperhaltung aussehen, – – welche anderen wichtigen Bilder möglicherweise mit dieser Situation verbunden sind. – – Vielleicht kannst du auch hören, wie sich deine Stimme anhört oder die anderen Geräusche in dieser Situation. Vielleicht verbindest du diese Situation auch mit einem bestimmten Geruch oder Geschmack.

Lass dir nun wieder ein wenig Zeit – – zu spüren – – zu sehen – – zu hören – – vielleicht auch zu riechen oder zu schmecken – –

welche Eindrücke mit dieser Situation verbunden sind – – und was du selbst dazu beigetragen hast, dich in dieser Situation im Vollbesitz deiner positiven Eigenschaften, Fähigkeiten und Stärken zu fühlen. – –

Versuche jetzt, irgendeinen symbolischen Begriff zu finden, der stellvertretend für diese Stärke steht. Nimm dir dafür wieder ein wenig eigene Zeit. – – Wenn du diesen symbolischen Begriff oder auch symbolischen Gegenstand gefunden hast, dann atme nochmals dreimal tief durch – – dehne und strecke deinen ganzen Körper, spüre jetzt wieder deine Füße auf dem Boden, öffne die Augen, sieh dich im Raum um, höre die Geräusche, nimm vielleicht auch wieder Gerüche und einen bestimmten Geschmack wahr.

Arbeitsauftrag

Schreibe zunächst den symbolischen Begriff oben auf ein großes Blatt und versuche dann, ohne zu sprechen, dieses Symbol irgendwie mit Farben, in abstrakten Formen oder auch gegenständlich auf das Papier zu malen. Für die nächsten Wochen oder Monate möchte ich dich bitten, dieses Symbol als wichtigen „Anker" für deine Stärken und positiven Eigenschaften irgendwo an einem gut sichtbaren Ort aufzuhängen, um dich auch in schwierigen Situationen immer wieder daran zu erinnern.

Phantasiereisen können nachbereitet werden, in dem die Kinder z. B. ein Bild zeichnen oder erzählen. Kinder können sich auch eine eigene, persönliche Reise ausdenken oder schildern, an welche Orte und Situationen sie gute Erinnerungen haben. Daraus kann man eine Geschichte entwickeln und aufschreiben oder auf eine Kassette sprechen.

ⓘ Müller, E. (2000): Du spürst unter deinen Füßen das Gras. Autogenes Training in Phantasiereisen und Märchenreisen. Vorlesegeschichten.

Murdock, M. (1998): Dann trägt mich meine Wolke … Wie Große und Kleine spielend leicht lernen.

De Mille, R. (1994): Setz die Mutter auf den Tiger. Phantasieexperimente für Kinder.

4.2 Medien

Jugendliche sind durch den hohen Anreiz von Medien oft für die Idee der Biografiearbeit zu begeistern. Sie können etwas aktiv gestalten und erhalten ein „professionelles“ Ergebnis. Viele Jugendliche verfügen gegenüber uns Erwachsenen über einen Wissensvorsprung im Umgang mit Medien. Das wirkt sich positiv auf ihren Selbstwert aus. Auch für den Einsatz in einer Gruppe, etwa als Projekt, eignen sich Medien gut.

Videokamera

Videokameras sind mittlerweile in vielen Familien und auch in Einrichtungen verfügbar. Oft werden Familienfeste, Urlaube oder Ferienfreizeiten festgehalten. Man kann so aus bereits vorhandenem Material einen Film herstellen. Die Bildbearbeitung und der Schnitt erfolgen häufig am PC. Es gibt aber auch Medienzentren oder private Anbieter, die Schnittplätze oder Unterstützung bei der professionellen Aufbereitung eines Videos anbieten.

Einen eigenen Film drehen

Ausgehend von den Rahmenbedingungen (Zeitrahmen, Einzel- oder Gruppenarbeit, technische Möglichkeiten) muss man sich zunächst überlegen, um welche Art von Film es sich handeln soll, z. B. eine Reportage, ein Spielfilm oder eine Dokumentation. Ideen sind z. B.:

- Porträt eines Kinderheimes
- Reportage über ein (fiktives) Heim-/Pflegekind
- Dokumentation einer (fiktiven) Lebensgeschichte eines Jugendlichen
- Spielfilm über die Ankunft eines Kindes in einer Pflegefamilie

Es wird dann ein Arbeitstitel gesucht und ein Drehbuch mit den einzelnen Szenen entworfen. Diese werden gedreht und dann zusammen geschnitten, evtl. mit Kommentaren und Musik unterlegt. Ein Vor- und Abspann mit den Namen aller Beteiligten vervollständigen das Werk.

Einen Film zusammenstellen

Ein Film ist ein schönes Abschiedsgeschenk für ein Kind, wenn es z. B. ein Kinderheim verlässt[6]. Das setzt natürlich voraus, dass Videoaufnahmen vorhanden sind. Dann kann aus dem Filmmaterial, z. B. von Ferienfreizeiten, Geburtstagen und anderen Ereignissen ein Film zusammengestellt werden, der das Leben des Kindes in der Einrichtung dokumentiert.

Abschließend können Interviews mit den Erzieherinnen und Erziehern und anderem Personal aus Hauswirtschaft und Verwaltung aufgenommen werden, bei denen jeder dem Kind einen guten Wunsch für sein zukünftiges Leben mitgibt. Ein Vor- und Abspann sowie ein Titel des Filmes sollten nicht fehlen. Der Film kann dann zum Abschied in der Gruppe gezeigt werden.

Hinweis: Erstellen Sie sich selbst eine Kopie des Filmes, so dass er auch für das Kind noch verfügbar ist, falls seine Kopie verloren geht!

Interviews mit der Videokamera durchführen

Mit wichtigen Menschen kann man mit der Videokamera Interviews führen, die später zu einem Film zusammengeschnitten werden. Die befragten Personen müssen um Erlaubnis gefragt und über den Zweck der Aktion unterrichtet und möglicherweise beratend vorbereitet werden. So können z. B. Erinnerungen an das Kind dokumentiert werden, ähnlich wie das in einem Lebensbrief geschieht. Ein vorher entworfener Fragenkatalog hilft, den Faden nicht zu verlieren:

- Können Sie uns erzählen, an welche gemeinsamen Ereignisse oder Erlebnisse sie sich gerne erinnern?
- Was konnte X Ihrer Meinung nach besonders gut?
- Was wünschen Sie X für sein weiteres Leben?

Interviews können auch von einer Gruppe Jugendlicher im Rahmen eines Projektes/einer Gruppenarbeit geführt werden. Dabei muss ebenfalls im Vorfeld geklärt werden, was genau man erfahren möchte und wen man dazu interviewt. Die Fragen soll-

---

6 Nach einer Idee von Helmut Tränkle, Ambulanter Dienst des Heilpädagogischen Kinderheims Oberotterbach e.V., Frankenthal.

ten aufgeschrieben sein und ein paar einleitende Sätze zum Sinn und Zweck des Interviews eingeübt werden.

Denkbar sind z. B. Interviews mit Passanten zum Thema Kinderheim, Pflegefamilie, Adoptivfamilie.

Hinweis: Ein externes Mikrofon leistet gute Dienste, da integrierte Mikros häufig zu viele Nebengeräusche mit aufnehmen.

Computer

Für die meisten Kinder ist das Arbeiten am Computer sehr attraktiv, weil die Technik fasziniert und das Ergebnis professionell aussieht. Der Computer kann jedoch nur ein Medium sein, das die Biografiearbeit unterstützt und sollte nicht vom eigentlichen Ziel wegführen, miteinander über die Geschichte des Kindes ins Gespräch zu kommen.

Vorlagen erstellen

Am Rechner können unterschiedliche Vorlagen wie die Fragebögen aus II, Kap. 2.2 erstellt und modifiziert werden. Unter Verwendung von Grafiken wie z. B. ClipArt können die Kinder selber kreative Vorlagen gestalten oder digitale Fotos direkt einbinden.

Fotos bearbeiten

Digitale Fotos können mit entsprechender Software bearbeitet werden, z. B. direkt mit Überschriften versehen oder farblich verfremdet werden.

Buch erstellen

Als Endprodukt der Biografiearbeit kann am PC die „Geschichte meines Lebens“ als (bebildertes) Buch entstehen.

Website

Mit Jugendlichen kann eine Website über die Einrichtung, in der sie leben, gestaltet werden oder sie können eine Unterseite auf einer bereits bestehenden Website mit ihrer Sicht der Dinge füllen.

Präsentation

Das Leben des Kindes kann auch als Foto- und Textpräsentation z. B. mit PowerPoint oder Mediator erstellt und als Bildpräsentation anderen vorgeführt werden. Eine solche Präsentation über das Leben in einer Familie oder Einrichtung kann auch von den Erziehern oder Pflegeeltern z. B. als Abschiedsgeschenk beim Auszug oder Wechsel der Einrichtung mitgegeben werden.

Audioaufnahmen (PC/Tonkassette)

Das Aufnehmen von Tonkassetten/Audiofiles ist eher attraktiv für Kindergarten- oder Grundschulkinder, die (noch) nicht viele unterschiedliche audiovisuelle Reize benötigen, um angesprochen zu werden. Tonkassetten/Audiofiles sind auch ein sinnvolles Medium zum Einsatz bei sehbehinderten Kindern. Benutzt werden kann entweder ein herkömmlicher Kassettenrekorder, ein PC mit Soundkarte und einer Audio-Software[7] oder ein Minidiskplayer (die Datei wird dann auf dem PC in eine MP3-Datei umgewandelt). Ein externes Mikrofon ist nötig, um die Nebengeräusche zu minimieren. Verschiedene Möglichkeiten der Gestaltung bieten sich an:

Hörspiel

Eine Geschichte wird entwickelt (oder aus einem Buch ausgewählt) und dann in verteilten Rollen gesprochen. Sie kann mit Geräuschen unterlegt werden. Das Hörspiel eignet sich besonders für Gruppen. Aufgenommen werden kann z. B. die (fiktive) Geschichte eines Kindes, das in ein Kinderheim kommt.

Hörbuch

Die Kassette wird mit einer Geschichte besprochen, die sich das Kind immer wieder anhören kann. Das kann eine gemeinsam entwickelte Phantasiereise sein (vgl. Kap. 4.1) oder auch die Lebensgeschichte des Kindes.

---

7 Als Freeware z. B. unter www.audacity.de
Infos unter www.lehrer-online.de/url/audacity

Interviews

Wie bei der Videokamera können Interviews mit Verwandten oder anderen wichtigen Menschen im Leben des Kindes auch mit einem Kassettenrekorder oder Minidiskplayer aufgenommen werden.

Fotokamera

Der Fotoapparat ist schnell und unkompliziert einsetzbar und kann von jüngeren Kindern bereits genutzt werden. Digitalfotos können am PC nachbearbeitet und z. B. mit Text oder Sound versehen werden (siehe oben).

Fotografieren wichtiger Orte und Personen

Bei einem Ausflug in die Vergangenheit (das frühere Kinderheim, Spielplätze, das Krankenhaus, in dem das Kind geboren wurde, frühere Wohnungen, in denen das Kind lebte ...) können wichtige Orte und Personen (Freunde, Familienmitglieder, Erzieher, Lehrerinnen, frühere Bezugspersonen ...) fotografiert und ins Lebensbuch aufgenommen werden.

Bildergeschichte erstellen

Eine eigene Bildergeschichte wird entwickelt, in dem man Szenen darstellt und diese dann fotografiert. Mit Text versehen kann daraus ein eigenes Bilderbuch werden. Mit dem Einsatz einer Digitalkamera können Text und Bild professionell kombiniert werden. Mögliche Geschichten könnten sein:

- Lottas erster Tag im Kinderheim/in der Pflegefamilie
- Peter hat zwei Familien
- Lisa haut ab

Die Geschichte kann auch mit Puppen oder Stofftieren nachgestellt oder als gemalte Bildergeschichte abfotografiert werden.

Foto Memory

Fotografiert werden können z. B. wichtige Personen, wichtige Orte oder auch Gefühlsgesichter (dazu am besten die Kinder schminken, so dass der Gesichtsausdruck aufs Wesentliche reduziert wird).

ⓘ www.kita-nrw.de/
Internetportal der Landesanstalt für Medien NRW mit vielen Tipps zur Medienpädagogik in Kindergarten und Hort.

4.3 Besuche von Orten der Vergangenheit

Die Adoptiveltern eines Findelkindes besuchten mit dem Kind die Säuglingsstation des Krankenhauses, vor dem das Kind gefunden wurde. Dort erinnerte man sich noch lebhaft an das Ereignis und konnte dem Kind vieles erzählen.

Frühere Lebensorte zu besuchen, hat eine große Wirkung auf Kinder: die Vergangenheit wird erlebbar, spürbar, fühlbar. Auf der Fahrt ergeben sich vor allem mit Jugendlichen häufig Gespräche über Erinnerungen an bestimmte Lebensabschnitte. Orte können auch stellvertretend Informationen zu Zeiten liefern, über die man wenig weiß.

David wusste wenig über seine leibliche Mutter. Mit ihm wurde das Krankenhaus besucht, in dem er geboren wurde. Über der Tür gab es eine große Engelsstatue. David meinte: „Gell, der Engel hat mich damals beschützt, dass es mir gut geht“.

Besuche müssen sorgfältig vorbereitet werden.

- Die Kinder müssen darauf eingestimmt werden, um was es bei diesem Ausflug geht (Interesse an den Lebensorten des Kindes, Möglichkeit zur Aussöhnung, Dokumentation, Erinnerungen hervorzurufen ...). Es sollten auch mögliche Ängste vor einem solchen Besuch thematisiert werden.
- Die besuchten Personen müssen über den Zweck des Besuches informiert werden. Es ist sicherzustellen, dass (vor allem in Institutionen) jemand im Dienst ist, der das Kind kennt und etwas erzählen kann.
- Nicht zuletzt müssen personelle und zeitliche Ressourcen sowie die Kostenübernahme geplant werden.

Ein Fotoapparat (oder eine Videokamera) sollte den Besuch für das Lebensbuch dokumentieren.

4.4 Trauerarbeit

Teil der Biografiearbeit kann auch die Trauerarbeit sein (vgl. I, Kap. 2.6 und II, Kap. 6.6).

Erinnerungen

Um einem verstorbenen Menschen nah zu bleiben, kann man ein Erinnerungsbuch oder eine Erinnerungskiste anfertigen. Darin können Fotos, Briefe, Geschichten, Andenken an die Person gesammelt werden und das Kind kann sich damit zurückziehen, darin blättern oder stöbern. Videoaufnahmen und Tondokumente können zu einem speziellen Film oder einer Hörkassette zusammengestellt werden.

Kleidungsstücke der oder des Verstorbenen können z. B. zu einem „Erinnerungskissen" umgearbeitet werden, welches das Kind als Verbindung zum geliebten verlorenen Menschen bei sich behalten kann (vgl. Goldman 2000).

Lebensweg aufzeichnen

Der Lebensweg des/der Verstorbenen mit allen wichtigen Ereignissen wird aufgezeichnet, ähnlich wie man es mit dem Kind für sein eigenes Leben macht (siehe II, Kap. 4.4).

Brief an den Verstorbenen

Ein Brief an die/den Verstorbenen kann dem Kind die Gelegenheit geben, wichtige Dinge mitzuteilen.

Rituale

Auch Besuche am Grab, bei denen das Kind Blumen, Geschenke oder gemalte Bilder niederlegen oder eine Kerze anzünden kann, sind eine Möglichkeit der Trauerarbeit. Ein Foto vom Grab kann gemeinsam mit der Traueranzeige in das Erinnerungsbuch aufgenommen werden. Zum Geburtstag oder dem Todestag des Verstorbenen kann eine Kerze angezündet und des Verstorbenen gedacht werden.

Ein Teil von mir

Gespräche mit Freunden und Verwandten über den/die Verstorbene/n können dem Kind ein detaillierteres Bild der verlorenen Person vermitteln. Auf einem Blatt kann gesammelt werden, welche Eigenschaften, Merkmale und Fähigkeiten der Verstorbene hatte und worin das Kind ihm ähnlich ist (vgl. Hobday/Ollier 2001: 104).

Hier der Brief für einen Jugendlichen, geschrieben von der besten Freundin seiner verstorbenen Mutter:

> Lieber Axel,
> ich habe mich sehr über deinen Brief gefreut. Gerne erzähle ich dir von deiner Mutter Nadine. Ich kannte sie schon, da war sie ca. 7 Jahre alt. Ich war in der Nachbarklasse deiner Tante Monika. Nadine und Monika wuchsen bei deiner Oma Anna auf. Am Anfang kam ich nur, um die Monika zu sehen, doch bald schon wich mir Nadine nicht mehr von der Seite.
> Mit 11 Jahren zog ich von H. nach O., doch das tat unserer Freundschaft keinen Abbruch. Jede Ferien kam ich nach H. und Nadine wartete schon am Straßenrand auf mich, bei jeder Abreise weinten wir bitterlich. Wir hatten lange blonde Haare und die gleiche Figur. So meinten viele Leute, wir seien Geschwister und wir bejahten auf Anfrage natürlich.
> Als ich mein erstes Kind bekam, war deine Mutter mit im Kreissaal. Damals war sie 16 Jahre alt. Wir hatten der Hebamme erzählt, Nadine sei meine Schwester, dann durfte sie mit drin bleiben. Als meine Geschwister ankamen und in den Kreissaal wollten, wurden sie mit der Bemerkung, „es ist schon eine Schwester von Ihnen bei ihr“ zurückgewiesen, was ich heute von meinen Geschwistern noch aufs Brot geschmiert bekomme. Wir fanden das sehr witzig!! Die Leute nahmen uns immer noch ab, dass wir Geschwister waren. Von den Gefühlen zueinander waren wir es auch immer gewesen.
> Deine Mutter war eine sehr schöne Frau. Ihr Aussehen war sehr wichtig für sie, deshalb verließ sie nie die Wohnung, ohne sich herausgeputzt zu haben. Nadine war immer ehrlich zu mir gewesen und wir hatten viel Spaß miteinander. Sie war meistens gut drauf und lachte sehr viel. Sie konnte stundenlang erzählen, was sie alles erlebt hatte. Sie hatte immer Blödsinn im Kopf, deshalb war es mir nie langweilig mit ihr. Nadine war aber auch sehr dickköpfig. Sie wollte immer mit dem Kopf durch die Wand, wodurch wir ab und zu Mei-

nungsverschiedenheiten hatten, die aber immer geklärt wurden.
Ich lebte auf Teneriffa, als ich von der Krankheit deiner Mutter erfuhr. Immer, wenn ich in Deutschland war, habe ich sie dann im Krankenhaus besucht. Sie hatte so viel Lebenswillen und wollte noch lange leben. Einmal ist sie aus dem Krankenhaus ausgerissen und nach H. gekommen. Ich fand sie in einer Kneipe. Damals wusste sie schon, dass sie nicht mehr lange zu leben hat. Sie sagte zu mir „ich will noch einmal im Leben Motorrad fahren." Peter hat sie dann auf seinem Motorrad spazieren gefahren. Danach ist sie friedlich ins Krankenhaus zurückgekehrt. Leider hat mich niemand informiert, als sie im Sterben lag. Gerne wäre ich bei ihr gewesen.
Nadine vermisse ich sehr. Ich denke jeden Tag an sie. Leider habe ich dich nicht richtig kennen gelernt, aber du siehst ihr sehr ähnlich. Ich habe dir ein Bild beigelegt, es ist das Einzige, das ich noch habe. Damals war deine Mutter 16 Jahre alt. Wie du siehst, ist sie bildhübsch gewesen.
Wenn du möchtest, können wir gerne in Kontakt bleiben, dann werde ich dir noch andere Geschichten von deiner Mutter erzählen. Solltest du mal nach H. kommen, rufe mich einfach an, du bist bei uns immer herzlich willkommen. Ich hoffe, dass du deine Trauer um deine Mutter verarbeiten kannst. Sie hatte dich sehr lieb.
Deine Sandra

ⓘ Kaldhol, M./Wenche, O. (2000): Abschied von Rune. (Sarahs Freund ist ertrunken. Ein Bilderbuch, das die Umstände des Todes, die Beerdigung und das anschließende Gedenken schildert.)

Varley, S. (1984): Leb wohl, lieber Dachs. (Der alte Dachs weiß, dass er sterben wird. Er träumt von einem langen Tunnel, durch den er geht und sich dabei von seinen Freunden verabschiedet.)

Fried, A./Gleich, J. (1997): Hat Opa einen Anzug an? (Bruno erlebt den Verlust eines geliebten Menschen.)

5. Sachverhalte und Geschichten

„Wir werden unsere Worte zusammentun und ich werde sie aufschreiben. Vielleicht ist es ja so, dass das einmal in Worte Gefasste von uns weggeht. Oder zu etwas wird, von dem wir selbst einen Schritt zurücktreten können. Wenn uns das gelingt, wird dein Schmerz später, in ein Ganzes eingebettet, vielleicht zur Ruhe kommen." (Jansen 2002: 7)

Eine wertvolle Variante der Biografiearbeit ist das Aufschreiben von Geschichten, das Informieren und Erklären von Zusammenhängen und Sachverhalten und das Verfassen von Lebensbriefen. Ein Lebensbrief ist ein Dokument, in welchem nahe Bezugspersonen dem Kind schmerzliche oder bisher geheim gehaltene Ereignisse erklären, z. B. die eigenen Anteile und Krisen, die dazu geführt haben, dass eine Mutter ihr Kind nicht selbst aufziehen konnte.

5.1 Geschichten und Bilderbücher

Adoptionsgeschichten

Kleine Kinder können schon ab 2 Jahren in ihre Realität hineinwachsen, wenn ihre Geschichte als Bilderbuch gestaltet wird. Hierbei sollte jedes Wort sorgfältig überlegt werden. Schon die Redewendung *deine Eltern konnten nicht für dich sorgen* kann beim Kind negative Gefühle auslösen. Besser ist: *Mutter und/oder Vater haben für das Kind gut gesorgt, indem sie das Kind zu den Adoptiveltern gaben.* Oder: *Es ist für keine Mutter einfach, ihr Baby herzugeben, doch sie wollte, dass es dir bei anderen Eltern besser geht als bei ihr.*

Wichtig ist auch, die emotionale Befindlichkeit des Kindes aufzugreifen, seinen Kummer, Eltern zu haben, von denen es getrennt lebt. Die folgenden Geschichten sollen Anregungen und Impulse geben.

Modell-Geschichte für sehr junge Adoptivkinder

Damit ein Kind im Bauch einer Mutter wachsen kann, braucht es immer eine Frau und einen Mann. Dein erster Vater heißt Uwe und deine erste Mama (in deren Bauch du gewachsen bist) Sandra. Sie war erst 16 Jahre als sie sich in Uwe, 20 Jahre, verliebte. Sie war sehr froh, dich in ihrem Bauch zu spüren. Sie streichelte ihren Bauch, darüber warst du froh. Du kanntest auch ihre Stimme und ihren Herzschlag.

Manchmal hatte Sandra Angst, wie es mit Euch nach deiner Geburt weitergehen sollte. Diese Angst hast du gespürt. Sie fühlte, dass sie einem Baby nicht geben konnte, was es braucht. Uwe traute sich auch nicht zu, für ein Baby da zu sein. Die Eltern von Sandra und Uwe hatten nicht mehr die Kraft, ein Kind großzuziehen. Sie rieten den beiden, dich zur Adoption freizugeben. Du solltest Eltern bekommen, die viel Kraft für ein Baby mitbrachten. Und so kamst du zu uns.

Glaub mir, keine Bauchmama gibt ihr Baby leichten Herzens her. Sie war traurig und zugleich wusste sie, dass es so für euch beide besser war. Sandra hat dir dein Leben gegeben und bleibt so immer mit dir verbunden und du mit ihr. Auch deinen Namen Nora hast du von ihr. Wir finden, dein Name passt ganz genau zu dir.

Sandra und Uwe haben dich nicht vergessen. Wir, Papa und Mama, sind den beiden sehr dankbar. Nach deiner Geburt hat Sandra dich voller Liebe in meinen Arm gelegt. Sie wünscht dir und uns, dass wir einander ganz lieb haben. Es ist schwer für ein kleines Baby, gleich nach seiner Geburt seine Mama zu verlieren. Diesen Schmerz können wir nie ungeschehen machen. Sandra und Uwe haben dir viel Kraft mit gegeben und wir trauen dir zu, dass du trotz dieses Schmerzes ein zufriedenes Kind sein wirst.

ⓘ Kunz, S. (2002): Erzähl mir meine Geschichte – Wie sag ich's meinem Kind. www.erzaehl-mir-meine-geschichte.de

„Sarah Marias Weg zu uns"

Erfahrungsbericht der Adoptiveltern:

Das Lebensbuch überreichten wir unserer Sarah zum Kennenlerntag als sie ca. 2,5 Jahre alt war.

Es fiel uns nicht leicht, den Text positiv, kindgerecht und in sich schlüssig zu formulieren, da wir nur sehr wenig wissen und die uns bekannten Fakten zum größten Teil erschreckend und traurig sind. Da wir leider keine Fotos hatten, beauftragten wir eine uns befreundete Künstlerin nach unseren Entwürfen Bilder zu malen, um die „Geschichte" zu illustrieren.

Letztendlich dauerte es 4 Monate, dieses Werk zu erstellen. Es war eine wichtige Zeit, da auch wir Eltern gezwungen waren, uns erneut intensiv mit der harten Realität auseinander zu setzen. Anschließend waren wir aber gestärkt und fühlten uns gewappnet mit Sarah den durchaus schwierigen Weg der Biografiearbeit zu gehen.

Die Methode mit Hilfe des Lebensbuches unserer Adoptivtochter ihre Vergangenheit näher zu bringen, erwies sich als äußerst erfolgreich. Der Text ist in der 3. Person formuliert, was dem Kind erlaubt, solange es möchte, Abstand zu wahren.

Erst nach ca. 3 Monaten bezog Sarah die Geschichte auf sich und begann dann nach und nach wertvolle Fragen zu stellen, die uns bis heute helfen, ihr behutsam zu erklären, wie und warum sie zu uns kam.

Lydia und Thomas Mainitz

ⓘ Kinderbücher für Adoptierte aus aller Welt

Boie, K. (1985): Paule ist ein Glücksgriff. (Paule ist ein Adoptivkind mit dunkler Hautfarbe, sein Vater stammt aus Somalia. Das Buch erzählt aus Paules Sicht, wie er seine besondere Situation bewältigt.)

Hendriks, T. (1996): Das Haus mit dem blauen Dach.

Jeschke, T./Grabert, J. (2007): Mama, Papa und Zanele. (Leider wird der leibliche Vater nicht erwähnt.)

Sie wurde schwanger und trug neun Monate das Kleine in ihrem Bauch	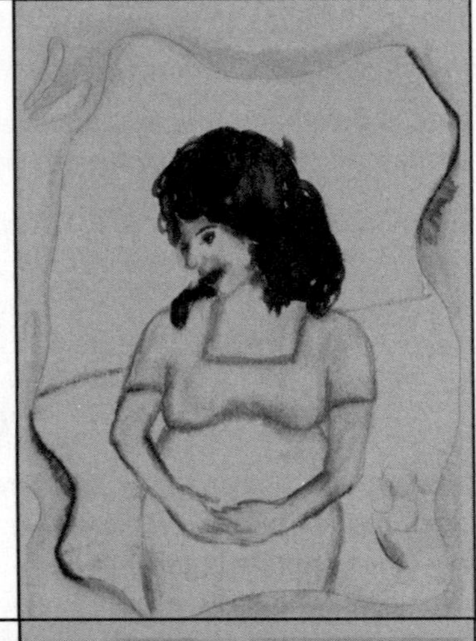
Für Luz Adriana war es zu schwierig, sich um ein kleines Baby zu kümmern. Sie konnte es nicht regelmäßig füttern und wickeln und mit ihm kuscheln. Sie konnte einfach nicht gut genug auf es aufpassen. Das wusste sie und wünschte sich neue Eltern für die kleine Maria. Deshalb ließ sie das Baby im Krankenhaus zurück, wo sie sicher war, dass die Ärzte Maria gut versorgen würden.	

Abb. 29: Auszug aus dem Bilderbuch für Sarah Maria

Pflegekindergeschichten

Die Geschichten für Pflegekinder sind meist komplizierter. Einiges kann von den Adoptionsgeschichten übertragen werden. Oft sind es besonders schwere Krisen und Konflikte, durch die die Herkunftsfamilie gezwungen wurde, ihr Kind in eine Pflegefamilie zu geben (siehe II, Kap. 6). Auch für Pflegekinder ist es wertvoll, wenn sie ihre persönliche Geschichte als Bilderbuch oder in einem Fotoalbum mit Text dokumentiert bekommen. Verfasser können die Pflegeeltern, die Eltern oder die pädagogischen Fachkräfte sein.

Geschichte für Sabrina, deren jüngerer Bruder in der Herkunftsfamilie lebt[1]

Es war einmal eine Frau mit Namen Rosa und ein Mann mit Namen Christoph. Rosa hatte es als Kind selbst nicht gut. Ihre Mama und ihr Papa hatten nicht genug Kraft für ihre Kinder. Rosa und ihre Geschwister blieben oft allein, hatten nicht genug Essen und keinen, der nach ihnen schaute. Und Rosa kam mit all ihren Geschwistern in ein Kinderheim.

Christoph hatte auch keine gute Kindheit. Er wurde zu Hause oft verprügelt. Er hatte keine gute Schulbildung und keinen Beruf. Rosa und Christoph hatten einander sehr lieb, aber sie hatten auch viele Probleme. Im Bauch von Rosa wuchs ein Kind heran. Darauf freuten sich beide. Sie wollten gute Eltern sein. Aber als das Baby da war, hatten sie keine guten Nerven. Sie wussten nicht, wie ein Baby gewickelt und gefüttert wird. Sie konnten dem Baby nicht die Eltern sein, die es brauchte.

Die Nachbarn, Herr und Frau Vogel, sahen, dass es dem Baby schlecht ging. Sie sprachen mit den jungen Eltern. Die nahmen sich vor, es besser zu machen. Aber sie schafften es nicht. So sprachen Vogels mit dem Jugendamt. Das ist ein Amt, in welchem Menschen arbeiten, die aufpassen müssen, dass es Kindern in ihren Familien nicht zu schlecht geht. Die Frau Schmidt vom Jugendamt sprach mit Rosa und Christoph. Sie wollte ihnen jemanden schicken, der ihnen zeigt, wie man ein Baby versorgt. Aber Rosa und Christoph träumten davon, es allein mit dem Baby zu schaffen. Sie konnten nicht erkennen, dass ihre Kraft nicht ausreichte.

So schrieb die Frau vom Jugendamt dem Familiengericht. Der Richter ist der oberste Bestimmer und ebenfalls dafür verantwortlich, dass es Kindern bei ihren Eltern nicht schlecht geht. Er bestimmte, dass du nicht mehr jeden Tag mit Rosa und

---

1 verfasst von der Fachkraft im Jugendamt

Christoph wohnen solltest. Frau Schmidt suchte deshalb deine Pflegeeltern. Sie sind jetzt jeden Tag für dich da. Du hast sie lieb wie eine eigene Familie. Nun hast du zwei Familien. Eine, von der du kommst und eine, zu der du gehörst: Deine Pflegemama, dein Pflegepapa und deren Kinder Tim und Melanie.

Christoph und Rosa haben inzwischen wieder ein Baby bekommen. Das ist Robin. Frau Schmidt schaut regelmäßig, ob es Robin gut geht. Auch wenn du nicht bei Christoph und Rosa wohnst, so bleiben sie immer deine Eltern. Und manchmal bist du traurig, dass du nicht mit ihnen und deinem kleinen Bruder Robin zusammen wohnen kannst.

Wenn Robin mein Bruder wäre, dann hätte ich viele Fragen: Passen Rosa und Christoph auch genug auf? Warum kann Robin bei Mama und Papa bleiben und ich nicht? Habe ich etwas falsch gemacht? Die Antwort darauf: Du kannst überhaupt nichts dafür. Rosa und Christoph sind inzwischen älter und reifer geworden und können besser mit einem Baby umgehen. Sie haben dazu gelernt. Am liebsten hätten deine Eltern, du könntest auch wieder zu ihnen zurück. Aber das Jugendamt und dein Bestimmer, der Familienrichter, haben beschlossen, da du jetzt schon so lange in deiner Pflegefamilie lebst, dass du dort besser bleiben sollst. Auch Rosa und Christoph haben das inzwischen eingesehen und sie sind froh, dass es dir in deiner Pflegefamilie gut gefällt.

ⓘ Girardelli, M./Menia, G. (2002): Der wundrige Oskar. (Bebilderte Pflegekindgeschichte)

5.2 Merkblätter und Merksätze verfassen

Um mehr oder weniger komplizierte Sachverhalte für Kinder (und Erwachsene) verständlich auszudrücken, haben wir hier Formulierungsvorschläge zusammengetragen. Merkblätter sind eine Möglichkeit, Kindern komplizierte Zusammenhänge verständlich zu machen. Sie können in großen Lettern in Postergröße dem Kind im Zimmer aufgehängt werden oder auf einer DinA4 Seite ins Lebensbuch eingeheftet werden.

Die vier Dimensionen der Elternschaft

In I, Kap. 2.2 haben wir die vier Bereiche der Elternschaft (leibliche, soziale, rechtliche und zahlende Elternschaft) abgebildet. Als Übungen für Kinder werden sie im II, Kap. 2.2.2 und 3.2. vorgestellt. Das Modell gibt Kindern Klarheit über ihre familiäre Situation: *„Deine leiblichen Eltern haben dir das Leben gegeben und bleiben immer deine leiblichen Eltern."* Über die rechtliche Verantwortung kann dem Kind gesagt werden: *„Dein Vormund (oder deine Mutter, dein Vater) bestimmt in großen Sachen des Lebens, was mit dir geschieht. Er (sie) hat bestimmt, dass du bei uns wohnst."* Über die soziale Elternschaft kann geschrieben werden: *„Weil wir schon solange als Pflegeeltern und Kind zusammenleben, ist unsere Jeden-Tag-Eltern-Kindschaft nicht mehr austauschbar. Wir gehören als Familie zusammen."*

Vielen Pflegeeltern fällt schwer, das Kind über die materielle Seite aufzuklären. Trotzdem sollte man in diesem Punkt ehrlich sein, auch, um das Kind vor Kommentaren der Umwelt zu schützen, z. B.: *Deine Pflegeeltern bekommen ja Geld für dich.* Die Information an das Kind könnte lauten: *Wir Pflegeeltern bekommen vom Jugendamt Geld für dein Essen, deine Kleidung und deine Miete. Das Geld bekommen wir, weil wir im Auftrag des Jugendamtes mit dir zusammenleben. Gleichzeitig gehören wir als Familie zusammen und die Gefühle in einer Familie sind unbezahlbar.*

Für Kinder in Pflegefamilien und Heimen können folgende schriftliche Erläuterungen hilfreich sein:

Warum viele Mamas und Papas nicht jeden Tag für ihre Kinder da sein können

Deine Mama hatte es als Kind nicht gut. Sie wurde schlecht behandelt und geschlagen. Sie hat nie bekommen, was Kinder brauchen. Wenn eine Mama es als Kind sehr schlecht hatte, dann schafft sie es oft selber nicht, für ihr Kind eine gute Mama zu sein. Dann hat sie einfach noch viel zu viel mit sich selber zu tun. Deine Mama kam nicht mit ihren Schwierigkeiten auf die Welt, sondern sie ist von anderen Menschen ein Stück kaputt gemacht worden. Wir können darüber unzufrieden und wütend sein. Wir können aber auch lernen, zu sagen: Das ist nun mal so. Deine Mama hat eine tolle Seite: Schließlich hat sie dich zur Welt gebracht. Und sie hat eine Seite, die dir weh tut: Sie konnte dir nicht geben, was du gebraucht hättest."

Weitere Version:

Menschen sind so geschaffen, dass sie nur dann gut Jeden-Tag-Eltern sein können, wenn sie als Kinder genug Liebe und Halt bekommen haben. Deine Eltern haben als Kinder nicht erhalten, was Kinder brauchen. Sie haben selbst nie erfahren, wie das geht. So konnten sie dir nicht geben, was du gebraucht hättest. Es lag also nicht an dir, sondern an ihrer Kindheit.

Das Auftragsverhältnis zwischen Eltern und Pflegefamilie bzw. Einrichtung

Wenn eine Mutter/Vater nicht genug Kraft hat, jeden Tag für ein Kind ausreichend da zu sein, dann hat sie/er Anspruch darauf, dass jemand anderes ihr/ihm bei der Betreuung des Kindes hilft. Deshalb bist du in der Wohngruppe (Pflegefamilie). Deine Pflegeeltern (deine Erzieherinnen und Erzieher in der Gruppe) helfen nicht nur dir, indem sie sich um dich kümmern, sondern auch deinen Eltern.

Definition für die Besuchskontakte

Deine Mama und dein Papa bleiben immer deine Mama und dein Papa. Aber ihre Jeden-Tag-Verantwortung und das Erziehen im Alltag, das haben sie an deine Pflegeeltern (deine Gruppenerzieherinnen und -erzieher) abgegeben. Der Besuchstag dient dazu, dass ihr eure Vertrautheit und Bindung aufrechterhalten könnt. Gleichzeitig ist an diesem Tag nicht alles wie früher. Es ist ein Ausnahmetag. Deine Eltern kommen zu Besuch und sind keine Jeden-Tag-Eltern mehr. Und das ist für euch alle nicht leicht. Nach dem Besuch geht jeder wieder in sein eigenes Leben zurück.

Wenn die Perspektive des Verbleibs offen ist

Deine Mama träumt davon, du könntest bald wieder bei ihr wohnen. Das kann ich verstehen. Die Frau Meyer vom Pflegekinderdienst sagt, dass die Mama das nicht allein bestimmen kann und dass du noch ganz viele Tage und Nächte in der Pfle-

gefamilie bleibst. Das ist nicht einfach, wenn man nicht genau weiß, wie es alles weitergeht. Aber eines ist sicher: Du wirst jetzt noch morgen, übermorgen und noch viele Tage und Nächte bei deinen Pflegeeltern bleiben. So hat es Frau Meyer bestimmt.

Wenn die Eltern der Unterbringung nicht zustimmen

Wenn leibliche Eltern ihrem Kind nicht gestatten können, sich in der Pflegefamilie zugehörig zu fühlen, so kann das Kind nur aus dem Loyalitätskonflikt entbunden werden, wenn die Pflegeeltern den leiblichen Eltern „erlauben" können, dass diese so denken oder fühlen:

Ich kann deine Mama verstehen, dass sie dich wieder bei sich haben will. Mir würde es als Mutter auch so gehen. Aber wir sind auch sehr froh, dich bei uns zu haben, solange deine Mama keine Jeden-Tag-Mama sein kann.

Unterschiede zwischen Pflegekind und leiblichem Kind

Thorsten ist unser Sohn und gehört schon immer zu uns. Manchmal denkst du, dass er es besser hat als du. Ich kann verstehen, dass du dich gegenüber Thorsten benachteiligt fühlst. Du musstest als kleiner Junge fort von deiner Mama Gaby und deinem Papa Horst. Wir freuen uns, dass du bei uns lebst und wir haben dich sehr lieb. Zugleich sind wir nicht deine leiblichen Eltern und die können wir auch nie werden. Ihr beide habt verschiedene Rollen in unserer Familie: Thorsten ist unser Sohn, du bleibst einerseits das Kind deiner Eltern und bist zugleich unser angenommener Sohn. Wir trauen dir zu, dass du mit der Tatsache, zweimal Eltern zu haben, immer besser klar kommen wirst.

Erklärung für das leibliche Kind in der Pflegefamilie

Du bist von uns gezeugt und geboren worden und du bist und bleibst für immer unser Sohn. Bei Sascha (deinem Pflegebruder) ist das anders. Er wurde von seiner Mami Gaby und seinem Papa Horst gezeugt und geboren. Mit ihnen lebte er, bis er drei war. Ihr beide lebt nun in unserer Familie wie Geschwister zusammen. Man könnte sagen, ihr seid Jeden-Tag-Brüder, weil Ihr in unserer Familie zusammenwohnt und weil ihr eure Je-

den-Tag-Eltern miteinander teilt. Gleichzeitig habt ihr beide in unserer Familie verschiedene Positionen. Du musst damit klar kommen, dass wir Sascha aufgenommen haben. Und Sascha hat zwei Familien: seine eigene und uns. Das ist für dich alles nicht einfach und für Sascha auch nicht. Ich traue Euch zu, so wie es ist, zurechtzukommen.

Merkzettel eines Erziehers an einen Jugendlichen

Für einen Jungen in einer Wohngruppe hat der Bezugserzieher folgenden Text über den Umgang mit Wut und Enttäuschung über die Eltern aufgeschrieben:

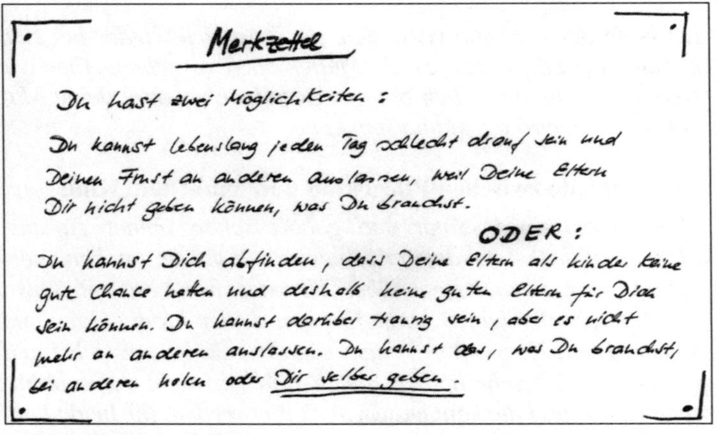

Merkzettel

Du hast zwei Möglichkeiten:

Du kannst lebenslang jeden Tag schlecht drauf sein und Deinen Frust an anderen auslassen, weil Deine Eltern Dir nicht geben können, was Du brauchst.

ODER:

Du kannst Dich abfinden, dass Deine Eltern als Kinder keine gute Chance hatten und deshalb keine guten Eltern für Dich sein können. Du kannst darüber traurig sein, aber es nicht mehr an anderen auslassen. Du kannst das, was Du brauchst, bei anderen holen oder Dir selber geben.

Abb. 30: Merkzettel für einen Jugendlichen

Auch für andere Problemlagen können solche Leitgedanken auf großen Plakaten oder Merkzetteln aufgeschrieben werden:

Merkzettel für von Trennung und Scheidung betroffene Kinder

Wenn Eltern sich trennen, dann hat das nichts mit dem Kind zu tun. Das Kind kann es auch nicht verhindern. Das ist schlimm für Kinder. Väter bleiben trotzdem Väter und Mütter bleiben trotzdem Mütter, auch wenn sie als Paar auseinander gehen. Dein Papa hat sich zwar von deiner Mama getrennt, aber nicht von dir. Alle Kinder dürfen nach einer Trennung der Eltern Mama und Papa weiter lieb haben.

Hilfe für das Kind bei besonders konflikthaftem Verlauf

Es gibt ein Gesetz, das bestimmt, dass das Kind auch nach einer Trennung Vater und Mutter behalten und beide Eltern lieb haben darf. Selbst wenn deine Eltern jetzt noch viel Streit haben, so will dieses Gesetz, dass sie sich einigen und Regeln finden, damit du beide Eltern lieb haben kannst, damit du deinen Vater treffen kannst, obwohl Ihr jetzt nicht mehr mit ihm zusammenwohnt.

Botschaft eines getrennt lebenden Vaters an sein Kind

Ich weiß, dass es schwer ist für jedes Kind, wenn seine beiden Eltern nicht zusammenwohnen. Du musst jede zweite Woche dein Zuhause und die Mama verlassen, um mit mir eine schöne Zeit zu haben. Du hast nicht alles gleichzeitig, was dir lieb ist. Das ist toll, wie du das hinbekommst.

Rollendefinition eines Stiefvaters

Zu mir sagst du Papa, weil wir jeden Tag zusammen wie Vater und Kind leben. Dennoch bleibt dein leiblicher Vater immer dein Vater. Du bestehst zur Hälfte aus ihm. Ich bin froh, dass er dir dein Leben gegeben hat und dass du so bist wie du bist. Ich bin und bleibe dein Jeden-Tag-Vater und dein gefühlsmäßiger Vater.

Hilfe für die Identitätsfindung von Kindern in Stief- oder Patchworkfamilien

Sind Mütter oder Väter nicht in der Lage, am leiblichen Elternteil des Kindes irgendetwas Gutes zu finden, hilft es Kindern bei ihrer Identitätsfindung, wenn eine dritte Person die Biografiearbeit übernimmt und für das Kind aufschreibt:

Deine Mama (dein Papa) kann gar nicht gut über deinen Vater (deine Mutter) sprechen. Zuerst mochten die beiden sich sehr. Die vielen Probleme kamen später. Ich bin sicher, dass dein Vater (deine Mutter) viele liebe Seiten hat. Sonst hätte deine Mutter (dein Vater) sich damals nicht in ihn (sie) verliebt. Und sonst wärest du nicht ein so netter Junge (so ein nettes Mädchen) geworden.

ⓘ Marmann, A. (2005): Kleine Pädagogen. Eine Untersuchung über leibliche Kinder in familiären Settings öffentlicher Erziehung.

Für Kinder:
Dietrich, B. (2005): Eltern im Doppelpack. Die Patchworkfamilie. Ein Trostbuch für Kinder.

5.3 Lebensbriefe schreiben

Lebensbriefe sind umfassende Dokumente über wichtige oder schmerzliche Lebensereignisse von Kindern. Sie können von leiblichen Eltern, Pflegeeltern, getrennt lebenden Elternteilen, Fachkräften der Jugendhilfe und anderen nahe stehenden Menschen verfasst werden. Hier ein Leitfaden für Bezugspersonen, die Kinder und Jugendliche betreuen:

- Wann bin ich dem jungen Menschen zum ersten Mal begegnet?
- Was habe ich damals gedacht, gefühlt?
- Was wusste ich vorher über dieses Kind?
- Warum musste der junge Mensch seine Familie verlassen?
- Schmerzliche, traumatische Ereignisse, eingebettet in ein Ganzes, benennen.
- Wie wirken sich diese Erlebnisse heute auf das Kind aus?
- Was hat das Kind über seine Vergangenheit gesagt?
- Was haben wir zusammen erlebt? (Prägnante Ereignisse)
- Welche Entwicklungsschritte hat das Kind in der Einrichtung, (in der Familie) gemacht?
- Wie geht es weiter? Was steht als nächstes an?
- Wünsche für die Zukunft, Verabschiedung.

Brief einer Mutter an ihren Sohn in einer Pflegefamilie

Dieser Brief entstand während der Beratung der Mutter in einer Erziehungsberatungsstelle:

> Lieber Mike,
> Du hast mich an unserem letzten gemeinsamen Wochenende gefragt, warum wir nicht jeden Tag zusammenleben können, warum Du nicht wieder ganz zu mir nach Hause kommen kannst. Ich möchte Dir erklären warum: Es liegt nicht an Dir. Früher, als ich so klein war wie Du, konnte meine Mama (deine Oma), mit der ich lange alleine zusammengelebt habe

mir nicht das geben, was ich gebraucht hätte. Sie hat viel Alkohol getrunken und war damit so beschäftigt, dass sie nicht gut auf mich aufpassen konnte. Wenn sie betrunken war, war sie sehr ungeduldig und hat mit mir geschimpft und mich manchmal auch gehauen. Manchmal hat sie mich auch allein gelassen. Weil ich sie so lieb hatte und sie so brauchte, habe ich versucht, ihr zu helfen, dass es Ihr besser geht und wir ein besseres Leben führen können. Aber es ging nicht, denn ich war noch ein kleines Mädchen, das hilflos war und dem es nicht gut ging. Noch heute bin ich auf der Suche nach jemandem, der mich lieb hat.

Damit es Dir nicht so geht wie mir als ich klein war, und Du für mich versuchst zu sorgen, habe ich entschieden, dass Du in einer anderen Familie leben sollst, bis Du erwachsen bist. Dieser Schritt ist mir sehr schwer gefallen, weil ich Dich liebe und Du doch mein „Pupsnasengesicht" bist. Aber ich möchte nicht, dass es Dir so schlecht geht wie mir früher, ich möchte, dass Du bei Menschen lebst, die in der Lage sind, jeden Tag gut für Dich zu sorgen, und die Dich auch lieb haben.

Ich bleibe immer Deine Mama, in deren Bauch Du gewesen bist und vergesse Dich nie. Ich möchte kommen, um Dich zu besuchen und zu sehen wie Du wächst und wie es Dir geht und möchte gerne, dass Du mich besuchst. Aber ich schaffe es nicht, jeden Tag für Dich da zu sein und so für Dich zu sorgen, wie Du es verdienst.

Ich möchte, dass Du weißt, dass es mir leid tut, dass ich Dir wehgetan habe, rumgebrüllt oder Dich gehauen habe. Es war falsch und ich kann es leider nicht wieder gut machen. Ich möchte lernen, für mich selbst zu sorgen, damit Du Dir keine Sorgen mehr um mich zu machen brauchst. Doch dafür brauche ich viel Zeit, mehr Zeit als Du hast, denn Du brauchst jetzt Menschen, die jeden Tag für Dich da sein können.

Ich bin froh, wenn es Dir bei Werner und Anne gut geht und Du die beiden mehr und mehr lieb hast. Deshalb wollte ich, dass Du in einer Familie lebst und nicht in einem Kinderheim, damit Du Eltern bekommst: „Jeden-Tag-Zusammensein-Eltern". Ich weiß, dass es schwer für Dich ist. Ich hab' Dich ganz doll lieb und schicke Dir einen dicken Schmatzer.

Deine Mama

Brief einer HIV-positiven Mutter an ihre vor 20 Jahren zur Adoption freigegebene Tochter

Liebe Christa,
von Frau D. weiß ich inzwischen, dass Du einen anderen Namen trägst. Den Namen Christa habe ich Dir gegeben, weil ich damals, als Du geboren wurdest, eine Freundin hatte, die ich sehr mochte, die Christa hieß. Natürlich wüsste ich gerne, wie Du heute heißt. Dazu müsstest Du Frau D. Deine Erlaubnis geben, sonst darf sie mir Deinen Namen nicht nennen.
Du hast ja von mir schon ein Foto erhalten. Ich möchte, dass Du weißt, dass ich auch ein Foto von Deinem leiblichen Vater Michael habe. Wenn Du möchtest, schicke ich es Dir. Aus einem meiner früheren Briefe weißt Du ja, dass Dein Vater 1991 gestorben ist.
Mir geht es gesundheitlich jetzt relativ gut. Ich habe das so genannte Stadium C3, das bedeutet das Vollbild der Aidserkrankung, gleichzeitig bin ich derzeit unter der Nachweisbarkeitsgrenze des Virus. Im Gesicht bin ich etwas schmaler geworden, ansonsten sieht man mir die Erkrankung nicht an. Ich arbeite ehrenamtlich bei der Aidshilfe Frankfurt. Das gibt mir Kraft und der Kontakt zu den Leuten dort Halt.
Frau D. hat mir berichtet, wie gut Du Dich entwickelt hast. So gute Bedingungen hätte ich Dir nicht geben können. Ich bin glücklich, dass Du es in Deiner Familie so gut getroffen hast. Von Frau D. weiß ich auch, dass Du Deine leibliche Schwester gerne kennen lernen möchtest. Ist das schon Wirklichkeit geworden?
Bei der Formulierung dieses Briefes habe ich mir Unterstützung in einer Beratungsstelle geholt. Trotzdem sind es meine Worte, die ich an Dich richte.
Vielleicht habe ich Dich im Überschwang meiner Gefühle in einem meiner letzten Briefe erschreckt, das täte mir leid. Nach wie vor würde ich Dich gerne persönlich kennen lernen. Wenn Du dies nicht möchtest oder jetzt noch nicht soweit bist, so werde ich das natürlich respektieren.
Für heute grüßt Dich herzlich Deine leibliche Mutter,
Jutta

Brief einer Sozialarbeiterin für ein Pflegekind

Dieser (hier stark gekürzte) Brief wurde den Pflegeeltern eines 2-jährigen Mädchens „für später“ übergeben.

> Liebe Iris Ingrid,
> Ich bin als Sozialarbeiterin für den Bezirk zuständig, in dem Deine Mutter und Oma eine Zeit lang gelebt haben.
> Wie du weißt, ist Dein Vater Rainer im Oktober 2003, noch vor deiner Geburt, an Krebs gestorben. Deine Eltern haben oft gestritten und manchmal ist es auch unter Alkoholeinfluss zu extremen Situationen gekommen. Dennoch war Deine Mutter nach dem Tod Deines Vaters sehr betroffen. Sie trank weiter Alkohol und nahm Drogen. Sie wünschte sich schon lange ein Kind, aber durch den Tod deines Vaters, die Arbeit in ihrem Lokal und die Drogen war sie so abgelenkt, dass sie erst gegen Ende der Schwangerschaft bemerkte, dass Du unterwegs warst. Sie bezeichnete dies als ein „Wunder“ und freute sich sehr. Sie wollte sich mit ihrer Mutter in Deiner Betreuung abwechseln. Aber Deine Oma hatte nicht die Kraft, ihrer Tochter zu helfen.
> Nach deiner Geburt kamst Du zunächst ins Kinderkrankenhaus, damit Du von den Drogen, die Du in der Schwangerschaft mitbekommen hast, entzogen wurdest. Du wurdest überwacht, bekamst Medikamente, weintest viel und schliefst schlecht. Deine Mutter besuchte dich meist unter Drogeneinfluss. Menschen, die Drogen brauchen, sind keine schlechten Menschen. Deine Mutter war mit sich selbst unglücklich und konnte sich nicht von den Drogen und dem Alkohol lösen. Beim Besuch schlief sie manchmal neben Dir ein oder war total „überdreht“, ganz unterschiedlich. Einmal wollte sie Dich mitnehmen. Weil sie das nicht durfte, flippte sie aus. Danach entschuldigte sie sich für ihr Verhalten und lief davon.
> In dieser Zeit weinte Deine Mutter viel, erzählte von einer gewaltsamen Beziehung zu einem Mann. Dann war sie einige Tage verschwunden. Schließlich fand die Polizei sie in ihrem Lokal zusammengekauert in einer Ecke. Sie dürfte in diesen Tagen viel Schlimmes erlebt haben, denn sie war verwirrt und verschmutzt. Sie kam in eine Psychiatrische Klinik. Nach einigen Tagen wurde sie wieder entlassen. Es wurde immer klarer: Sie konnte sich nicht um ein Baby

kümmern. So musste ich ihr sagen, dass Du bei einer Pflegefamilie groß werden sollst. Deine Mutter sah dies zuerst nicht ein und lief wieder weg. So kamst du am 26.7.2004 zu Deinen Pflegeeltern.
Bald darauf gab Dir deine Mutter den Namen „Iris", nach ihrem Lokal „Café Iris". Da ihr mein Name gefiel, gab sie dir „Ingrid" als zweiten Vornamen. Dass sie dich nach mir benannte, zeigt, dass sie innerlich doch einverstanden war, dass ich dich zu deinen Pflegeeltern gab.
Die Besuche bei Dir und deiner Pflegefamilie sollten im September 2004 beginnen. Zum ersten Termin kam deine Mutter zu spät und hatte Alkohol getrunken. Danach schaffte sie es nicht mehr, dich zu besuchen. Ich kenne viele Mütter, die „wegbleiben". Dennoch haben sie ihre Kinder lieb. Ihr Leben ist ganz vom Alkohol und den Drogen bestimmt und sie kommen mit sich selbst nicht klar. Oder sie schämen sich, dass sie sich nicht um ihr Kind kümmern können. Oder sie wollen „nicht stören". Sie wissen ja, dass es ihrem Kind gut geht. Oder sie haben Angst, dass es ihnen zu weh tut, ihr Kind wieder zu sehen. So ähnlich ist es vermutlich bei deiner Mutter, von der ich leider nicht weiß, wo sie inzwischen lebt.
Ich wünsche Deiner Mutter, dass sie irgendwann Unterstützung und Hilfe annehmen kann. Ich hoffe, dass es für Dich, Deine Mutter und Deine Großmutter einmal die Möglichkeit gibt, einander kennen zu lernen. Wenn dies nicht möglich ist, so soll dieses Schreiben ein kleiner „Puzzlestein" Deiner Lebensgeschichte sein.
Ingrid Erlmoser

6. Schwere Themen

„Warum glaubten Erwachsene, dass Kinder Geheimnisse besser ertragen als die Wahrheit? Wussten sie nichts von den dunklen Geschichten, die man sich zusammenspinnt, um die Geheimnisse zu erklären?“ (Funke 2005: 149 f.).

Wurde ein Kind von seinen Eltern misshandelt, sind Väter oder Mütter psychisch krank, alkohol- oder drogenabhängig, gab es Gewalt oder Suizid in der Familie, leidet ein Elternteil unter einer lebensverkürzenden Krankheit: Dann sollten sich die Bezugspersonen der Kinder zu Expertinnen und Experten der jeweiligen Situation machen. Um solche komplexen Zusammenhänge darzulegen, ist in der Regel ein Brief das geeignete Instrument. Oder es können im Lebensbuch Themenseiten angelegt werden (siehe II, Kap. 2 und 5).

Haben die Kinder schon länger zu Hause gelebt, so haben sie die Geschehnisse emotional registriert. Wir lassen sie allein, wenn wir die besonders schweren Themen ausklammern. Und wenn wir glauben, das Kind könne das Thema von sich aus eröffnen, übertragen wir Kindern zu viel Verantwortung. Wir sollten deshalb Informationen, die das Kind und seine Geschichte betreffen, nicht fernhalten. Im Gegenteil: Wir können als Bezugsperson das Kind frühzeitig unterrichten, dass wir über bestimmte Erfahrungen, die es gemacht hat, schon Bescheid wissen.

Kinder besitzen die Fähigkeit, schwere Fakten des Lebens als gegeben hinzunehmen, wenn Erwachsene sie dabei unterstützen. Die meisten Kinder fühlen sich befreit und entlastet, wenn sie die Ereignisse bewusst erfassen und einordnen können. Kinder haben ganz offensichtlich ein größeres Potenzial, Schweres zu verarbeiten, als Erwachsene sich vorstellen. „Was diese jungen Menschen oft und lange besonders belastet und dann gleichgültig und mutlos macht, ist vor allem die Unsicherheit, die sie in sich herumtragen. Die Wahrheit ist leichter zu ertragen, auch wenn sie hart ist. Es ist die Wahrheit. Man weiß Bescheid und kann weiterleben." (Mehringer 1992: 49). Wenn Erwachsene den schweren Themen standhalten, sind sie ein gutes Modell und fördern die Resilienz des jungen Menschen.

Selbstverständlich sollen Erwachsene nicht ohne Zusammenhang schonungslos harte Fakten benennen. Dies könnte ein Kind neu traumatisieren. Schwere Informationen müssen immer eingebettet sein in eine zusammenhängende Darstellung der Ereignisse (positive sowie dramatische Erlebnisse, Gefühle des Kindes). Das Kind benötigt zuvor genügend Stabilität und einen sicheren Rahmen (vgl. I, Kap. 6.6).

> ⓘ Wiemann, I. (2006 b): Wie viel Wahrheit braucht mein Kind? Von kleinen Lügen, großen Lasten und dem Mut zur Aufrichtigkeit in der Familie.

6.1 Sucht und Abhängigkeit von Eltern

Nur fünf Prozent aller Menschen leben absolut abstinent. Alle anderen benötigen die eine oder andere Stimulation (Kaffee, Nikotin, Alkohol, illegale Drogen, Medikamente), um kurzfristig ein gutes Lebensgefühl zu haben oder Stresserleben zu mildern. Abhängigkeit bedeutet, den Konsum nicht mehr willentlich steuern zu können, nicht rechtzeitig Grenzen ziehen zu können. Viele Menschen haben diese Fähigkeit im Laufe ihrer Sozialisation nicht ausreichend erworben oder verloren. Es gibt auch viele Süchte, die nicht an biochemische Substanzen gekoppelt sind: Esssucht, Spielsucht, Kaufsucht, PC- und Fernsehsucht, Sammelleidenschaften, Arbeitssucht, usw. Ein weiterer wesentlicher Bestandteil der Sucht ist der Aspekt der Schädigung: Hilarion Petzold[1] definiert Drogenabhängigkeit als „eine komplexe, somatische, psychische und soziale Erkrankung, die die Persönlichkeit des Drogenabhängigen und sein soziales Netzwerk betrifft, beschädigt und – wenn sie lange genug wirkt – zerstört."

---

1 Petzold, H.: Drogenabhängigkeit ist eine Krankheit. Vortrag auf einer Fachtagung der Therapiehilfe e.V. Hamburg am 28.09.1988

Süchte werden in ihrer extremen Ausprägung im ICD 10[2] als Krankheiten anerkannt. Wenn gegenüber Kindern die Alkohol- oder Drogenabhängigkeit ihrer Eltern thematisiert wird, mogeln sich dennoch viele Bezugspersonen am Wesentlichen vorbei, indem sie sagen: *„Deine Mama ist krank."* Viele Kinder haben erlebt, wie die Verfassung ihrer Mutter oder ihres Vaters je nach Menge des Alkohol-, Drogen-, oder Medikamentenkonsums variiert. Aber auch früh von ihrer Herkunftsfamilie getrennte Kinder sollen nicht mit einer Teilwahrheit abgefertigt werden. Kinder benötigen konkrete Informationen darüber, was Alkohol oder Drogen bewirken, wie Menschen sich unter ihrem Einfluss verändern:

Deine Mama braucht Drogen. Das sind Stoffe, die der Mama helfen, sich momentweise ganz prima zu fühlen. Aber die Wirkung lässt bald wieder nach und ohne Droge fühlt sie sich ganz elend und krank und hat körperliche Schmerzen. Also braucht Ihr Körper wieder neue Drogen. Deine Mama hat dich doll lieb, aber sie kann nicht mehr richtig über sich selbst bestimmen und erst recht nicht nach einem Kind schauen. Die Droge bestimmt ihr Leben, ob sie gerade genug davon hat oder neue besorgen muss. Deshalb bist du bei uns. Deine Mama wollte schon manchmal aufhören, Drogen zu nehmen. Ärzte halfen ihr dabei. Aber sie hat es nicht geschafft. Viele Menschen schaffen es nicht, von den Drogen loszukommen. Das ist schwer für die Angehörigen und für die Kinder.

Dieses Beispiel ist auf Alkoholabhängigkeit übertragbar. Je nachdem, was das Kind erfahren hat, kann im Falle von Alkoholabhängigkeit z. B. aufgeschrieben werden:

Du hast erlebt, dass dein Vater am Morgen missmutig aufwacht. Wenn er erst wenig getrunken hatte, dann hatte er gute Stimmung, er kümmerte sich um dich und war freundlich und entspannt. Wenn er mehr getrunken hatte, dann war er unberechenbar, wurde laut und aggressiv. Da wusstest du schon, dass du dich in Acht nehmen musstest. Alkohol verändert die Menschen. Zuerst macht er die Menschen lustig. Dann verändert

---

2 International Statistical Classification of Diseases and Related Health Problems der WHO. Dient der Verschlüsselung von Diagnosen in ambulanter und stationärer Versorgung.

sich ihre Stimme. Manche können nicht mehr richtig deutlich reden. Der Alkohol nimmt den Menschen die Hemmungen. Du hast gespürt, du kannst deinem Vater jetzt nicht trauen. Das alles hast du ganz oft erlebt.

Mit Jugendlichen können wir darüber sprechen, dass es Schwierigkeiten in unserer Konsumgesellschaft gibt, den Gebrauch von legalen Drogen in einem akzeptierbaren Rahmen zu halten. Das Verbot bestimmter Drogen suggeriert, dass sie besonders gefährlich seien. Es sterben in Deutschland aber weit mehr Menschen an den Folgen exzessiven Alkohol- oder Tabakkonsums als an den Folgen von illegalen Drogen. Wir können jungen Menschen auch erklären, wie es im Lauf des Lebens zu Alkoholkonsum kommt:

Es gibt sehr viele Menschen (ca. 2,5 Millionen in Deutschland), die süchtig nach Alkohol sind. Die meisten von ihnen haben damit angefangen, weil sie gemerkt haben, dass sie dann ihre Sorgen und Probleme nicht mehr so spüren und dass sie sich gelöster fühlen. Viele haben schon zu Hause bei ihren Eltern erlebt, dass Alkohol einfach dazu gehört und die Stimmung dann besser wurde. Und viele junge Leute halten sich gegenseitig zum Trinken an. Ohne dass sie es merken, rutschen sie dann immer tiefer in die Abhängigkeit. Es geht gar nicht mehr ohne Alkohol. Oft haben diese Menschen als Kinder nicht das bekommen, was sie gebraucht hätten und füllen tiefe Lücken und unerfüllte Sehnsüchte mit dem Alkohol auf, trösten sich damit. Irgendwann wird es immer mehr und sie können nicht mehr selber steuern, rechtzeitig aufzuhören. So ähnlich kann das bei deiner Mutter oder deinem Vater gewesen sein.

ⓘ Dietz, K./Spicker, M. (2000): Alkohol – kein Problem? Suchtgefahren erkennen – richtig handeln.

Für Jugendliche:

Nolan, H. (2005): Born Blue.

Für Kinder:

Bohmann, G. (1999): So ist das, wenn man sich lieb hat. (Kind einer alkoholabhängigen Mutter kommt in Pflege.)

Niederberger, B. (2000): Sarah – Warum gerade ich? Eine Pflegekind-Geschichte. (Pflegekind mit drogenabhängigen Eltern.)

6.2 Prostitution der Mutter

Wenn Mütter der Prostitution nachgehen, müssen viele Pflegeeltern oder Bezugspersonen in Einrichtungen lernen, eine innere Neutralität zu entwickeln und sich von der herrschenden Doppelmoral (in der Freier geachtet, die Frauen jedoch entwertet werden) freimachen. Kinder spüren, ob die Bezugsperson ihre Mutter trotzdem achten kann. Der folgende Text erklärt Prostitution. (Wir gehen hier davon aus, dass die Mutter kein Opfer von Zwangsprostitution ist.)

Alle Menschen benötigen Geld. Sie verkaufen ihre Arbeitskraft, d. h. das, was sie gelernt haben. Manche Mädchen oder Frauen haben keine Ausbildung, mit der sie gut verdienen können. Da es Männer gibt, die für Sex bezahlen, verwerten diese Mädchen und Frauen ihren Körper. Viele Menschen denken schlecht von Frauen und Mädchen, die ihren Körper einsetzen, um Geld zu verdienen. Aber sie denken überhaupt nicht schlecht von Männern, die diese Dienstleistung in Anspruch nehmen. Das ist ungerecht. Frauen, die als Prostituierte arbeiten, üben einen Beruf aus, es ist ihr Job. Sie müssen auch Steuern zahlen. Sie sind genau soviel wert wie andere Menschen auch.

Oft ist Prostitution mit Drogenabhängigkeit verknüpft. Dies sollte dann dem jungen Menschen auch erklärt werden:

Um das viele Geld, das die Drogen kosten, zu verdienen, geht deine Mama der Prostitution nach. Sie wird von Männern bezahlt, dass sie diese sexuell befriedigt.

6.3 Psychische Erkrankung von Eltern

„Dass ein Kind einen psychisch kranken Elternteil hat, ist keine Seltenheit: Rund 1,6 Millionen Menschen werden jährlich in Deutschland psychiatrisch behandelt. Hinzu kommt eine unbekannte Zahl erkrankter Menschen, die sich nicht in Behandlung begeben." (Beeck, 2005: 6). Für Kinder, die mit ihren psychisch kranken Eltern zusammenwohnen, gibt es heute gute ambulante Unterstützungssysteme. Biografiearbeit kann für diese Kinder einen wichtigen orientierenden Effekt haben.

Wenn wir mit Kindern psychisch kranker Eltern biografisch arbeiten, so sollten wir uns genaue Informationen über die „Diagnose“ der Krankheit einholen. Bei Krankheitseinsicht und guter medikamentöser Einstellung kann der Elternteil selbst die Erkrankung beschreiben. Ansonsten sollte sich die Bezugsperson, die Biografiearbeit durchführt, die Erscheinungsform und die Auswirkungen der Krankheit von Angehörigen oder von einem zuständigen Arzt erläutern lassen. Dies kann in kindliche Sprache übersetzt werden.

ⓘ Mattejat, F. (o. J. a): Wenn eine Mutter oder ein Vater psychische Probleme hat ... Wie geht es dann den Kindern? www.psychiatrie.de/dachverband/broschueren

Beeck, K. (2005): Mama sagt, die Zahnpasta ist vergiftet. Wie Erzieher/innen Kinder psychisch kranker Eltern unterstützen können. www.Netz-und-Boden.de

Beeck, K. (2006): Kinder psychisch kranker Eltern. Ein Thema für die Schule! www.Netz-und-Boden.de

Eine für sehr kleine Kinder geeignete allgemeine Beschreibung von psychischer Krankheit könnte sein:

Deine Mama ist krank. Das ist keine Krankheit, wie du oder ich sie manchmal haben mit Fieber und Kopfweh. Das ist eine Krankheit, die niemand sehen kann. Wir nennen das psychisch krank. Sie fühlt, denkt und sagt manchmal Dinge, die es nicht wirklich gibt. Sie hört Stimmen, die ihr etwas befehlen. Diese Stimmen kommen nicht von außen, sondern aus ihrem eigenen Kopf. Manchmal kann sie nachts nicht schlafen. Sie ist mit ihren Gefühlen und Gedanken manchmal so durcheinander, dass sie auf ein kleines Kind nicht aufpassen kann. Es gibt Krankenhäuser und Ärzte, die der Mama helfen. Oft geht es ihr eine Zeit lang gut und dann kommt die Krankheit wieder. Und dann muss sie wieder ins Krankenhaus. Es gibt immer ein Hin und ein Her. Deshalb wollte sie, dass du lieber in einer Pflegefamilie lebst.

Hilfreiche Definitionen von psychiatrischen Begriffen für Kinder finden wir in einer Broschüre, die vom Dachverband Psychosozialer Hilfsvereinigungen (Mattejat o. J. b: 14-15) herausgegeben wird:

„*Phobie:* Jemand hat eine Phobie, wenn er schrecklich Angst vor etwas hat, zum Beispiel vor Vögeln. Oder Angst, in die Stadt zu gehen. Manchmal ist diese Angst so stark, dass diese Menschen viele Dinge nicht mehr tun können.

Depressiv: Jemand, der depressiv ist, fühlt sich müde und schlapp, ist sehr traurig und sagt vielleicht sogar: ‚Ich wäre lieber tot.' Er hat keine Lust zu essen und kann nicht einschlafen. Vielleicht hast du das manchmal auch, aber depressive Menschen erleben es oft und für lange Zeit.

Psychotisch oder schizophren: Menschen, die sehr verwirrt sind, nicht mehr klar denken können und sich oft auch eigenartig benehmen, nennt man manchmal ‚psychotisch', ‚schizophren' oder ‚gestört'. Ein psychotischer oder schizophrener Mensch hält sich vielleicht für eine berühmte Persönlichkeit, zum Beispiel für einen König oder einen Präsidenten. Vielleicht glaubt er auch, von Polizisten oder Verbrechern beobachtet oder verfolgt zu werden, obwohl das gar nicht stimmt."

ⓘ Broschüren für Kinder:

Mattejat, F. (o. J. b): Wenn deine Mutter oder dein Vater in psychiatrische Behandlung muss … Mit wem kannst du dann eigentlich reden? www.psychiatrie.de/dachverband/broschueren

Mattejat, F. (o. J. c): Wenn deine Mutter oder dein Vater psychische Probleme hat …, Informationen für Jugendliche. www.psychiatrie.de/dachverband/broschueren

Es gibt außerordentlich gute und hilfreiche Kinderbücher, bei deren Lektüre sich auch Erwachsene mit dem Phänomen „psychische Erkrankung" vertraut machen und in die Situation der Kinder einfühlen können:

ⓘ Homeier, S. (2006): Sonnige Traurigtage. (Sehr kluges, feinfühliges Bilderbuch für junge Kinder. Mit einem Leitfaden für Eltern und Bezugspersonen.)

Minne, B. (2004): Eichhörnchenzeit oder der Zoo in Mamas Kopf. (Zeigt Verzweiflung, Ohnmacht und Scham, die Kinder psychisch kranker Eltern zu tragen haben. Hilfen werden aufgezeigt.)

Rees, G. (2004): Erde an Pluto oder als Mum abhob. (Bericht eines 12-jährigen Jungen mit einer Mutter im manischen Schub.)

Wilson, J. (2005 a): Ausgeflippt hoch drei. (Engl. Orig.: Tattoo Mum. Zwei Kinder mit manisch depressiver Mutter.)

Eggermann, V./Janngen, L. (2004): Fufu und der grüne Mantel. www.astrazeneca.de (Für Vorschulkinder)

6.4 Gefängnisaufenthalt von Mutter und/oder Vater

„Da machen sie ein großes Getue, welchen Einfluss ein Besuch im Gefängnis auf mich haben könnte. Dabei habe ich doch sogar gesehen, wie mein Vater mit Handschellen von der Polizei abgeholt worden ist." (Ron-Feder 1996: 77).

Oftmals werden Kinder fremd untergebracht, weil ein Elternteil inhaftiert wurde. Andere Kinder leben schon länger in einer Pflegefamilie oder Einrichtung und die Bezugspersonen erfahren, dass Mutter oder Vater ins Gefängnis mussten. Die Erwachsenen fragen sich: *Können sie dem Kind die Information zumuten? Wie wird das Kind reagieren?* Auch hier gilt die Regel: Informationen lassen sich vom Kind fernhalten, nicht aber die damit verbundenen Gefühle. Das Kind merkt, dass etwas „in der Luft liegt" oder kann es zufällig durch Dritte erfahren. Es ist besser, die Wahrheit zu sagen. Natürlich kränkt und schmerzt, was passiert ist. Dieser Schmerz muss auch in der Biografiearbeit Thema sein.

Am besten ist, wenn Eltern ihrem Sohn oder ihrer Tochter einen Brief schreiben, warum sie verurteilt worden sind. Es ist sinnvoll, die sozialen Fachkräfte in der Vollzugsanstalt einzubeziehen, damit die Mutter oder der Vater über die Wichtigkeit, das Kind zu informieren, beraten wird. Lügen und Vertuschen verschlechtern die Beziehung zum jungen Menschen.

Wenn Bezugspersonen über den Gefängnisaufenthalt eines Elternteils sprechen, sind konkrete Informationen hilfreich:

Dein Vater wollte leicht zu Geld kommen. Mehrmals ist er erwischt worden, wie er Schecks gefälscht hat. Nun muss er dafür ins Gefängnis. Du kennst ja deinen Vater. Auf der einen Seite ist er ein sehr lieber Papa. Er spielt und tobt mit dir. Und auf der anderen Seite schafft er es nicht, auf sich selbst genug aufzupassen. Wenn er was anstellt, denkt er, er würde nicht erwischt. Es ist schwer, einen Papa zu haben mit einer lieben Seite und einer schwierigen Problemseite.

Gefühle des Kindes und mögliche Identitätsfragen können ebenfalls thematisiert werden:

Ich kenne einen Jungen, dessen Vater ist auch im Gefängnis. Der ist sehr wütend und schämt sich. Und manchmal denkt er, er sei mit daran schuld. Er denkt, er hätte den Vater abhalten müssen, das Verbotene zu tun. Und der Junge fragt sich auch, ob er vielleicht später so wird wie sein Vater. Ich sage dir:

1. *Es ist sehr schwer, einen Papa zu haben, der ins Gefängnis musste.*
2. *Verantwortung dafür hat nie das Kind.*
3. *Was dein Vater getan hat, ist nicht angeboren.*
4. *Du bist eine neue Mischung aus Mutter und Vater, ein neuer Mensch und du hast ganz andere Chancen als sie dein Vater in deinem Alter hatte.*

Bei Drogenkriminalität sollte mit dem Kind das Thema „Abhängigkeit" (s. o.) bearbeitet werden, mit dem Zusatz:

Die Drogen kosten sehr viel Geld. Und wenn deine Mama sich ganz schlecht drauf fühlt und sogar körperliche Schmerzen hat, dann denkt sie nicht mehr darüber nach, ob das in Ordnung ist, was sie da macht oder ob sie dafür ins Gefängnis kommen kann: Sie hat nur im Sinn, schnell an viel Geld zu kommen und sich ihren Stoff zu besorgen. Hinterher ist ihr jedes Mal klar, dass sie etwas Verbotenes gemacht hat. Aber während sie das tut, hofft sie, nicht erwischt zu werden.

Haben die Elternteile schwere Delikte (Gewalt, Totschlag, sexueller Missbrauch) begangen, so sollte auch dies dem jungen Menschen nicht vorenthalten werden. Es muss eingebettet werden in konkrete Zusammenhänge. Schmerz und Trauer des jungen Menschen müssen viel Raum bekommen, die zwei Seiten an den Eltern sind hervorzuheben:

Dein Papa ist nicht mit dieser schlimmen Tat auf die Welt gekommen. Und sie ist auch nicht vererbbar. Dein Papa war als Kind okay. Aber er wurde vielleicht durch schlimme Erfah-

rungen in seiner Seele kaputt gemacht. So konnte er sich nicht beherrschen und hat bei der Tat alle Kontrollen verloren.

> ⓘ Kinderbücher:
> Ron-Feder, G. (1996): Mein liebes Selbst.
> Koch, I./Swartz, B. (2000): Haben Häftlinge Streifen?
> www.Chance-muenster.de

6.5 Gewalt und Misshandlung

Bei Gewalt und Misshandlung in der Herkunftsfamilie müssen in der Biografiearbeit zwei unterschiedliche Ebenen unterschieden werden: Das Wissen um die Ereignisse einerseits und die traumatisierenden Auswirkungen auf das Kind andererseits. Die Bezugsperson muss wissen, auf welcher Ebene sie sich bewegt. Wurde ein Kind früh misshandelt, so müssen wir die Hinweise aus I, Kap. 6.6 berücksichtigen.

Wenn ein Kind beim Erleiden von Misshandlungen noch sehr jung war, oder wenn es das Erlebte dissoziiert[3] hat, kann ihm das Wissen vermittelt werden, ohne dass es sich selbst an die traumatischen Erfahrungen wieder erinnert:

Als du zwischen 2 und 4 Jahre alt warst, hattest du deine Mama sehr lieb. Und es gab oft schöne Tage, an denen sie guter Stimmung war. Und es gab schlimme Tage, an denen sie die Nerven verlor und dich sehr doll verhauen hat oder dich im Kleiderschrank eingesperrt hat. Du hattest Todesangst, weil deine Mama so bedrohlich und gefährlich für dich war und ihre Schläge so wehtaten. Du hattest Angst, dass sie dich nicht mehr aus dem Schrank herauslässt. Wenn der allerliebste Mensch so etwas Schlimmes tut, spüren Kinder manchmal gar nicht mehr ihre Angst und ihren Schrecken. Sie denken ganz nüchtern: Was kann ich jetzt tun? Und hinterher können sie sich an das Schlimme oft gar nicht mehr erinnern. Sie wissen noch, welche Schuhe sie anhatten, oder welche Bluse die Mama anhatte. Aber alles andere wissen sie nicht mehr. Damit schützen sich die Menschen. Wir wissen, dass dir das alles passiert ist, weil deine Schwester es der Frau Meier erzählt hat. Du selbst hast

3 dissoziiert = abgespalten, abgetrennt.

nie davon gesprochen und immer gesagt: Ich weiß das nicht mehr.

Die Ereignisse sollen im Zusammenhang (gute Erfahrungen, schlimme Erfahrungen) geschildert, die vermutlichen Erlebnisse (Panik, Angst, Verzweiflung, Abschalten, Überleben wollen …) nachvollzogen werden. Auch nicht gestellte Fragen sind zu beantworten, z. B. *Wie kommt es dazu, dass Eltern ihren Kindern so schreckliche Dinge antun?* Hier sind Kenntnisse über die Biografie der Eltern nötig. Was haben sie als Kind erlebt, was hat sie so zerstört? Es geht nie darum, die Taten zu entschuldigen. Kinder können mit Eltern als Tätern jedoch etwas besser leben und Distanz gewinnen, wenn sie nachvollziehen können, dass diese Täter einst Opfer waren.

War der Vater gegenüber der Mutter gewalttätig, sollte man dies auch schildern, aber dem Kind dennoch die Erlaubnis geben, diesen Vater zu vermissen oder ihn zu lieben. Positive und negative Seiten des Vaters sind zu betonen:

Auf der einen Seite war es oft gemütlich und lustig mit deinem Papa. Auf der anderen Seite hast du erlebt, dass der Papa die Mama geschlagen hat. Er hat ihr sehr wehgetan. Du hattest große Angst. Es war nicht richtig, dass er die Mama geschlagen hat und es tut ihm heute auch leid. Aber er kann es nicht rückgängig machen. Wenn ich so einen Papa hätte, dann hätte ich zwei Gefühle zu ihm: Auf der einen Seite fände ich gar nicht gut, dass er die Mama geschlagen hat. Auf der anderen Seite hätte ich ihn lieb, weil er eben mein Papa ist.

ⓘ Schwabe, M. (2002): Eskalation und De-Eskalation in Einrichtungen der Jugendhilfe.

Mertens, F. (1985): Ich wollte Liebe und lernte Hassen. (Zeigt, wie erfahrene Gewalt im Kindesalter später zu gewalttätigen Entladungen kommt.)

Kinderbuch:
Wilson, J. (2005 b): Lola Rose. (Darstellung der Dynamik, in der sich misshandelte Mütter mit Kindern befinden.)

Sexuelle Gewalt

Biografiearbeit kann auch mit sexuell misshandelten Mädchen und Jungen durchgeführt werden. Gerade die den Selbstwert und das Ich stabilisierenden Übungen sind für diese Kinder äußerst hilfreich. Biografiearbeit darf aber nicht die einzige Maßnahme sein. Wie alle Kinder mit traumatischen Erlebnissen bedürfen sexuell misshandelte Kinder spezifischer beraterischer und traumatherapeutischer Hilfen. Die Kommunikation über das Erlittene sollte aber nicht nur an Fachkräfte delegiert werden. Im Gegenteil: Bezugspersonen des Alltags sollten signalisieren, dass der Missbrauch nicht weiterhin ein Geheimnis ist, über das nicht gesprochen werden darf. *„Du bist ins Kinderheim gekommen, weil dir der Papa an der Scheide sehr wehgetan hat. Das dürfen Papas nicht, und deshalb hat dich Frau Müller (vom Jugendamt) zu uns gebracht, damit er dir nicht weiter wehtun kann. Wenn du möchtest, kannst du mit mir darüber sprechen“.*

Ein Kind, das mit anderen Menschen über das Erlebte gesprochen hat, kann in der Biografiearbeit durchaus noch einmal schildern, was ihm widerfahren ist. Es kann auch das Erlebte in Bildern ausdrücken. Diese können – vielleicht zugeklappt und nicht für jedermann sichtbar oder in einem Briefumschlag als „Tresor“ ins Lebensbuch eingeheftet werden.

Bei sexuellem Missbrauch in der Familie sind die Themen Verantwortung, Schuld und Scham von großer Bedeutung. Für die Familientherapeutin Cloé Madanes (1997) ist die Grundlage der Arbeit mit einer Missbrauchsfamilie die Übernahme der Verantwortung des Täters für seine Tat. Erst wenn der Täter sich vor der ganzen Familie beim Opfer entschuldigt, beginnt die therapeutische Arbeit.

Das Kind hat meist ambivalente, gute und schlechte Gefühle zum Täter. Für Fachkräfte ist das oft schwer nachzuvollziehen: Müsste das Kind nicht wütend auf den Täter sein? Die Auseinandersetzung mit den eigenen Emotionen ist deshalb eine wichtige Voraussetzung, um dem Kind nicht die eigenen Gefühle „überzustülpen“ (vgl. I, Kap. 6.1).

Wenn staatsanwaltliche Ermittlungen bevorstehen oder bereits laufen, können Gespräche mit dem Kind als „Beeinflussung“

gewertet werden. Überall dort, wo Ermittlungen und Verhöre der Kinder anstehen, ist die fachliche Hilfe von auf sexuellen Missbrauch spezialisierten Fachdiensten oder Kinderschutzzentren und -diensten[4] in Anspruch zu nehmen. Möglicherweise muss bis zum Abschluss eines Gerichtsverfahrens dieser Teil der Biografiearbeit ausgeklammert werden. Dies soll auch für das Kind transparent gemacht werden: *„Ich weiß, dass es ein Gerichtsverfahren gegen deinen Opa gibt, in welchem du befragt wirst und aussagen wirst. Bis der Prozess zu Ende ist, wollen wir deshalb hier nicht über deine Erlebnisse mit deinem Opa sprechen.“*

> ⓘ Deegener, G. (2005): Kindesmissbrauch. Erkennen, Helfen, Vorbeugen.
>
> Enders, U. (2003): Zart war ich, bitter war's. Handbuch gegen sexuellen Missbrauch.

Aufdeckung von (sexueller) Gewalt während der Biografiearbeit

Wird während der Biografiearbeit mit dem Kind ein aktueller sexueller Missbrauch oder schwerwiegende Kindesmisshandlung vermutet, so sind folgende Regeln zu beachten:

- Dem Kind glauben und es ernst nehmen.
- Ruhe bewahren! Sich selbst Hilfe und Unterstützung holen.
- Dem Kind die Erlaubnis geben, über das Erlebte zu sprechen. Es von Schuldgefühlen entlasten – der Täter trägt die Verantwortung für die Tat!
- Sich Zeit nehmen und dem Kind zuhören. Ermutigen, aber nicht „bohren“.
- Nach Drohungen des Täters fragen, diese entkräften.
- Widersprüchliche Gefühle zulassen, nicht die eigenen „aufdrängen“.
- Das Kind über das weitere Vorgehen informieren.
- Keine überstürzte Konfrontation der Familie/des Täters mit dem Verdacht!
- Keine Versprechungen machen, die man nicht einhalten kann (z. B. es niemanden weiter zu erzählen).

4 www.kinderschutz-zentren.org/

– Eine Fachkraft (Kinderschutzzentrum, -dienst, Jugendamt) hinzuziehen, weitere Schritte abstimmen[5].

Der Schutz des Kindes muss gewährleistet sein, es dürfen keine weiteren (sexuellen) Misshandlungen erfolgen.

ⓘ Gründer, M. u. a. (2008): Wie man mit Kindern darüber reden kann. Ein Leitfaden zur Aufdeckung sexueller Misshandlung.

Umgang mit vermuteten Misshandlungen in der Vergangenheit

Wenn in der Vergangenheit des Kindes (sexuelle) Misshandlungen vermutet, aber nicht eindeutig bestätigt oder abgeklärt wurden, so ist dies besonders kompliziert.

Die heute 9-jährige Melissa lebt seit sechs Jahren in einer Adoptivfamilie. Melissa hat an vielen Stellen ihres Körpers kleine runde weiße Flecken. Sie hat schon gefragt: „Wo kommen die her?“ Die Adoptivmutter hat geantwortet: „Ich weiß es nicht.“ Diese Antwort bleibt für Melissa unbefriedigend. Sie erweckt den Eindruck, die Mutter wolle etwas von Melissa fernhalten. Besser teilt die Adoptivmutter ihre Gedanken und Gefühle zu diesem Thema mit:

Ich würde das auch gern wissen. Ich habe die Ärztin gefragt. Sie sagt: Die weißen Flecken können Reste von früheren Wunden sein. Die Ärztin hat solche Flecken schon gesehen bei Kindern, die auf der Haut mit Zigaretten verbrannt wurden und sie hat solche weißen Stellen schon nach entzündeten Insektenstichen gesehen. Leider wissen wir nicht, was dir passiert ist, als du klein warst. Wir wissen nicht, ob ein Erwachsener dir so wehgetan hat oder ein Insekt. In jedem Falle muss das für dich schlimm gewesen sein und du hattest damals an diesen Stellen große Schmerzen. Das macht mich sehr traurig.

---

5 Hinweis: Niemand ist verpflichtet, bei einer Aufdeckung von sexueller Gewalt den Täter anzuzeigen. Wird allerdings die Polizei informiert, leitet sie ein Verfahren ein, da sexueller Missbrauch ein Offizialdelikt ist. Eine Strafanzeige muss deshalb sorgfältig bzgl. ihres Nutzens und Schadens für das Kind abgewogen werden, da ein Strafprozess zur Retraumatisierung führen kann. Die Verjährungsfrist bei sexuellem Missbrauch beginnt in Deutschland erst mit dem 18. Geburtstag des Opfers.

Wir können dem Kind auch Vermutungen mitteilen. Sie müssen aber vom Kind als solche erkennbar sein. Wichtig ist, immer die Informationsquelle zu nennen:

In deinem früheren Kindergarten gab es eine Erzieherin mit Namen Martina. Sie hat gesehen, wie du Gleichaltrigen in die Hose gefasst hast, um sie an ihren Geschlechtsteilen anzufassen. Auf so eine Idee kommt ein Kind nicht einfach von alleine. Martina vermutet, dass du zu Hause dasselbe bei Erwachsenen gesehen oder erlebt hast. Wenn Erwachsene das mit einem Kind tun, dann nennen wir das ‚sexuell missbrauchen.' Das Kind kann nichts dafür und schämt sich oder ist ganz durcheinander. Niemand weiß genau, was du erlebt hast und ob du sexuell missbraucht worden bist. Du weißt es vielleicht selbst nicht mehr. Klar ist nur, dass du damals anderen Kindern immer wieder in die Hose fassen wolltest.

> ⓘ Für Kinder:
> Mebes, M./Sandrock, L. (2002): Kein Küßchen auf Kommando.
> Baumann, C./del Monte, M. (2001): Lena hat Angst.
> Kluwe, S. (1995): Milan und Rea. Familiengeheimnisse.

6.6 Suizid in der Familie

> „Ich bin doch eigentlich nicht so eine schreckliche Tochter, bestimmt nicht. Aber irgendetwas hab ich falsch gemacht. Sonst hätte Mama das doch nicht getan." (Boie 2005: 114)

Ein in vielen Familien tabuisiertes und äußerst schmerzliches Thema ist die Selbsttötung oder die versuchte Selbsttötung eines Familienmitglieds. Selbsttötung ist die zweithäufigste Todesursache bei männlichen Jugendlichen und jungen Erwachsenen. Junge Mädchen und junge Frauen hingegen liegen bei den Suizidversuchen an der Spitze. „Suizid ist eine Falle: Er verstärkt bei den zurückbleibenden Menschen das Gefühl verantwortlich zu sein. Verantwortlich für das Gewesene weit über die ‚Wirklichkeit' hinaus. [...] Es wurde einem ein Stück der eigenen Zukunft geraubt, gekleidet in eine Endgültigkeit, die einen zeitweise zu erschlagen droht." (Endres 2000: 54 f.)

Wenn wir den Suizid in der Familie verheimlichen, spürt das Kind, dass etwas Besonderes mit dem Tod des Familienangehörigen verbunden ist. Ein Geheimnis lastet noch schwerer auf dem Kind als die Wahrheit. Gerade wenn die Katastrophe zur Fremdplatzierung geführt hat, so verbinden sich damit viele Fragen, die das Kind nicht wagt, auszusprechen: *„Bin ich schuld? War ich nicht brav genug? Warum habe ich es nicht verhindert? Warum habe ich nicht genug gemerkt? Wollte sie/er wirklich tot sein? Warum hat sie/er das getan?"*

Hilfreich ist, wenn die Bezugsperson für das Kind eine Themen-Seite anlegt, auf der sie Aussagen sammelt, wie es ihr oder anderen Menschen gehen würde, wenn sich ein Elternteil umgebracht hätte.

Wenn meine Mama sich selbst getötet hätte, dann …
- wäre ich immer wieder sehr verzweifelt,
- würde ich mich fragen: Hat sie mich nicht lieb gehabt?
- würde ich mich immer wieder fragen: Warum nur hat sie das getan?
- würde ich mich unendlich allein und einsam fühlen,
- wäre ich wütend und aggressiv,
- würde ich mich von ihr verlassen fühlen,
- würde ich mich fragen: was habe ich falsch gemacht?
- wüsste ich nicht, ob ich das auch einmal tue.

Es ist ein langer Prozess, bis Kinder einem Elternteil „erlauben" können, dass sie/er nicht mehr leben wollte oder konnte. „Das Durchleben der Trauer und das Akzeptieren eines Suizides sind auch für die hinterbliebenen Kinder ein Grundbaustein für ihr Weiterleben. Wer seinem/en Kind/ern die Möglichkeit dazu bietet, schafft ein Fundament, auf dem später neue Beziehungen stattfinden können." (Endres, 2000, 71)

ⓘ Paul, C. (1995): Warum hast du uns das angetan? Ein Begleitbuch für Trauernde, wenn sich jemand das Leben genommen hat.

Bronisch, T. (2006): Der Suizid. Ursachen – Warnsignale – Prävention.

Für Kinder:
Boie, K. (2005): Mit Kindern redet ja keiner. (Kind einer depressiven Mutter, die einen Suizidversuch ausübt.)

Bojunga-Nunes, L. (1993): Mein Freund, der Maler. (Ein 11-Jähriger setzt sich mit dem Suizid seines erwachsenen Freundes auseinander.)

6.7 Schwere und lebensverkürzende Krankheiten

Es gibt in unserer Gesellschaft eine große Unbeholfenheit, mit betroffenen Menschen, vor allem aber mit Kindern über die Krankheit, möglichen vorzeitigen Tod und die damit verbundene Verzweiflung, Trauer und Ohnmacht zu sprechen. Diese Gefühle nicht zuzulassen, führt jedoch zur Depression und zum Verlust von Lebendigkeit und Kontakt. So tragisch und schmerzhaft es ist, wenn das Kind, seine Geschwister, Mutter oder Vater an einer das Leben verkürzenden Krankheit leiden: Sich darauf einstellen zu können, die verbleibende Zeit bewusst miteinander zu verbringen, bedeutet eine Chance der Bewältigung. In dieser Zeit kann Biografiearbeit eine wertvolle Hilfe für alle Beteiligten sein.

Betroffene Eltern

Besonders tabuisiert wird auch heute noch HIV. Von HIV betroffene Eltern gehen sehr unterschiedlich mit ihrer Lebenssituation um. Manche informieren ihre Kinder offen und gehen gegenüber der Umwelt offensiv mit ihrer Erkrankung um. Andere halten sie geheim. Das ist gut nachvollziehbar. Mit dem Informieren des Kindes gehen neue Risiken einher: Was, wenn das Kind den Nachbarn oder in der Schule erzählt, dass seine Mutter HIV-positiv ist oder an Aids erkrankt ist? Diskriminierung, Stigmatisierung, Entwertung können für Eltern und Kind die Folge sein. Deshalb ist es wichtig, dass jungen Menschen vermittelt wird, wie sie angemessen mit den Reaktionen der Umwelt umgehen können, bzw. wem etwas über die Krankheit mitgeteilt werden kann und wem nicht.

Aids wird meist übertragen, wenn Menschen als Drogenabhängige gemeinsame Spritzen benutzen oder wenn Menschen ohne Kondom Sex haben. Menschen, die Aids haben, werden von vielen anderen Leuten ausgeschlossen und schief angesehen. Viele Leute wissen nicht genug von der Übertragung der Krankheit und haben Angst vor Ansteckung. Manchmal denken die Leute schlecht von Aidskranken, weil die Krankheit mit Sex oder mit

Drogen zu tun haben kann. Die Leute, die schlecht von Aidskranken denken, sind eigentlich dumm oder spießig. Trotzdem möchte ich nicht, dass sie dich ärgern oder dir schaden. Drum kannst du nicht jedem von meiner Krankheit erzählen. Ich weiß, dass das doof für dich ist. Aber ich möchte, dass du dich vor anderen schützt.

Natürlich gibt es keinen kompletten Schutz vor Stigmatisierung oder Ausgrenzung. Manches Kind macht hier bittere Erfahrungen. Doch die meisten Kinder können verstehen, dass es Themen gibt, die nur mit bestimmten Menschen des Vertrauens besprochen werden können. Es ist weniger belastend für ein Kind, wenn es von seinen Eltern über dramatische und ernste Erkrankungen ins Vertrauen gezogen wird, als von wichtigen Prozessen ausgeschlossen zu werden.

Manchmal werden wir von Pflegeeltern gefragt: *„Die Mutter unseres Pflegekindes ist HIV-positiv. Sollen wir dem Kind davon erzählen?“* Hat das Kind Besuchskontakte, so sollte hier zunächst ein Einvernehmen mit der Mutter hergestellt werden, dass es besser ist, wenn das Kind die Wahrheit erfährt. Dann sollte entschieden werden, ob die Mutter selbst das Kind informiert oder ob dies von den Pflegeeltern übernommen wird.

Wenn Eltern in absehbarer Zeit sterben müssen, so ist es ein wertvolles Vermächtnis, wenn sie einen Lebensbrief für ihr Kind schreiben. Mankell (2003) beschreibt, wie Entwicklungshelfer in Uganda aidskranke Eltern unterstützen, Erinnerungsbücher zu verfassen. Das dort abgedruckte „Memory Book“ einer Mutter für ihre Tochter ist ein bewegendes Dokument und eine gute Anleitung, wie man Erinnerungen strukturieren und festhalten kann. Die Mutter beschreibt darin die Geburt der Tochter, ihre Entwicklung als Baby und Kleinkind, die Einschulung und gibt Informationen über sich selber, ihre Familie und den Vater. Sie formuliert auch Hoffnungen für die Zukunft der Tochter und Gedanken über das Leben.

ⓘ Mankell, H. (2003): Ich sterbe, aber die Erinnerung lebt.

Fox, P. (2003): Jenseits der Lügen. (Junge mit aidskrankem Vater.)

Herbold, M. (2002): Papi, wir vergessen dich nicht. (Die 13-jährige Marie schildert, wie der Vater an Krebs erkrankt und stirbt.)

Betroffene Kinder

Werden Kinder in absehbarer Zeit sterben, dann benötigen sie, aber auch ihre Geschwister, möglichst konkrete Informationen, auch über die Erkrankung und ggf. den Infektionsweg, die Lebenserwartung usw. Ihre Bezugspersonen sollten bereit sein, offen über alle bevorstehenden Prozesse zu sprechen. Das gilt auch, wenn das Kind HIV-positiv oder schon erkrankt ist. Wir kennen Kinder, die täglich ihre Medikamente einnehmen, zu den Untersuchungen fahren und dennoch nicht den Namen ihrer Krankheit wissen. Dies regt das Kind zu Spekulationen oder zum Verleugnen an. Beides verbraucht seelische Energie, die dringend für Prozesse des Lebens benötigt wird. Kinder können sich der Realität ihres nahenden Todes oft besser stellen als die Angehörigen: „Manchmal konnte sie trotz ihrer Jugend so weise wie eine alte Frau sein [...] Oder wenn sie sich mit einer Offenheit über Tod, Sterben und Existenz nach dem Tod unterhielt, die mich manchmal verblüffte. So etwas konnte doch keine 14-Jährige sagen?" (Georgiadis 2005: 77).

ⓘ Student, J.-C. (2005): Im Himmel welken keine Blumen. Kinder begegnen dem Tod.

Schmitt, E. E. (2005): Oskar und die Dame in Rosa.

6.8 Wenn Informationen fehlen

Erwachsene müssen lernen, Lücken in der Biografie des Kindes zu akzeptieren und mit dem Kind aufzubereiten. Die Lücken sind eine Folge der Lebensumstände und der Startbedingungen des jungen Menschen. Manchmal gibt es Möglichkeiten, Informationen durch entsprechende Recherche doch noch zu gewinnen. Manchmal gibt es Vermutungen von Fachkräften im Jugendamt. Diese können dann auch als solche mit Quellenangabe festgehalten werden. Beruhigend wirkt auf die Kinder, wenn wir dort, wo wir etwas nicht wissen, zu Generalisierungen greifen: *Viele Mamas und Papas können nicht mit ihren Kindern zusammenleben. Sie hatten als Kind nicht genug Menschen, die für sie liebevoll gesorgt haben. Nun haben sie nicht die Reife, für ein Kind Tag und Nacht das Richtige zu tun. Das war auch bei deinen Eltern vermutlich so.*

Oft können die Kinder selbst als Informationsquelle herangezogen werden: Kinder erzählen bei ihrer Fremdplatzierung in der ersten Zeit häufig von früher. Das Erzählte kann dokumentiert werden, ohne es auf seinen Wahrheitsgehalt zu überprüfen. Die Information an das Kind kann heißen: *„Als du 4 Jahre alt warst, hast du einmal erzählt ...“*

Auch können Bezugspersonen von Verhaltensweisen des Kindes Rückschlüsse auf früher Erfahrenes ziehen:

Früher wolltest du oft gar nicht aufhören zu essen. Auch heute versteckst du ja manchmal noch heimlich Brot oder Süßes. Wir vermuten, dass du in deiner früheren Familie öfter Hunger hattest. Deine Mama konnte dir nicht all das geben, was Kinder brauchen. Sie hatte zu viele eigene Probleme.

Oder:

Als du mit drei zu uns kamst, hast du schützend deinen Arm hochgenommen, wenn einer von uns sich schnell bewegt hat. Wir vermuten, dass du früher bei Mama Regina und Papa Johann oft erschrocken bist oder gehauen wurdest. Genau wissen wir es nicht und du kannst dich auch nicht so gut erinnern. Das ist schlimm, wenn man sich als Kind von Mama oder Papa bedroht fühlt, denn gleichzeitig hat jedes Kind seine Mama und seinen Papa ja sehr lieb und braucht sie.

6.9 Bleibende Lücken in der Vergangenheit

Häufig lassen sich Einzelheiten aus dem Vorleben des Kindes nie mehr genau rekonstruieren. Sie sind auch dem Jugendamt oder den Behörden, die bei einer Auslandsadoption zuständig waren, oft nicht bekannt oder werden zurückgehalten. Die Biografie des Kindes kann manchmal nicht anhand von Fakten, aber anhand von allgemeinem Grundwissen erstellt werden. Das Kind soll vor allem gefühlsmäßig legitimiert werden, seine Eltern als zu seinem Leben dazugehörig wahrzunehmen, selbst wenn es nie die Möglichkeit haben wird, diese Eltern oder Elternteile einmal ausfindig zu machen.

Manchmal erklären Adoptiv- oder Pflegeeltern einem Kind: *„Ich weiß nichts über deine Vergangenheit.“* Dies gleicht einer Zurückweisung, weil hier ausschließlich der Mangel und das

Defizit betont werden. Besser ist die Zusicherung für das Kind: *„Ich wüsste auch gern mehr über deine Eltern. Ich stelle es mir ganz schwer vor, nicht genug zu wissen."*

Unbekannte Väter

Es gibt Väter, deren Namen bekannt sind, zu denen das Kind jedoch bisher keinerlei Kontakt hatte und Väter, die auch die Mutter namentlich nicht kennt. Und es gibt Väter, die den Müttern bekannt sind, diese möchten aber die Information nicht an das Kind weitergeben. Andere Väter wurden nie darüber informiert, dass sie eine Tochter oder einen Sohn haben.

Jungen entwickeln häufig Identitätsprobleme, wenn sie ihren Vater nicht kennen. Mädchen empfinden es als großen Verlust.

> „Die Demütigung, nicht geliebt worden zu sein, sitzt so tief, dass ich gar nicht weiß, wie ich sie aus mir herausbekommen soll. Meinen Vater bin ich jahrzehntelang losgeworden, indem ich ihn vergaß. Aber das Gefühl von Leere, das er in mir hinterlassen hat, kommt immer wieder hoch." (Plogstedt 1991: 11)

Zuallererst sollten die Mütter gewonnen werden, dem Kind etwas über seinen Vater zu erzählen bzw. zu dokumentieren. Manchmal benötigt dies Zeit und eine intensive Phase der Beratung. Es ist bereits wertvoll, wenn Mädchen und Jungen den Namen ihres Vaters wissen.

Doch auch ohne Mitarbeit der Mutter können wir dem jungen Menschen die Gewissheit vermitteln, dass er/sie einen Vater hat. Im Lebensbuch können mehrere Seiten für den unbekannten Vater eingerichtet werden. Der Vater bekommt hier symbolisch einen Platz.

Du bestehst wie alle Menschen aus Mutter und Vater. Du bist der beste Beweis dafür, dass es deinen Vater gibt oder einmal gab. Folgende Eigenschaften könntest du von deinem Vater haben: Dass du so gut Musik machen kannst, dass du so gerne turnst und dich bewegst, in deinem Lachen gleichst du vielleicht deinem Vater.

Der Vater kann vom Kind oder vom Erwachsenen gemalt werden. Unscharfe Fotos, schemenhafte Abbildungen eines Mannes können eingeklebt werden mit dem Kommentar:

An dieser Stelle denke ich an meinen Vater. Ich weiß leider nicht, wie er aussieht. So stelle ich mir meinen Vater vor.

Andere junge Menschen können befragt werden, wie es ihnen ginge, wenn sie ihren Vater nicht kennen würden. Auch das Ergebnis dieser Befragung kann dokumentiert werden:

Wenn ich meinen Vater nicht kennen würde, dann …
- hätte ich eine riesengroße Sehnsucht,
- wäre ich traurig,
- würde mir ein wichtiges Stück meines Lebens fehlen,
- würde ich ihn vermissen,
- da wäre eine große Leere in mir,
- würde ich mich unvollständig fühlen,
- darf ich meine Mutter nicht verlieren, sonst bin ich ganz allein,
- dann fragte ich mich: Ist meine Mutter schuld?
- dann weiß ich nicht genau, wer ich eigentlich bin,
- dann ist das in der Schule ganz blöd, wenn man über Familie spricht,
- dann dächte ich bei fremden Männern: vielleicht ist er das?
- dann würde ich mich fragen: Weiß er denn, dass es mich gibt?
- dann würde ich mich fragen: Warum will er nichts von mir wissen?
- dann würde ich mir meinen Vater erfinden und mir einen Ort ausmalen, wo ich ihm begegne,
- würde ich mir ausdenken, wie er sein kann,
- würde ich später einmal Detektiv werden.

Auf einer nächsten Seite kann das Kind seinen Phantasievater gestalten, ihm Eigenschaften, Fähigkeiten, einen Beruf und Hobbys zuschreiben. Das Kind kann auch einen Dialog mit seinem Phantasievater führen oder ihm einen Brief schreiben. Dem jungen Menschen muss eingeräumt werden, dass es ein Verlust ist und bleibt, den Vater nicht zu kennen: *Es bleibt sicherlich für immer schwer für dich, deinen Vater nicht zu kennen, seinen Namen nicht zu wissen und keinen Weg zu haben, dies zu ändern. Ich traue dir zu, dass es dir im Laufe der Zeit gelingt, mit deinem Phantasievater zufrieden durchs Leben zu gehen.*

Findelkind

Annehmende Eltern eines Findelkindes können ähnlich verfahren wie Bezugspersonen von Kindern, deren Vater unbekannt ist. Sie dürfen das Kind ermutigen, Phantasieeltern zu entwickeln. Dafür müssen die Erwachsenen ihre Ratlosigkeit oder ihr Entsetzen umgewandelt haben in Trauer, die Realität respektieren und eine genaue Analyse der Geschehnisse vornehmen. „Aussetzungen geschehen seit Jahrhunderten nach zwei ‚Mustern', d.h. mit zwei unterschiedlichen Zielsetzungen: Die Aussetzung zum Leben, d.h. dass das Kind versorgt, bekleidet und so abgelegt wird, dass es binnen kürzester Zeit gefunden und betreut werden kann und die Aussetzung zum Tode: unbekleidet, schwer zugängliche Stelle, kaum zu finden." (Swientek 2001: 353).

Fast immer handelt es sich bei Kindern, mit denen wir biografisch arbeiten, um eine Aussetzung zum Leben. Dies kann dem Kind Mut machen. Die Bezugspersonen von Findelkindern müssen sich damit vertraut machen, welche Krisen und familiären Katastrophen zum Aussetzen eines Kindes führen und welche gesellschaftlichen und familiären Hintergründe es gibt: Mütter handeln in großer Panik und einem psychischen Ausnahmezustand oder sie wurden Opfer von Gewalt. Wilson (2003 b) beschreibt in einem Jugendbuch realitätsnah und einfühlsam die Situation einer jungen Mutter bei der Geburt eines später in der Mülltonne gefundenen Babys.

ⓘ Wilson, J. (2007 b): Das Mädchen aus der Tonne. (Biografiearbeit eines Findelkindes.)

Annehmende Eltern eines Findelkindes können sich mit anderen betroffenen Eltern austauschen. Ist das Kind im Inland ausgesetzt worden, so gibt es Zeitungsausschnitte, die für das Kind gesammelt werden können. Adoptiveltern von Findelkindern aus dem Ausland können Hypothesen bilden: *Wie könnte es bei unserem Kind gewesen sein?* Diese Vorstellungen können dem Kind mitgeteilt werden:

In deinem Herkunftsland gibt es viele sehr junge Mädchen als Hausangestellte. Sie werden von den Söhnen ihrer Arbeitgeber oft zum Sex gedrängt. Entziehen können sie sich nicht, sonst verlieren sie ihre Existenz. Es kommt immer wieder vor, dass diese Mädchen ihre Kinder dann vor einem Kinderheim oder vor einer Kirche ausgesetzt haben. Oder sie haben im Krankenhaus entbunden und ihr Kind dort zurückgelassen. Sie wussten, dass ihrem Kind so geholfen wird. Möglicherweise bist du das Kind aus einer solchen Verbindung. Der junge Mann, der vielleicht dein Vater ist, hat das getan, was in seinem Land üblich ist. Er war sich nicht darüber im Klaren, dass er dem Mädchen ein Leid zugefügt hat. Das ist nur eine Möglichkeit, es gibt noch viele andere. Was auch immer geschehen ist und welches Leid für deine Mutter und für dich damit verbunden ist: Das Ganze hat auch eine wunderbare Seite, nämlich: Es gibt dich. Deine Mutter hat dir dein Leben geschenkt. Und dafür danken wir deinen Eltern, was auch immer geschehen sein mag!

Das Kind soll die Gewissheit bekommen, dass seine Eltern existieren und dass es sich mit ihnen verbunden fühlen darf. Die Eltern sollen von früh an einen Platz in der annehmenden Familie erhalten. Hier der Bericht einer Adoptivmutter eines afrikanischen Findelkindes:

Für unsere Adoptivtochter haben wir zwei Statuen gekauft – eine afrikanische Frau und einen afrikanischen Mann. Diese stehen als Symbol für ihre Afrika-Eltern und unsere Adoptivtochter geht damit so um, wie sie gerade möchte (mal zündet sie eine Kerze für die Afrika-Eltern an, ein anderes Mal stellt sie Blümchen davor ... als ich einmal krank war, stellte sie die Statuen an mein Bett, dass sie mich „beschützen").

Claudia Zwiener, Fürth/Bay.

Kinder aus Babyklappe oder anonymer Geburt

Im deutschsprachigen Raum gibt es seit einigen Jahren einen gesellschaftlich erzeugten erheblichen Zuwachs an Findelkindern: Babys aus Babyklappen und anonymer Geburt. Befürworterinnen der anonymen Kindesabgabe sind davon überzeugt, dass durch diese Angebote weniger Neugeborene ausgesetzt oder getötet würden. Expertinnen und Experten bezweifeln dagegen, dass auch nur eines der anonym abgegebenen Kinder zuvor wirklich in Lebensgefahr war. Strafprozesse belegen: Babys werden von ihren Müttern in einem psychischen Ausnahmezustand getötet. Sie können nicht planmäßig oder zielgerichtet handeln. „Verdrängungsmechanismen, sei es aus Angst oder Scham, führen dazu, dass sie von der Geburt ‚überrascht' werden. Im Sinne einer Stress- oder Panikreaktion kommt es dann möglicherweise zur Tötung des Neugeborenen oder zur Aussetzung nach der Geburt. Angebote wie die anonyme Geburt oder Babyklappe werden diese Frauen nicht erreichen, da sie ja oft überhaupt ‚nicht wissen', dass sie schwanger sind" (vgl. Rohde 2003)[6].

Die Zahl der Kindstötungen und -aussetzungen bestätigt diese These: Trotz bestehenden Angeboten von Babyklappen und anonymer Geburt gibt es in Deutschland eine jährlich etwa gleich bleibende Zahl tot oder lebend aufgefundener Neugeborener, ebenso in Frankreich, wo die anonyme Geburt gegen Ende des 2. Weltkrieges wieder eingeführt wurde. Dort leben etwa 400.000 Menschen, die ihre Abstammung und die Gründe ihrer Fortgabe nicht kennen. Eine Zentralstelle wurde in Frankreich eigens dafür geschaffen, suchende anonym Geborene und Mütter zusammenzuführen. Betroffene Mütter, Adoptiveltern, aber vor allem die betroffenen Kinder werden in schwere Notlagen und Konflikte gestürzt, die oft lebenslang nicht mehr bewältigt werden können.

Das Angebot von Babyklappe und anonymer Geburt wird vermutlich von Frauen angenommen, die ihr Kind nicht töten würden, aber die bürokratischen Hürden einer Adoptionsfreigabe umgehen wollen. Gründe dafür können der Druck durch andere sein, etwa bei Zwangsprostitution, Missbrauch oder aus kulturellen oder religiösen Motiven oder aber eine fehlende Krankenversicherung bei illegalem Aufenthalt.

Alle Mütter, die sich in ihrer Notlage auf das Angebot der anonymen Kindesabgabe einlassen, bleiben später mit ihrem Leid allein. Die Kinder fühlen sich oft lebenslang von ihren Eltern in einer besonders radikalen Form verlassen und zurückgewiesen.

---

6 Anke Rohde, terre des hommes Pressearchiv, Erklärung vom 14.05.02.

ⓘ Terre des Hommes (Hg.) (2007): Babyklappe und Anonyme Geburt – ohne Alternative?

Betroffenen Kindern kann, sobald sie dies verstehen, durchaus die tragische Dynamik der gesellschaftlichen Propagierung der anonymen Kindesabgabe dargestellt werden:

Für ein Kind aus einer Babyklappe könnte z. B. folgendes ausgesprochen oder aufgeschrieben werden:

Du weißt, dass deine leibliche Mutter oder dein Vater oder jemand anderes dich als zwei Stunden altes Baby in die Babyklappe gebracht hat. (Fotos, genauer Ort). Leider wissen wir nichts über deine Mutter und deinen Vater. Ich stelle mir vor, dass deine Mutter so ähnliche Augen hat wie du oder dass sie so lächelt wie du. Und vielleicht ist dein Vater so hübsch wie du und hat so schlanke Arme und Hände wie du. Vielleicht kamen beide aus einem anderen Land und hofften, hier in diesem Land glücklich zu werden und wurden aber bald zurückgeschickt. Es ist schwer, so gar nichts Genaues zu wissen. Wir wissen nicht, ob deine erste Mutter in den Mann, der dich gezeugt hat, verliebt war oder ob sie von ihm zum Sex gezwungen wurde. Wir wissen nicht, ob sie aus einer Familie kommt, in der eine Frau verstoßen wird, wenn sie unverheiratet ein Baby bekommt.

Auf jeden Fall war sie in großer Not. Keine Frau gibt ihr Kind leichten Herzens fort. Wenn es keine Werbung für die Babyklappe gegeben hätte, dann wäre niemand auf die Idee gekommen, dich dort abzugeben. Dann wäre deine Mutter vielleicht zur Adoptionsstelle gegangen. Sie wusste vielleicht nicht, dass man dort auch gegenüber allen, die nichts von der Schwangerschaft wissen sollen, geschwiegen hätte. Und sie hätte gesagt bekommen, wer wir sind und wir hätten ihren Namen erfahren. In jedem Fall hat deine Mutter nicht die alleinige Verantwortung, sondern auch diejenigen, die die Babyklappen anbieten. Obwohl wir so wenig wissen, wissen wir eines ganz sicher: deine Mutter oder wer auch immer dich in die Klappe gebracht hat wollte, dass du lebst und neue Eltern bekommst.

Wenn es deine Mutter war, die dich in die Babyklappe gelegt hat, so wollte sie dich bestimmt nicht traurig machen. Sie hat in diesem Moment vielleicht nur gedacht: Das ist alles zu schwie-

rig für mich. Ich schaffe das nicht mit einem Baby. Oder: niemand soll wissen, dass ich ein Baby habe. Sie dachte nicht an später, nicht, dass sie es bereuen könnte, nicht, dass du gern ihren Namen gewusst hättest. Nun müssen wir mit alldem klar kommen. Das ist gar nicht leicht. Wir trauen dir zu, dass du trotz diesem riesengroßen Kummer immer wieder froh bist und Freude an deinem Leben hast. Wir sind deiner Mutter und deinem Vater nicht böse für das, was geschehen ist. Sie wussten keinen anderen Ausweg. Wenn wir auf jemanden böse sind, dann auf jene, die deine Mutter gedrängt haben oder sie überredet haben, dich in die Babyklappe zu bringen, statt zur Adoptionsstelle zu gehen und die ihr nicht anders geholfen haben. Genau genommen sind wir aber auf gar niemanden böse: Denn wenn es alles nicht so gekommen wäre, dann wärst du nicht unser Kind. Und wir sind froh, dass du unser Kind geworden bist.

7. Berichte aus der Praxis

„In diesem Moment wurde mir zum ersten Mal bewusst,
was es ist, ein Adoptivkind zu sein. Ich war noch jemand anderes,
den ich jedoch noch gar nicht kannte.“ (Alexis 2004: 4[1])

7.1 Biografiearbeit mit Irene D.

Wir freuen uns, dass die heute 20-jährige Irene D. (aufgewachsen im SOS-Kinderdorf Pinkafeld) ihrem langjährigen Sozialarbeiter der Stadt Linz erlaubt hat, hier von der Biografiearbeit zu berichten, die er mit ihr als 16-Jährige durchführte. Wir danken auch Irenes Kinderdorfmutter und Irene für ihre Berichte aus heutiger Sicht.

Bericht des Sozialarbeiters

In den Betreuungsgesprächen wurde Irenes Wunsch nach einer Aufarbeitung der Umstände ihrer Fremdunterbringung deutlich. In einem gemeinsamen Gespräch (Irene, Kinderdorfmutter, ich) entschieden wir, Biografiearbeit durchzuführen. Es wurden wöchentliche Sitzungen vereinbart. Eine 3 Monate dauernde Vorbereitungszeit wurde einberechnet[2].

Die Bereitschaft zur Mithilfe aller angefragten Personen war bemerkenswert. Die 16 Sitzungen mit Irene dauerten etwa 50 bis 70 Minuten und fanden jeweils am Montagnachmittag im SOS-Kinderdorf statt. Wir hatten einen Raum, wo ungestörtes Arbeiten möglich war. Gelegentlich wurde ein Termin auch in Form eines Spazierganges „abgearbeitet“. Diese Gespräche waren noch einmal intensiver. Manche Themen brachte Irene in die Kinderdorffamilie ein. So begannen auch andere Kinder, sich für Biografiearbeit zu interessieren. Das Lebensbuch wird von Irene verwahrt.

1 Alexis, T.: Schnabeltiere (Unveröffentlichtes Manuskript).
2 Methodisch lehnte ich mich an das Buch von Ryan und Walker an.

Vorbereitend hatte ich wichtige Dokumente kopiert. Fragebögen wurden benutzt. Für Irene war die Geburtsurkunde ein besonderes Thema, weil die ursprüngliche Geburtsurkunde ihre Gültigkeit verloren hatte. Durch die Ehe der Mutter zum Zeitpunkt der Geburt galt Irene als eheliches Kind und führte den Familiennamen H. Später bestritt der Ehegatte der Mutter, Herr H., die Vaterschaft erfolgreich. Irene erhielt den Mädchennamen der Mutter, also D., zum Familiennamen. Auf dem „Auszug aus der Geburtenrolle“ sind der minutengenaue Geburtstermin, sowie Geburtsgewicht und Größe eingetragen. Taufschein und Staatsbürgerschaftsnachweis wurden besprochen. Es wurde ein Familienschema erstellt.

Mit Kopien von Stadt- und Landkarten gestalteten wir eine persönliche Landkarte Irenes. Ich hatte in der Vorbereitung wichtige Gebäude (Wohnhaus der Mutter, Kleinkinderheim, Kinderklinik, Geburtsklinik) fotografiert. Die Bilder wurden in das Lebensbuch eingearbeitet. Später, während der Reise in die Vergangenheit, fotografierte ich dieselben Orte mit Irene im Bild. Zunächst gab es keine Fotos von Irene als kleinem Kind. Anlässlich eines Besuches bei der mütterlichen Großmutter erhielt sie etliche Fotos.

Irene war bereits im Alter von etwa 2 Jahren durch einen Beschluss des zuständigen Pflegschaftsgerichtes im SOS-Kinderdorf untergebracht worden. Sie hatte eine sehr dramatische Schilderung der Mutter über die damalige Kindesabnahme verinnerlicht: „Der Amtsarzt der Behörde hat dich aus meinen Armen gerissen und der Sozialarbeiterin übergeben.“ Beim später durchgeführten Besuch relativierte die Mutter auf Befragen Irenes die Dramatik dieses Ereignisses. Sie erklärte: „Ich hielt dich in meinen Armen, weinte und wollte dich nicht hergeben. Auf Zureden der Sozialarbeiterin habe ich dich in ihre Arme gelegt.“ Diese Klarstellung wirkte auf Irene sichtlich entlastend. Später meinte sie: „So wild, wie ich bisher geglaubt habe, war die Sache dann doch nicht.“

Der soziale Abstieg der Mutter erzeugte bei Irene Betroffenheit, der sie zeitweilig mit „jugendlicher Coolness“ zu begegnen versuchte. Einfühlsame, aber offene Behandlung des Sachverhaltes versetzten Irene in die Lage, die Realität gut annehmen zu können.

Schließlich wurde unsere Reise in die Vergangenheit vorbereitet und durchgeführt. Wegen des langen Anreiseweges wurden dafür 2 Tage eingeplant. Die Geburtsklinik stand am Beginn des Programms. Obwohl baulich etwas verändert, konnte Irene das Kreißzimmer, in dem sie geboren wurde, besichtigen. Details wurden ihr erklärt und gezeigt, darunter auch das Waschbecken, in dem die Babys nach der Geburt gewaschen werden. Auch erhielt Irene einen Computerausdruck mit den Daten ihrer Geburt. Da Irene etliche Zeit vor dem errechneten Geburtstermin zur Welt gekommen war, musste sie zur medizinischen Betreuung in einen Brutkasten. Die ärztliche Leiterin der Kinderklinik suchte die Krankengeschichte heraus. Sie erläuterte Irene die damalige Behandlung.

Das Kleinkinderheim, in dem Irene nach ihrem Krankenhausaufenthalt für einige Wochen untergebracht war, konnte nur von außen besichtigt werden. Dort befindet sich jetzt eine andere Institution. An diesem Tage kam es in meinem Büro noch zu einem Treffen mit dem 2. Ehegatten der Mutter, Herrn H. Irene sah dieser Begegnung voll Anspannung und Erwartung entgegen. Herr H. berichtete, wie er die Mutter Irenes kennen gelernt hatte. Er erzählte über das gemeinsame Leben und sagte, er habe Irene oft gefüttert, gewickelt und im Kinderwagen spazieren geführt. Die Vaterschaft habe er erst nach entsprechenden Andeutungen der Mutter angefochten.

Am 2. Tag besuchten wir Irenes Mutter. Sie war nach mehrmaligen Ortswechseln mit ihrem 3. Ehemann, der Irene schon bekannt war, in jenes Haus zurückgekehrt, in dem es damals zur Kindesabnahme durch das Jugendamt gekommen war. Die Behausung befand sich in einem sehr desolaten und verschmutzten Zustand. Irene war von mir bereits vorher auf diese Gegebenheit vorbereitet worden.

Frau D. berichtete von dem Zusammenleben mit ihrem 2. Ehemann, von Schulden, Gewalt und Prostitution. Sie hätte bis zum 6. Monat keine Ahnung von der Schwangerschaft gehabt. Erst ihr Hausarzt habe sie auf die Schwangerschaft aufmerksam gemacht. Auch dieser Hausarzt nahm sich später in seiner Praxis ein paar Minuten Zeit für Irene. Frau D. erzählte, wie sie gemeinsam mit ihrem dritten Mann vor Jahren versucht hatte, das Sorgerecht für Irene wieder zu erlangen. Das Pflegschaftsgericht hatte den Antrag jedoch zurückgewiesen. Irene konnte sich sehr gut daran erinnern, da sie damals selbst vom Pflegschaftsrichter befragt worden war. Sehr offen sprach Frau D. dann aus, dass sie nunmehr froh sei, dass Irene im Kinderdorf leben kann.

Danach wurde noch das Pfarramt besucht, wo Irene Einsicht in das Taufbuch nehmen konnte. Nach dem Ende der „Besuchstour" war Irene ziemlich aufgewühlt. Die schlimmen Wohnverhältnisse der Mutter riefen bei ihr Betroffenheit hervor. Wie die Kinderdorfmutter mir später berichtete, hatte Irene nach dem Besuch bei der Mutter etwa 2 Wochen lang mit einem stark erhöhten körperlichen Waschbedürfnis reagiert.

In einem abschließenden Gespräch eine Woche nach dem Besuch der Vergangenheit übergab ich Irene meinen Lebensbrief. Dazu wurde das weitere Vorgehen bezüglich der Feststellung der Vaterschaft besprochen. Dieser Bereich war wegen der zu erwartenden langen Zeitdauer aus der übrigen Biografiearbeit ausgeklammert worden. Leider ist es nicht gelungen, den Vater von Irene festzustellen.

Mein Abschlussbrief an Irene

Liebe Irene! Beinahe seit 8 Jahren, seit Oktober 1994 kenne ich Dich. Durch die gemeinsame Biografiearbeit kommt es mir vor, als würde ich Dich von Geburt an kennen, was natürlich nicht stimmt. Du wurdest in eine sehr schwierige Lebenssituation hineingeboren. Wir haben erfahren, dass Deine leibliche Mutter in früheren Jahren eine sehr attraktive Frau gewesen ist. Sie ist sicher auch eine kluge und redegewandte Frau. Allerdings hat sie andere lebenspraktische Fähigkeiten nicht erworben, z. B. wie man Kinder versorgt. Davon warst Du ganz besonders betroffen. Deine Mutter hat das nicht aus Böswilligkeit getan. Sie hat dies einfach nicht gekonnt. Dass sie die Haushaltsführung nicht beherrscht, haben wir am 20. Juni bei unserem Besuch in S. ja hautnah miterlebt.

Damals, als Du gezeugt worden bist, hatte Deine Mutter große Probleme mit Alkohol- und Medikamentenkonsum. Dies hat sicherlich auch ihre Denkfähigkeit eingeschränkt. So konnte sie nicht wahrnehmen, dass da ein kleiner Mensch in ihrem Körper heranwächst. Du hast in jüngster Zeit sehr viel über Deine Geburt und Deine ersten Lebensmonate erfahren. Als Kleinkind, ja schon im Bauch Deiner Mutter, warst Du vielfältigen Gefährdungen ausgesetzt. Es waren aber auch immer Menschen da, die sich um Dich gekümmert haben: Die Ärzte und Krankenschwestern in der Frauenklinik und im Kinderkrankenhaus, die Mitarbeiterinnen und Mitarbeiter der Jugendämter, die rechtzeitig gehandelt haben, Herr H., dem man wohl viel Schlimmes vorwerfen kann, der Dich aber gepflegt hat, so gut er eben konnte. Schließlich Deine Kinderdorfmutter, die Dich mit viel Liebe „hochgepäppelt“ hat.

Wären die schlimmen Lebensumstände Deiner Mutter nicht gewesen, wäre die Welt ärmer um Dich, weil es Dich nicht geben würde. Eine ganze Menge Menschen sind so was von froh, dass es Dich gibt! Alle diese Menschen aufzuzählen, würde wohl den Platz dieses Briefes sprengen und außerdem kenne ich sie gar nicht alle. Du kannst stolz sein auf alles, was Du bisher erreicht hast. Jedenfalls bin ich mächtig stolz auf Dich und froh über Deine Entwicklung.

Liebe Irene, ich danke Dir für Deine intensive Mitarbeit, die für mich echt faszinierend war. Du warst neugierig auf die Vergangenheit und blickst voll Zuversicht in die Zukunft. Für diese, Deine Zukunft, wünsche ich Dir alles Gute.

Mit lieben Grüßen
Wilhelm Hirtl, Sozialarbeiter

Bericht von Irenes Kinderdorfmutter

In meiner Arbeit als Kinderdorfmutter hatte ich die Aufgabe, Irene bei ihrer Biografiearbeit zu begleiten. Dies war eine große Bereicherung für meine Tätigkeit. Wir sind nach Linz gefahren und haben die verschiedenen Stationen ihrer frühen Kindheit besucht. Tief bewegt war ich von den einzelnen Orten, wie der Geburtsstation, der mütterlichen Wohnung usw.

Nach dem Besuch in der Wohnung ihrer Mutter wirkte Irene sehr verstört. Ich glaube, dass es wichtig war, dass ich in diesen Stunden bei ihr gewesen bin. Während der Fahrt sagte sie zu mir, dass sie glaube, dass sie nicht mehr leben würde, wenn sie ihre Kindheit bei ihrer leiblichen Mutter verbracht hätte.

Ich denke, dass Biografiearbeit für unsere Kinder sehr wichtig ist, denn ein wesentlicher Teil ihres Lebens wird dadurch wieder thematisiert und bearbeitet. Meine Erfahrung ist, dass eine ständig begleitende Bezugsperson, die während und nach der eigentlichen Biografiearbeit für die Kinder da ist, unbedingt notwendig ist, denn auch lange danach kommen seitens der betroffenen Kinder noch Fragen bezüglich dieser Thematik. Als Begleitperson war für mich und Irene die Unterstützung durch den Psychologen sehr wichtig.

(H.S., Kinderdorfmutter.)

Rückblick von Irene D. (20 Jahre)

Die Biografiearbeit war für mich sehr interessant und wichtig, weil ich wirklich sehr viele Dinge erfahren habe, die ich sonst nie erfahren hätte. Wir sind die ganzen Jahre von der Schwangerschaft meiner Mutter bis zu meinem 16. Lebensjahr noch einmal auf genauester Spur nachgegangen und haben meine ganze Lebensgeschichte mit den dazugehörigen Personen und die verschiedensten Lebensstationen angeschaut. Das war wirklich ein sehr schönes und großes Erlebnis für mich, obwohl es dabei auch viel Negatives zum Erleben gab. Und ich habe für mein Leben viel dazu gelernt. Diese Zeit konnte ich aber nicht immer angenehm erleben, da ich positive wie auch negative Informationen bekam und damit gute Zeiten bzw. schlechte Zeiten erleben musste. Aber das war mir von Anfang an klar, dass ich mit so etwas rechnen muss.

Zum Abschluss fuhren Herr Hirtl, meine Kinderdorfmama und ich gemeinsam nach Oberösterreich und besichtigten das Spital, wo ich damals auf die Welt kam. Ich durfte in den Kreißsaal gehen, wo ich geboren wurde, und anschließend lernte ich dann dort meine Hebamme kennen, die damals auch für mich da war. Danach fuhren wir in die Kirche zu dem Taufbrunnen, wo ich damals getauft wurde, und nachher fuhren wir in ein Kinderheim, wo ich damals gewohnt habe, bevor ich ins Kinderdorf Pinkafeld kam. Diese Ereignisse der Biografiearbeit waren die Schönsten, die ich erleben durfte.

Als wir dann das zweite Mal nach Oberösterreich fuhren, fand ein großes Gespräch mit Herrn H. statt. Er hat mir auch von damals sehr interessante Sachen mitgebracht, die ich sonst wahrscheinlich nie gesehen bzw. geschenkt bekommen hätte.

Am Nachmittag fuhren wir dann zu meiner leiblichen Mutter. Dabei lernte ich gleichzeitig meinen Taufpaten kennen, von dem ich nicht sehr begeistert war. Ich konnte hautnah miterleben, wie meine leibliche Mutter wohnt und wie sie damals gewohnt hat, als sie mit mir schwanger war. Das waren Ereignisse, von denen ich sehr schockiert war, aber es war trotzdem sehr interessant für mich. Nach diesen Erlebnissen bin ich sehr dankbar und glücklich, dass ich ins Kinderdorf Pinkafeld kam und ich da glücklich und zufrieden aufwachsen durfte.

Ich bin froh, diese Biografiearbeit gemacht zu haben, da ich wahrscheinlich mein eigenes Leben nie so kennen gelernt hätte, und ich würde so eine Biografiearbeit jedem weiter empfehlen, der einmal in so schwierigen Lebensumständen war.

Zum Abschluss möchte ich noch ein ganz großes Dankeschön an meinen Fürsorger Herrn Hirtl aussprechen. Ich bin sehr froh und dankbar, dass ich ihn als meinen Fürsorger haben durfte, denn er hat mir im Leben mit der Biografiearbeit und überhaupt sehr viel weiter geholfen.

Irene D., Pinkafeld

7.2 Die Arbeit mit dem „lebensbuch“ im Vorarlberger Kinderdorf

Seit ungefähr 2 Jahren arbeiten wir mit den Kindern und Jugendlichen im Kinderdorf Kronhalde und mit Pflegekindern, die vom Pflegekinderdienst des Vorarlberger Kinderdorfes (Österreich) begleitet werden, mit unserem „lebensbuch“.

Kinder und Jugendliche setzen sich (bis auf ganz wenige Ausnahmen) sehr gern mit diesem Arbeitsmittel auseinander. Die jungen Menschen berichten, dass es ihnen Spaß und Freude bereitet, mit einer Bezugsperson der persönlichen Geschichte zu begegnen und sich mit ihrer Familie und der eigenen Person zu beschäftigen.

Sie schätzen unser Interesse an ihrer Geschichte und die Möglichkeit, diese zu dokumentieren. *„So habe ich immer etwas,* *das ich nachlesen kann, selbst wenn meine Eltern einmal gestorben sein werden. Im Lebensbuch sind viele Erinnerungen aufgeschrieben, die man sonst vergessen würde"*, meint eine Jugendliche, die nach ihren Erfahrungen mit der Arbeit mit dem „lebensbuch" gefragt worden ist.

Ich habe den Namen ..... Yvonne ..... bekommen.
Ich habe diesen Namen von ..... meinem Papa .....
bekommen, weil ..... meine Eltern ihn sehr schön .....
..... fanden! .....

Wenn du die Möglichkeit hast, kannst du deine Mutter fragen, was alles am Tag deiner Geburt geschehen ist und dies hier aufschreiben oder von ihr aufschreiben lassen:

Den Nachmittag verbrachte ich mit einer Freundin, danach ging ich nach Hause. Gegen 8h abends fingen die Wehen an, dann brachte mich mein Schwager ins Spital.

Abb. 31: Vorarlberger Kinderdorf: „lebensbuch", S. 10, Ausschnitte

Besonders spannend für die jungen Menschen ist die Auseinandersetzung mit den Eltern und ihrer Herkunftsfamilie. Mit bewundernswertem Engagement sind manche Kinder und Jugendliche dabei, Informationen von den Eltern zu bekommen. Die strukturierten Vorgaben schaffen einen guten und geschützten Rahmen für die Begleiterinnen und Begleiter und die Kinder, mit den Eltern oder anderen wichtigen Bezugspersonen Gespräche zu führen.

Wir haben die schöne Erfahrung gemacht, dass Eltern in den allermeisten Fällen gerne bereit sind, mit den Kindern und den Begleiterinnen und Begleitern sich auf diese Form der Biografiearbeit einzulassen.

Eltern und andere für das Kind in der Vergangenheit bedeutsame Menschen zeigen ein hohes Maß an Wertschätzung für diese Arbeit. Sie erleben, dass wir ihnen Verständnis und Achtung für die jeweiligen oft sehr schwierigen Lebenssituationen in der Vergangenheit und im Hier und Jetzt entgegen bringen und bestrebt sind, die Geschichte des Kindes und seiner Familie ehrlich und respektvoll an die Kinder und Jugendlichen weiterzugeben.

Für die begleitenden Erwachsenen ist das „lebensbuch“ ein gutes Instrument, mit den jungen Menschen und deren Herkunftssystem in Kontakt zu kommen. Der themenzentrierte Zugang eröffnet Möglichkeiten, die Lebenswelt des Kindes und seiner Familie kennen zu lernen und besser zu verstehen. Ein Erzieher meinte in diesem Zusammenhang: *„Ich habe durch die intensive Arbeit mit dem Kind und seinen Eltern ein tiefes ‚Mitgefühl‘ für diese Menschen und deren Situation entwickelt, was mir oft in schwierigen Situationen mit dem Kind wiederum hilfreich ist.“*

Durchgängig berichten die Begleitenden, dass Beziehungen zu den Kindern und Jugendlichen aufgebaut, gefördert und gestärkt werden. Dies ist unseres Erachtens die wohl zentralste Auswirkung unserer bisherigen Arbeit mit dem „lebensbuch“. Sowohl Kinder als auch Erwachsene berichten von einer Vertiefung der Beziehungen zueinander und von mehr Verständnis füreinander. Nicht zuletzt hat diese Arbeit auch Auswirkungen auf die Beziehung zu sich selbst. Es schafft Möglichkeiten und Voraussetzungen, sich selbst mit allen Licht- und Schattenseiten anzunehmen und Ja zu sich und zum eigenen Leben zu sagen.

Edith Engelhart-Haselwanter, Vorarlberger Kinderdorf

7.3 Erfahrungen im Eylarduswerk mit „Mein Lebensbuch“

Paulas Geschichte

Paula ist heute 20 Jahre, lebt mit ihrem Freund zusammen und hat ihre Ausbildung zur Erzieherin fast geschafft. Ein langer Weg in eine positive Zukunft liegt hinter ihr. Noch keine 5 Jahre alt, kam sie mit ihren Geschwistern von ihren leiblichen Eltern in eine Pflegefamilie. Mit 16 Jahren kam Paula schließlich in eine Wohngruppe einer Jugendhilfeeinrichtung.

Ihr leiblicher Vater verstarb vor 3 Jahren. Für Paula war der Tod des Vaters Anlass, sich intensiv mit ihrer Herkunftsfamilie zu beschäftigen. Viele Fragen tauchten auf. Paula sagte oft: „Ich weiß ja gar nichts?“.

Im Rahmen der Biografiearbeit mit „Mein Lebensbuch“ ging Paula auf die Suche nach Informationen über ihre Kindheit. Ihre Großmütter, ihre Mutter und das Jugendamt/Pflegekinderdienst waren wichtige Anlaufstellen in dieser Zeit.

Ihre Großmutter väterlicherseits hatte viele Fotos und auch ihre Mutter erzählte von vielen Ereignissen. Das „Größte“ für Paula war es, die Geschichte ihrer Geburt zu hören. Nachträglich schrieb auch die Mutter einiges für Paula auf.

Das Wissen, dass ihre Eltern für sie und ihre Geschwister nicht sorgen konnten, war belastend. Paula sagte: „Erst jetzt habe ich verstanden, dass ich keine Chance mit meinen drogenabhängigen Eltern gehabt hätte“.

Nachdem Paula viel über ihre Herkunftseltern erfahren hatte, war der nächste Schritt für sie, sich mit der Zeit in der Pflegefamilie auseinander zu setzen, die von Gewalt und Unverständnis für sie geprägt war.

„Mit dem Wachsen des Lebensbuches habe ich immer mehr über mich und meine Kindheit erfahren! Das Ich-Buch mit seinen Geschichten haben mich berührt und mich an die Anfangszeit in der Wohngruppe erinnert, mit ähnlichen Gefühlen wie der Peter aus dem Lebensbuch sie beschreibt, habe ich diese Zeit erlebt.“

Paula hat sich mit ihrer Vergangenheit – mit den für sie belastenden Situationen, weitgehend versöhnt. Heute sagt Paula: „Gut, dass es Euch für mich gegeben hat. Ihr habt den Weg in meine Zukunft begleitet und mir dabei sehr viel Unterstützung zu kommen lassen. Ich habe das Vertrauen, trotz meiner schweren Kindheit, mein Leben erfolgreich zu gestalten. Ich traue mir zu, mein Leben zu leben und ich selbst zu sein. Das Lebensbuch hat mir dabei geholfen".

Karin Mohr, Klaus ter Horst, Eylarduswerk

Gibt es jemanden, der sehr lieb zu dir gewesen ist?
Schreibe den Namen in das Herz.
Male das Herz aus.

Bist du zu jemanden sehr lieb gewesen?
Ich bin sehr lieb zu Fam. [illegible], Nadiene, Josi, Gege gewesen.
Schreibe Deinen eigenen Namen in das Herz.
Male es aus.

Janine

Wenn ich etwas schön finde, erzähle ich es allen Personen die ich nett finde und denen ich vertraue.
Wenn ich etwas schwierig finde, erzähle ich es meiner Erzieherin Gege, meinen Freunden, Gisela.

Abb. 32: Lebensbuch Eylarduswerk, Auszug

7.4 Biografiearbeit mit institutionell untergebrachten Kindern der Stadt Wien

Im März 2003 wurde im Rahmen des Amtes für Jugend und Familie ein multiprofessionell besetztes Projekt (Sozialarbeiterinnen, Sozialpädagogen und Psychologinnen) zum Thema „Biografiearbeit" gegründet. Neben intensiven Recherchen in Büchern und Internet kam es zum Austausch mit Vertreterinnen und Vertretern von anderen Jugendwohlfahrtseinrichtungen im deutschsprachigen Raum. Parallel dazu wurde die praktische biografische Arbeit mit Kindern und Jugendlichen in Wohngemeinschaften, Krisenzentren, Pflegefamilien und Familien sowie deren leiblichen Eltern-(teilen) durch Mitglieder der Arbeitsgruppe supervidiert. Es wurden Kriterien für Biografiearbeit und auch praktische Hilfsmittel (Fragebögen, Begleitbriefe, Checkliste) erarbeitet.

Biografiearbeit ist ein sehr wertvoller Beitrag zur Identitätsfindung und eine Möglichkeit zur Partizipation für die betroffenen Kinder und Jugendlichen in ihrer derzeitigen Lebenssituation. Kindern wird durch die Biografiearbeit die Möglichkeit gegeben, gemeinsam mit Erwachsenen den „Weg in die Vergangenheit" anzutreten und diese in ihre Gegenwart zu integrieren. Kindern/Jugendlichen ist es während des Prozesses erlaubt, ihre persönliche Betroffenheit, ihre Trauer, ihre Wut zu zeigen und zu definieren.

Alexander (14 Jahre, in den ersten 4 Lebensjahren an 6 verschiedenen „Stellen" untergebracht) lebte zum Zeitpunkt der Biografiearbeit bei einer Pflegefamilie: „Wow, ich hab' gar nicht gewusst, dass ich an so vielen Orten war! Haben mich die alle nicht gewollt?" Sein Selbstverständnis beinhaltete, nirgends „erwünscht" gewesen zu sein. Das Aufsuchen von Orten und der Brief einer ehemaligen Betreuerin im Kinderheim revidierte sein Selbstbild: „Alexander war ein lieber, blonder Bub, der immer zu Späßen aufgelegt war. Wir hatten ihn alle gerne!"

Der Prozess der Biografiearbeit mit Alexander dauerte etwa 9 Monate. Alexander, ein großer, immer „cooler" Bursche, war zu den Biografiearbeitstreffen extrem verlässlich und pünktlich. Er konnte manchmal seine Gefühle vor uns nicht verbergen. Dies machte uns betroffen, zeigte uns aber auch, welches Vertrauen Alexander uns als stets präsente Gesprächspartner entgegenbrachte. Die Arbeit mit Alexander war für uns ein „Geschenk“ im wahrsten, positivsten Sinne.

Leibliche Eltern (Großeltern) erleben durch unseren Wunsch, sich mit ihrer eigenen Biografie zu befassen, große Wertschätzung. Sie sind es oft nicht gewohnt, dass sich jemand für sie interessiert. Diese erlebte Wertschätzung erleichtert die Zusammenarbeit und fördert die Akzeptanz, dass das Kind (zumindest eine Zeit lang) nicht bei ihnen leben kann.

Ein Großvater, dessen Enkelkinder bei einer Pflegefamilie leben (er stammt aus Nigeria), stellte für diese eine Mappe her, in der er seine familiäre Geschichte und seinen Bezug zum Heimatland dokumentierte (samt Grafik der verschiedenen Stämme). Bewegend für mich war seine Widmung an mich: „Ich danke Frau Erlmoser sehr herzlich, dass sie mich so freundlich ermutigt hat, dieses Dokument zu schreiben.“

Ingrid Erlmoser, Stadt Wien

7.5 Autobiografiearbeit im Gruppenarbeitskontext

Seit mehreren Jahren arbeite ich als Sozialpädagogin in einer Tageseinrichtung mit Kindergruppen im Alter zwischen 7 und 13 Jahren. In unseren Tagesgruppen haben wir das Bezugspersonenprinzip. Am Anfang begleitete ich 4 von 10 Kindern als meine Bezugskinder. Im Gruppenkontext habe ich immer wieder erfahren, dass die Kinder überfordert waren, eigene Bedürfnisse, Gefühle und Werte anderen Kindern und Erwachsenen gegenüber erfolgreich zu zeigen. Bevor sich ein Kind in einer Gruppe zurechtfinden kann, muss es zuerst sich selber kennen, akzeptieren und präsentieren können. Mir wurde klar, dass die Kinder einen Rahmen brauchen, um sich regelmäßig, intensiv und unabhängig von der Gruppe mit sich selber auseinander zu setzen.

Als „Inspiration“ bei der Entwicklung meines „Ich-Mappen-Konzeptes“ diente mir ein Mädchen, das 9 Jahre alt war und dessen Vater 2 Jahre zuvor an einer Überdosis Drogen gestorben war. Das Mädchen war nicht fähig, mit sich selbst und ihrer Trauer in Kontakt zu kommen. Sie zog sich zurück. In der

Gruppe hatte sie die Mitläufer-Rolle inne und wenn sie einmal aus sich herausging, dann in Form von verbaler oder körperlicher Gewalt und Wutausbrüchen. Sie nahm mein Angebot, sich mit Blättern aus der „Ich-Mappe" zu beschäftigen zunächst an, um sich vom Gruppenalltag für einige Momente distanzieren zu können.

Die regelmäßige Arbeit mit autobiografischen Inhalten halfen ihr langsam, Ordnung in ihrer Innenwelt zu schaffen. Sie begann sich selber besser zu verstehen und sich anzunehmen. Sie hatte größere Selbstsicherheit, Mut und Freude, um ihre Wünsche, Bedürfnisse und Gefühle „nach außen" zu transportieren. Mit der Zeit reduzierte sich auch ihre Aggressivität. Wir nutzten jede Gelegenheit, um die neu entdeckten Seiten ihres Ich zu „feiern". Dieses *„Feiern"* hatte viele Formen. Mal haben wir einfach die neu entdeckte Ich-Seite „willkommen" geheißen, mal haben wir das fertig gearbeitete Blatt anderen Kindern/Erwachsenen vorgestellt, mal haben wir uns mit einem Eis nach der Arbeit belohnt.

Die Ich-Mappe begann zu wachsen und es hat nicht lang gedauert bis die Arbeit dieses Mädchens die Neugierde der anderen Bezugskinder weckte. Dabei waren auch Kinder, die am Anfang skeptisch diesem „Kinderkram" gegenüber standen. Dies war der große Durchbruch. Nach einem Jahr haben alle Kinder die Arbeit mit der eigenen Ich-Mappe wie selbstverständlich in den Gruppenalltag integriert.

Die Arbeit mit der „Ich-Mappe" ist nun seit 5 Jahren ein fest installierter Teil unserer Konzeption, ist ein Instrument zur Förderung der Selbsterkenntnis und zur eigenen Selbstdokumentation des Kindes von sich selbst und seiner Umwelt geworden. Gruppenarbeit und Biografiearbeit lassen sich sehr gut miteinander ergänzen.

Allerdings ist es notwendig, „im Meer des Gruppenalltags" „Inseln" für die Arbeit mit der „Ich-Mappe" zu finden. Dafür haben wir einerseits einen fest geplanten Rahmen in der Alltagstruktur und andererseits nutzen wir sich spontan ergebende Zeitlücken. Die Hausaufgabenzeit von 13:30 – 15:00 Uhr ist jeden Tag für alle Kinder gleich, unabhängig vom Hausaufgabenvolumen. Kinder, die weniger als die 1 ½ Stunden für ihre

Hausaufgaben benötigen, bekommen als so genannte Zusatzhausaufgabe Arbeiten an der „Ich-Mappe“. Um die Motivation der Kinder zu gewinnen, wird darauf geachtet: Wenn die regulären Hausaufgaben des Kindes z. B. überwiegend aus Deutsch bestehen, soll die Arbeit an der „Ich-Mappe“ nichts mehr mit Schreiben zu tun haben sondern mit Malen oder anderen Aktivitäten. Ich erkläre den Kindern, dass die Hausaufgaben den „Kopfmuskel“, die Arbeit an der „Ich-Mappe“ den „Ich-Muskel“ trainieren.

Abb. 33: Mein Schutzengel, Yasar, 10 Jahre

Manche Ideen für die „Ich-Mappe“ entwickelte ich speziell für einzelne Kinder. Zum Beispiel: Ein 8-jähriges Kind ist durch Probleme, deren Ursachen weit zurück liegen, blockiert. Es nässt Tag und Nacht ein. Daraus ergab sich der Bedarf, zusammen mit dem Kind heraus zu finden, was ihm eine annehmbare Unterstützung sein könnte. So wurde als Helfer für dieses Kind der Schutzengel erfunden. Yasar, 10 Jahre alt, hat genau so wie das oben genannte Kind das Symbol des Schutzengels als Unterstützungsform für seine Entwicklung gewählt und sein Bild seines Schutzengels uns für dieses Buch zu Verfügung gestellt.

Es ist von elementarer Bedeutung, dass die Erwachsenen selber hinter dem Sinn der Autobiografiearbeit stehen. Sie ist eine anstrengende Reise zu sich selbst. Diese Reise baut Wege in die Vergangenheit, in die Zukunft und bringt die Gegenwart in Licht und Schatten zusammen. Um beim Kind Mut, Vertrauen und Hoffnung in eine solche Reise zu erhalten, ist eine liebevolle und konsequente Begleitung der Erwachsenen sehr wichtig. Der Erwachsene ist das Vorbild, an welchem das Kind sich immer wieder orientiert in seiner Motivation und Ernsthaftigkeit während der Auseinandersetzung mit seiner Geschichte.

Die regelmäßige Arbeit mit der Ich-Mappe brachte für die Kinder reichliche, willkommene Selbsterkenntnisse und eine Steigerung des Selbstwertgefühls. Durch die Arbeit wurde das eigene „Ich" für sich und die anderen sichtbar. Mit Stolz und Freude präsentierten diese Kinder ihren Eltern, Lehrern, oder anderen Erwachsenen/Kindern das eigene „Ich" zu verschiedensten Anlässen. Außerdem trainierten die Kinder, sich bewusst und vorurteilsfrei zu beobachten, zu beschreiben und festzustellen, wo ihre Erfolge und Stärken sind und wo sie nach weiteren Alternativen in ihrem Verhalten suchen müssen. Eine weitere Begleiterscheinung dieser Arbeit war, dass die Eltern und das soziale Umfeld bei der Betrachtung der Ergebnisse aus der Ich-Mappe neue Perspektiven im Vergleich zum „Problem-Kind", „gewalttätigen Kind", „dickköpfigen Kind", usw. gewannen.

Die Vorliebe der Kinder für Themen aus der Ich-Mappe ist immer unterschiedlich, je nach den Erfahrungen und der Persönlichkeit des einzelnen Kindes. Allgemein habe ich aber eine große Freude bemerkt bei der Arbeit mit den Inhalten, die zukunftsorientiert sind wie „Mein zukünftiges Haus", „Meine zukünftige Familie, etc." Daraus resultierte die Erkenntnis, dass der Bedarf, autobiografisch zu arbeiten, sich nicht nur auf die Vergangenheit und Gegenwart erstreckt, sondern auch auf die eigenen Zukunftsvisionen.

Viorica Tudor, Stadt Stuttgart

Abbildungsverzeichnis

Abb. 1: Genogramm ... 19
Abb. 2: Vier Dimensionen der Elternschaft ... 31
Abb. 3: Meine Familie, Sabrina, 12 Jahre ... 56
Abb. 4: Mein größter Traum, Nicole, 14 Jahre ... 59
Abb. 5: Meine 10 wichtigsten Gefühle, Junge, 10 Jahre ... 81
Abb. 6: Wappen ... 104
Abb. 7: Steckbrief ... 107
Abb. 8: Persönlicher Fragebogen ... 108
Abb. 9: Mein „inneres Haus“ ... 109
Abb. 10: Mein Haus, Laura, 6 Jahre ... 110
Abb. 11: Meine Freunde, Anthony, 11 Jahre ... 111
Abb. 12: Vier Elternschaften ... 113
Abb. 13: Haus meines Lebens ... 115
Abb. 14: Familienrad, Nicole, 14 Jahre ... 116
Abb. 15: Genogramm, gezeichnet mit Kindern ... 117
Abb. 16: Gefühlstagebuch ... 119
Abb. 17: Meine Geburt ... 121
Abb. 18: Mein Ankunftstag ... 123
Abb. 19: Lebensspirale, Entwurf: Birgit Gutting ... 124
Abb. 20: Lebenslinie ... 125
Abb. 21: Meine zukünftige Familie, Ulrike, 9 Jahre ... 129
Abb. 22: Mein Name ... 134
Abb. 23: Coverstory ... 137
Abb. 24: Gefühlskartenvorlage. Entwurf: Birgit Gutting. ... 137
Abb. 25: Lebenskette ... 144
Abb. 26: Biografiememory ... 145
Abb. 27: Lebenslinienspiel: Spielbrett ... 146
Abb. 28: Lebenslinienspiel: Fragen ... 147
Abb. 29: Auszug aus dem Bilderbuch für Sarah Maria ... 166
Abb. 30: Merkzettel für einen Jugendlichen ... 172
Abb. 31: Vorarlberger Kinderdorf: „lebensbuch“, S. 10, Ausschnitte ... 214
Abb. 32: Lebensbuch Eylarduswerk, Auszug ... 217
Abb. 33: Mein Schutzengel, Yasar, 10 Jahre ... 221

Literatur

Alberti, B. (2005): Die Seele fühlt von Anfang an. Wie pränatale Erfahrungen unsere Beziehungsfähigkeit prägen. München: Kösel.

Allende, I. (2003): Porträt in Sepia. Frankfurt a. M.: Suhrkamp.

Armstrong, T. (2002): Das Märchen vom ADHS-Kind. Paderborn: Junfermann.

Axline, V. (1969): Spieltherapie im nicht-direktiven Verfahren. In Biermann, G.: Handbuch der Kinderpsychotherapie. Band 1, München: E. Reinhardt, S. 185-192.

Baltes, P.B. (1984): Intelligenz im Alter. Spektrum der Wissenschaft, 5/1984. Heidelberg: Spektrumverlag, S. 46-60.

Bank, S. P./Kahn, M. D. (1994): Geschwister-Bindung. München: dtv.

Beeck, K. (2005): Mama sagt, die Zahnpasta ist vergiftet. Wie Erzieher/innen Kinder psychisch kranker Eltern unterstützen können. www. Netz-und-Boden.de

Beeck, K. (2006): Kinder psychisch kranker Eltern. Ein Thema für die Schule! Unterstützungsmöglichkeiten von Lehrkräften, Gesprächsführung mit betroffenen Kindern, Materialempfehlungen für den Unterricht. www. Netz-und-Boden.de.

Blandow, J. (2002): Die emotionale Brisanz ist enorm. Interview über die Besonderheiten der Verwandtenpflege, Netz Nr. 1/2002, Zürich, Pflegekinderaktion Schweiz, S. 22-25.

Blandow, J. (2004): Pflegekinder und ihre Familien. Weinheim: Juventa.

Bott, R. (Hrsg.) (1995): Adoptierte suchen ihre Herkunft. Göttingen: Vandenhoeck u. Rupprecht.

Bowlby, J. (2006 a): Bindung und Verlust. Band 1. Bindung. München: E. Reinhardt.

Bowlby, J. (2006 b): Bindung und Verlust. Band 2. Trennung. München: E. Reinhardt.

Bowlby, J. (2006 c): Bindung und Verlust. Band 3. Verlust. München: E. Reinhardt.

Brisch, K. H./Hellbrügge, T. (Hrsg.) (2006): Kinder ohne Bindung. Deprivation, Adoption und Psychotherapie. Stuttgart: Klett-Cotta.

Bronisch, T. (2006): Der Suizid. Ursachen – Warnsignale – Prävention. München: C. H. Beck.

Bucharina, A. L. (1989): Nun bin ich schon weit über zwanzig. Erinnerungen. Göttingen: Steidl.

Bühler, C. (1959): Der menschliche Lebenslauf als psychologisches Problem. Göttingen: Hogrefe.

Butler, R. N. (1963): The Life Review: An Interpretation of Reminiscence in the Aged. In Psychiatry, Vol. 26, S. 65-76.
De Mille, R. (1994): Setz die Mutter auf den Tiger. Phantasieexperimente für Kinder. Salzhausen: Iskopress.
Deegener, G. (2005): Kindesmissbrauch. Erkennen, Helfen, Vorbeugen. Weinheim: Beltz.
Delfos, M. F. (2004): „Sag mir mal …“. Gesprächsführung mit Kindern. Weinheim: Beltz.
Dietz, K./Spicker, M. (2000): Alkohol – kein Problem? Suchtgefahren erkennen – richtig handeln. Weinheim: Beltz.
Dolto, F. (1997): Die ersten fünf Jahre, Alltagsprobleme mit Kindern. München: Heyne.
Dornes, M. (1993): Der kompetente Säugling. Frankfurt a. M.: Fischer.
Dornes, M. (1997): Die frühe Kindheit. Frankfurt a. M.: Fischer.
Dornes, M. (2000): Die emotionale Welt des Kindes. Frankfurt a. M.: Fischer.
Dusolt, H. (Hrsg.) (2000): Schritt für Schritt. Ein Leitfaden zur Gestaltung des Zusammenlebens in Stieffamilien. München: Profil.
Eliacheff, C. (1997): Das Kind, das eine Katze sein wollte. Psychoanalytische Arbeit mit Säuglingen und Kleinkindern. München: dtv.
Enders, U. (2003): Zart war ich, bitter war's. Handbuch gegen sexuellen Missbrauch. Köln: Kiepenheuer und Witsch.
Endres, P. (2000): Papa hat sich umgebracht! Mama, wie lang weinst du noch? Suizid in der Familie. Unveröffentlichte Diplomarbeit: Hochschule für Sozialwesen, Religionspädagogik und Pflege, Freiburg.
Engelhart-Haselwanter, E. (2006): Lebensbuch des Vorarlberger Kinderdorfes. Bregenz: Vorarlberger Kinderdorf.
Erikson, E. H. (1968): Kindheit und Gesellschaft. Stuttgart: Ernst Klett.
Erikson, E. H. (1998): Identität und Lebenszyklus. Frankfurt a. M.: Suhrkamp.
Fingerle, M. (1999): Resilienz – Vorhersage und Förderung. In Opp, G. u. a. (Hrsg.): Was Kinder stärkt. München: E. Reinhardt, S. 94-98.
Fischer, G./Riedesser, P. (2003): Lehrbuch der Psychotraumatologie. München: E. Reinhardt.
Frank, A. (1980): Das Tagebuch der Anne Frank. Frankfurt a. M.: Fischer.
Freud, A. (1973): Erziehung des Kleinkindes vom psychoanalytischen Standpunkt aus. In Meng, H. (Hrsg.): Psychoanalytische Pädagogik des Kleinkindes. München: E. Reinhardt.

Furmann, B. (2005): Es ist nie zu spät, eine glückliche Kindheit zu haben. Dortmund: Borgmann.

Geldard, K./Geldard, D. (2003): Helfende Gruppen. Eine Einführung in die Gruppenarbeit mit Kindern. Weinheim: Beltz.

Georgiadis, M. (2005): Beim Sterben von Christine. In Student, J.-C.: Im Himmel welken keine Blumen. Kinder begegnen dem Tod. Freiburg: Herder, S. 75-92.

Goldman, L. (2000): Life and Loss. A guide to help grieving children. Philadelphia, Pennsylvania: Taylor and Francis.

Gordon, T. (1972): Familienkonferenz. Die Lösung von Konflikten zwischen Eltern und Kind. Hamburg: Hoffmann und Campe.

Gründer, M. u. a. (2004): Wie man mit Kindern darüber reden kann. Ein Leitfaden zur Aufdeckung sexueller Misshandlung. Weinheim: Juventa.

Gudjons, H. u. a. (2003): Auf meinen Spuren. Das Entdecken der eigenen Lebensgeschichte. Vorschläge und Übungen für pädagogische Arbeit und Selbsterfahrung. Hamburg: Bergmann und Helbig.

Heidenreich, G. (2004): Das endlose Jahr. Die langsame Entdeckung der eigenen Biografie – ein Lebensbornschicksal. Frankfurt a. M., Fischer.

Hildenbrand, B. (2005): Einführung in die Genogrammarbeit. Heidelberg: Carl-Auer-Systeme.

Hinderer, P./Kroth, M. (2005): Kinder bei Tod und Trauer begleiten. Konkrete Hilfestellungen in Trauersituationen für Kindergarten, Grundschule und zu Hause. Münster: Ökotopia.

Hjern, A. u. a. (2002): Suicide, psychiatric illness, and social maladjustment in intercountry adoptees in Sweden: a cohort study. The Lancet, Volume 360, Stockholm, S. 443-448.

Hobday, A./Ollier, K. (2006): Helfende Spiele. Kreative Lebens- und Konfliktberatung von Kindern und Jugendlichen. Weinheim: Juventa.

Hüther, G./Krens, I. (2005): Das Geheimnis der ersten neun Monate. Unsere frühesten Prägungen. Düsseldorf: Walter.

Imber-Black, E. (2000 a): Die Macht des Schweigens. Geheimnisse in der Familie. München: dtv.

Imber-Black, E. (Hrsg.) (2000 b): Geheimnisse und Tabus in Familien und Familientherapie. Freiburg: Lambertus.

Jansen, H. (2002): Über tausend Hügel wandere ich mit dir. Stuttgart: Thienemann.

Jewett Jarratt, C. (2006): Trennung, Verlust und Trauer. Was wir unseren Kindern sagen – wie wir Ihnen helfen. Weinheim: Beltz.

Kasten, H. (1998): Geschwister – Vorbilder, Rivalen, Vertraute. München: E. Reinhardt.

Kasten, H. (1999): Pubertät und Adoleszenz. Wie Kinder heute erwachsen werden. München: E. Reinhardt.

Kasten, H. (2004): Entwicklungspsychologische Grundlagen. 0-3 Jahre. Weinheim: Beltz.

Kasten, H. (2005): Entwicklungspsychologische Grundlagen. 4-6 Jahre. Weinheim: Beltz.

Kaufmann, R. (1990): Die Familienrekonstruktion. Erfahrungen – Materialien – Modelle. Heidelberg: Roland Asanger.

Kerkhoff, B./Halbach, A. (2002): Biografisches Arbeiten. Hannover: Vincentz.

Klingenberger, H. (2003): Lebensmutig. Vergangenes erinnern. Gegenwärtiges entdecken. Künftiges entwerfen. München: Don Bosco.

Krähenbühl, V. u. a. (2001): Stieffamilien. Struktur, Entwicklung, Therapie. Freiburg: Lambertus.

Kroh, O. (1961): Entwicklungspsychologie des Grundschulkindes. (T. 1). Die Phasen der Jugendentwicklung. Weinheim: Beltz.

Krüger, A./Reddemann, L. (2007): Psychodynamisch Imaginative Traumatherapie für Kinder und Jugendliche. PITT-KID – Das Manual. Stuttgart: Klett-Cotta.

Kunz, S. (2002): Erzähl mir meine Geschichte – Wie sag ich's meinem Kind. Darmstadt: Selbstverlag.

Lackner, R. (2004): Wie Pippa wieder lachen lernte. Fachliche Hilfe für traumatisierte Kinder. Wien: Springer.

Lattschar, B. (2003): Sprünge und Brüche im Leben von Kindern – Biografiearbeit mit Kindern mit Migrationserfahrung. In EB-Kurier 2004: „Wo komme ich her – wo gehöre ich hin?" Biografiearbeit mit Kindern und Jugendlichen in der Erziehungsberatung. Dokumentation der Jahrestagung 2003 der LAG Erziehungsberatungin Hessen e.V., S. 58-66.

Lattschar, B. (2004): Biografiearbeit mit Kindern im Betreuten Umgang. In Klinkhammer u. a. (Hrsg.): Handbuch Begleiteter Umgang. Pädagogische, psychologische und rechtliche Aspekte. Köln: Bundesanzeiger Verlag, S. 225-237.

Lattschar, B. (2005 a): „Das Buch über mich" – Biografiearbeit anhand eines Lebensbuches. In Forum Erziehungshilfen 3/2005: IGfH, Frankfurt a. M., S. 152-155.

Lattschar, B. (2005 b): Biografiearbeit in der Erziehungshilfe. In Heilpädagogik.de 3/2005, Fachzeitschrift des Berufsverbandes für Heilpädagogen, S. 9-14.

Lattschar, B. (2007): Biografiearbeit. In Pousset, R. (Hrsg.): Handwörterbuch für Erzieherinnen und Erzieher. Berlin: Cornelsen Scriptor, S. 80-82.

Laucht, M. (1999): Risiko vs. Schutzfaktor. In Opp G. u .a. (Hrsg.): Was Kinder stärkt. München: E. Reinhardt, S. 303-314.
Levine, P. A./Kline, M. (2005): Verwundete Kinderseelen heilen. Wie Kinder und Jugendliche traumatische Erlebnisse überwinden können. München: Kösel.
Lindmeier, C. (2004): Biografiearbeit mit geistig behinderten Menschen. Ein Praxisbuch für Einzel- und Gruppenarbeit. Weinheim: Juventa.
Lösel, F./Bender, D. (1999): Von generellen Schutzfaktoren zu differentiellen Prozessen: Ergebnisse und Probleme der Resilienzforschung. In Opp G. u. a. (Hrsg.): Was Kinder stärkt. München: E. Reinhardt, S. 37-58.
Lueger-Schuster, B./Pal-Handl, K. (2004): Wie Pippa wieder lachen lernte. Elternratgeber für traumatisierte Kinder. Wien: Springer.
Madanes, C. (1997): Sex, Liebe und Gewalt. Heidelberg: Auer.
Mankell, H. (2003): Ich sterbe, aber die Erinnerung lebt. Wien: Zsolnay.
Marmann, A. (2005): Kleine Pädagogen. Eine Untersuchung über leibliche Kinder in familiären Settings öffentlicher Erziehung. Frankfurt a. M.: IGfH.
Mattejat, F. (o. J.a): Wenn eine Mutter oder ein Vater psychische Probleme hat ... Wie geht es dann den Kindern? www.psychiatrie.de/dachverband/broschueren
Matějček, Z. (2006): Ehemalige Heimkinder in Adoption und Familienpflege. Erfahrungen aus der Tschechischen Republik. In Brisch, K. H./Hellbrügge, T. (Hrsg.): Kinder ohne Bindung. Deprivation, Adoption und Psychotherapie. Stuttgart: Klett-Cotta, S. 169-182.
McCourt, F. (1996): Die Asche meiner Mutter. München: Luchterhand.
McGoldrick, M./Gerson, R. (2002): Genogramme in der Familienberatung. Bern: Huber.
Mehringer, A. (1992): Eine kleine Heilpädagogik. Vom Umgang mit schwierigen Kindern. München: E. Reinhardt.
Mertens, F. (1985): Ich wollte Liebe und lernte Hassen. Zürich: Diogenes.
Miller, A. (2004): Das Drama des begabten Kindes. Frankfurt a. M.: Suhrkamp.
Mohr, K./ter Horst, K. (2006): Mein Lebensbuch. Bad Bentheim: Eylarduswerk e.V.
Müller, E. (2000): Du spürst unter deinen Füßen das Gras. Autogenes Training in Phantasiereisen und Märchenreisen. Vorlesegeschichten. Frankfurt a. M.: Fischer.
Mueller-Harju, D./Noll, H. (1997): Beruf und Lebenssinn in Einklang bringen. Zwei Wege zum Umdenken. München: Kösel.

Murdock, M. (1998): Dann trägt mich meine Wolke ... Wie Große und Kleine spielend leicht lernen. Freiburg: Bauer.

Normann, E. (2003): Erziehungshilfen in biografischen Reflexionen. Weinheim: Beltz.

Oaklander, V. (2004): Gestalttherapie mit Kindern und Jugendlichen. Stuttgart: Klett-Cotta.

Obermann, C. (2006): Die eigenen Wurzeln kennen lernen. Wien: Aktuell Nr. 2/2006, S. 8-9.

Ognjenović, V. (2005): Es soll dir gut gehen! 50 Workshops für die sozialtherapeutische Arbeit mit traumatisierten Kindern und Erwachsenen. Weinheim: Juventa.

Omer, H./von Schlippe, A. (2002): Autorität ohne Gewalt. Coaching für Eltern von Kindern mit Verhaltensproblemen. Göttingen: Vandenhoek und Ruprecht.

Opp, G. u. a. (Hrsg.) (1999): Was Kinder stärkt. Erziehung zwischen Risiko und Resilienz. München: E. Reinhardt.

Osborn, C. u. a. (1997): Erinnern. Eine Anleitung zur Biographiearbeit mit alten Menschen. Freiburg: Lambertus.

Paul, C. (1995): Warum hast du uns das angetan? Ein Begleitbuch für Trauernde, wenn sich jemand das Leben genommen hat. Gütersloh: gtvh.

Pepys, S. (2004): Die geheimen Tagebücher. Hrsg.: Kriegel, V./Willemsen, R., Berlin: Eichborn.

Pfeffer, S. (2002): Emotionales Lernen. Weinheim: Beltz.

Piaget, J. (1973): Das Erwachen der Intelligenz beim Kinde. Stuttgart: Klett.

Piaget, J. (1986): Die moralische Regel beim Kind. In Bertram, H. u.a. (Hrsg.): Gesellschaftlicher Zwang und moralische Autonomie. Frankfurt a. M.: Suhrkamp, S. 106-117.

Piaget, J. (1992): Das Weltbild des Kindes. München: dtv.

Plass, J. (2005): Stark werden trotz schwieriger Kindheit. Psychische Widerstandskraft im Kinder- und Jugendalter. Frankfurt a. M.: LAG Info, www.erziehungsberatung-hessen.de

Plogstedt, S. (1991): Niemandstochter. Auf der Suche nach dem Vater. Piper: München.

Pousset, R. (2002): Biografiearbeit. In Pousset, R. (Hrsg.): Altenpflege kompakt. Schlüsselbegriffe der Ausbildung und Praxis. Weinheim: Beltz, S. 93-95.

Raabe, W. (2004): Biografiearbeit in der Benachteiligtenförderung. Darmstadt: hiba Verlag.

Reddemann, L. (2001): Imagination als heilsame Kraft. Zur Behandlung von Traumafolgen mit ressourcenorientierten Verfahren. Stuttgart: Pfeiffer.

Reddemann, L. (2004 a): Psychodynamisch Imaginative Traumatherapie. Stuttgart: Pfeiffer.

Reddemann, L. (2004 b): Eine Reise von 1000 Meilen beginnt mit dem ersten Schritt. Seelische Kräfte entwickeln und fördern. Freiburg: Herder.

Reddemann, L., Dehner-Rau, C. (2006): Trauma. Folgen erkennen, überwinden und an ihnen wachsen. Stuttgart: Trias

Reichling, U./Wolters, D. (1994): Hallo, wie geht es dir? Gefühle ausdrücken lernen. Mülheim: Verlag an der Ruhr.

Reintgen, F./Vellguth, K. (2001): Menschen – Leben – Träume. Der Firmkurs. Werkbuch für die BegleiterInnen der Jugendlichen. Freiburg: Herder.

Rohde, A., (2003): Welche Mütter töten ihre Kinder? In Terre des Hommes (Hrsg.): Babyklappe und Anonyme Geburt – ohne Alternative? Osnabrück: tdh, S. 132-146.

Rosenberg, M. B. (2005): Gewaltfreie Kommunikation. Paderborn: Junfermann.

Rowling, J. K. (1998): Harry Potter und der Stein der Weisen. Hamburg: Carlsen.

Ruhe, H. G. (2007): Methoden der Biografiearbeit. Lebensspuren entdecken und verstehen. Weinheim: Juventa.

Ryan, T./Walker, R. (2004): Wo gehöre ich hin? Biografiearbeit mit Kindern und Jugendlichen. Weinheim: Juventa.

Sanders, P./Swinden, L. (1992): Lieben, Lernen, Lachen. Sexualerziehung für 6-12-Jährige. Mülheim: Verlag an der Ruhr.

Schäfers, B. (1992): Grundbegriffe der Soziologie. Opladen: Leske + Budrich.

Schenk-Danzinger, L. (1994): Entwicklung, Sozialisation, Erziehung, Von der Geburt bis zur Schulfähigkeit. Wien: Klett-Cotta, ÖBV Pädagogischer Verlag.

Schinkel, G. (2006): Bin ich ihr ähnlich? Norderstedt: Books on Demand.

Schleiffer, R. (2007): Der heimliche Wunsch nach Nähe. Bindungstheorie und Heimerziehung. Weinheim: Juventa.

Schmitt, E. E. (2005): Oskar und die Dame in Rosa. Frankfurt a. M.: Fischer.

Schuch, J. (o. J.): Interkulturelle Öffnung der Jugendhilfe. In Becker-Textor, I./Textor, M. R. (Hrsg.): SGB VIII Online Handbuch. www.sgbviii.de/S155.html

Schulze, T. (2002): Biografieforschung und Allgemeine Erziehungswissenschaft. In Kraul, M./Marotzki, W. (Hrsg.): Biografische Arbeit. Opladen: Leske und Budrich, S. 22-48.

Schwabe, M. (2005): Methoden der Hilfeplanung. Frankfurt a. M.: IGfH.

Schwabe, M. (2007): Eskalation und De-Eskalation in Einrichtungen der Jugendhilfe. Frankfurt a. M.: IgfH.
Spangler, G./Zimmermann, P. (Hrsg.) (1995): Die Bindungstheorie. Grundlagen, Forschung und Anwendung. Stuttgart: Klett-Cotta.
Sperlich, C. (2002): Zu Hause – wo ist das? Kinder auf der Flucht. Sozialpädagogisches Institut im SOS-Kinderdorf e.V. (Hrsg.): Migrantenkinder in der Jugendhilfe. München: SPI, S. 67-74.
Strobach, S. (2002): Scheidungskindern helfen. Übungen und Materialien. Weinheim: Beltz.
Student, J.-C. (2005): Im Himmel welken keine Blumen. Kinder begegnen dem Tod. Freiburg: Herder.
Swientek, C. (2001): Warum anonym – und nicht nur diskret? Familie, Partnerschaft, Recht Nr. 5/2001. München: C. H. Beck, S. 353-357.
Tausch-Flammer, D./Bickel, L. (1998): Wenn Kinder nach dem Sterben fragen. Ein Begleitbuch für Kinder, Eltern und Erzieher. Freiburg: Herder.
Terre des Hommes (Hrsg.) (2007): Babyklappe und Anonyme Geburt – ohne Alternative? Osnabrück: tdh.
Thomas, W. I./Znaniecki, F. (1984): The Polish Peasant in Europe and America. Urbana/Chicago: University of Illinois Press.
Tisseron, S. (2002): Die verbotene Tür. Familiengeheimnisse und wie man mit ihnen umgeht. Reinbek: Rowohlt.
Weinberger, S. (2005): Kindern spielend helfen. Eine personzentrierte Lern- und Praxisanleitung. Weinheim: Juventa.
Weiß, W. (2004): Philipp sucht sein Ich. Zum pädagogischen Umgang mit Traumata in den Erziehungshilfen. Weinheim: Juventa.
Wiemann, I. (1999): Kontakte von Pflegekindern zu ihren Angehörigen. Kindeswohl Nr. 3/1999. Idstein: Schulz-Kirchner, S. 8-13.
Wiemann, I. (2003): Pflege- und Adoptivkinder. Familienbeispiele, Informationen, Konfliktlösungen. Reinbek: Rowohlt.
Wiemann, I. (2004 a): Biografiearbeit mit Kindern ausländischer Herkunft. In Ryan, T./Walker, R.: Wo gehöre ich hin? Biografiearbeit mit Kindern und Jugendlichen. Weinheim: Juventa, S. 135-141.
Wiemann, I. (2004 b): Biografiearbeit. Heilungschance für seelisch verletzte Kinder. www.irmelawiemann.de/dl/dl.pdfa? download= Biografiearbeit_Heilungschance_Wiemann.pdf.
Wiemann, I. (2005): Ratgeber Pflegekinder. Erfahrungen, Hilfen, Perspektiven. Reinbek: Rowohlt.
Wiemann, I. (2006 a): Ratgeber Adoptivkinder. Erfahrungen, Hilfen, Perspektiven. Reinbek: Rowohlt.
Wiemann, I. (2006 b): Wie viel Wahrheit braucht mein Kind? Von kleinen Lügen, großen Lasten und dem Mut zur Aufrichtigkeit in der Familie. Reinbek: Rowohlt.

Kinder- und Jugendbücher

Ballinger, E. (1998): Ich! Das Buch über mich. Wien: Betz.

Baumann, C./del Monte, M. (2001): Lena hat Angst. Köln: mebes & noack.

Bohmann, G. (1999): So ist das, wenn man sich lieb hat. Hamburg: Oetinger.

Boie, K. (1985): Paule ist ein Glücksgriff. Hamburg: Oetinger.

Boie, K. (2005): Mit Kindern redet ja keiner. Frankfurt a. M.: Fischer.

Bojunga-Nunes, L. (1993): Mein Freund, der Maler. Ravensburg: Otto Maier.

Brett, D. (2004): Anna zähmt die Monster. Therapeutische Geschichten für Kinder. Salzhausen: Iskopress.

Curtis, J.L. (2000): Erzähl noch mal, wie wir eine Familie wurden. Hamburg: Edition Riesenrad.

Dietrich, B. (2005): Eltern im Doppelpack, die Patchworkfamilie. Ein Trostbuch für Kinder. Woldert: Smaragd-Verlag.

Eggermann, V./Janngen, L. (2004): Fufu und der grüne Mantel. Wedel: AstraZeneca GmbH.

Fox, P. (2003): Jenseits der Lügen. Hamburg: Carlsen.

Fried, A./Gleich, J. (1997): Hat Opa einen Anzug an? München: Hanser.

Funke, C. (2005): Tintenherz. Hamburg: Dressler.

Girardelli, M./Menia, G. (2002): Der wundrige Oskar. Bregenz: Vorarlberger Kinderdorf.

Hendriks, T. (1996): Das Haus mit dem blauen Dach. Stuttgart: Urachhaus.

Herbold, M. (2002): Papi, wir vergessen dich nicht. Gossau: Nord-Süd.

Hoffmann, L. (2001): Das kleine Buch der Gefühle. Geschichten zum Nachdenken, darüber reden und mitmachen. Idstein: Schulz-Kirchner.

Homeier, S. (2006): Sonnige Traurigtage. Frankfurt a. M.: Mabuse.

Jeschke, T./Garbert, J. (2007): Mama, Papa und Zanele. Stuttgart: Gabriel.

Kaldhol, M./Wenche, O. (2000): Abschied von Rune. Hamburg: Ellermann.

Kluwe, S. E. (1995): Milan und Rea. Familiengeheimnisse. Recklinghausen: Bitter.

Koch, I./Swartz, B. (2000): Haben Häftlinge Streifen? Münster: Chance e.V.

Kunert, A./Hildebrandt, A. (2003): Und dann kamst du und wir wurden eine Familie. Ravensburg: Otto Maier.

Mattejat, F. (o. J.b): Wenn deine Mutter oder dein Vater in psychiatrische Behandlung muss … Mit wem kannst du dann eigentlich reden? Bonn: www.psychiatrie.de/dachverband/ broschueren

Mattejat, F. (o. J.c): Wenn deine Mutter oder dein Vater psychische Probleme hat … Informationen für Jugendliche. Bonn: www.psychiatrie.de/dachverband/broschueren

Mebes, M./Sandrock, L. (2002): Kein Küßchen auf Kommando. Köln: mebes & noack.

Minne, B. (2004): Eichhörnchenzeit oder der Zoo in Mamas Kopf. Düsseldorf: Sauerländer.

Niederberger, B. (2000): Sarah – Warum gerade ich? Eine Pflegekind-Geschichte. Bottenwil: Lysingur.

Nolan, H. (2005): Born Blue. Hamburg: Carlsen.

Pal-Handl, K. u. a. (2004): Wie Pippa wieder lachen lernte. Ein Bilderbuch für Kinder. Wien: Springer.

Rees, G. (2004): Erde an Pluto oder Als Mum abhob. Ravensburg: Otto Maier.

Ron-Feder, G. (1996): Mein liebes Selbst. Weinheim: Beltz.

Varley, S. (1984): Leb wohl, lieber Dachs. Wien: Betz.

Wilson, J. (2003): Die unglaubliche Geschichte der Tracy Baker. Hamburg: Oetinger.

Wilson, J. (2004): Tracy Baker ist unschlagbar. Hamburg: Oetinger.

Wilson, J. (2005 a): Ausgeflippt hoch drei. Ravensburg: Ravensburger.

Wilson, J. (2005 b): Lola Rose. Hamburg: Oetinger.

Wilson, J. (2007 a): Bühne frei für Tracy Baker. Hamburg. Oetinger.

Wilson, J. (2007 b): Das Mädchen aus der Tonne. Ravensburg: Ravensburger.

Wittkamp, J. (2002): Das bin ich. Mein Heft zum Spielen, Einkleben und Malen. Ravensburg: Ravensburger.

Stichwortverzeichnis

Aberglaube 48
Abstammung 41, 203
Abwehr 35, 78, 80, 90
Adoleszenz 18
Adoption 33, 38, 60, 66, 164, 176
Adoptionsgeschichten 163
Adoptiveltern 33, 38, 59, 128, 159, 163, 165, 201, 203
Adoptivfamilie 13, 29, 33, 38, 41, 68
Adoptivkind 24, 25, 33, 39, 53, 59, 164
ADS 50
Aggression 49, 58, 84
aggressiv 76
Aggressivität 52, 220
Aids 176, 195, 196
Aktivitätsorientiert 23
Alkoholabhängigkeit 77, 93, 175, 177, 180, 181, 210
Amygdala 83, 84
Anbahnung 24
Angst 29, 35, 39, 40, 44, 58, 77, 84, 85, 87, 90, 94, 138, 159, 185, 188, 189, 203
animistische Deutung 47
Ankunftstag 69, 122, 123
anonym 203
anonyme Geburt 202, 203
Anpassung 19
Anpassungsstrategie 83
Audiovisuell 157
Aufsatz 106, 110
Auftragsverhältnis 170
Ausgrenzung 37, 39, 196
Auslandsadoption 198
Autobiografie 15, 16, 22, 219, 222
Autonomie 45, 48
Babyklappe 202, 203, 204
Bauchmama 46, 55, 57, 164
Beratungsstelle 34, 67
Bereitschaftspflegeeltern 25, 75
Besuchskontakt 60, 74, 170, 196
Beziehungsabbruch 26, 30, 43, 76
Bilderbuch 49, 69, 158, 163, 166, 167
Bildergeschichte 158
bildgebende Verfahren 83
Bildungsarbeit 22
Bindung 20, 31, 43, 45, 63, 170
Biografieforschung 20, 22
Biografiememory 145
Biografieorientierung 23
bridging 24
Collage 37, 51, 112, 138
Coverstory 72, 73, 123, 136, 137
Depression 44, 185, 195
Deprivation 26
Dokumentation 13, 14, 16, 67, 71, 103
Drehbuch 154
Drogenabhängigkeit 177, 179, 180, 181, 183, 187, 195, 216, 219
Drogenkriminalität 187
Einbandgestaltung 139
Einstieg 104, 137
Einzelarbeit 67, 68, 98, 133, 135, 138, 139, 140, 146, 148
Entspannungsformel 150
Entspannungsübung 85
Entwicklung 18, 26, 43, 58
Entwicklungsverzögerungen 44
Erinnerungsbuch 42, 78, 160, 196
Erinnerungsgruppe 23
Erinnerungskissen 160
Erinnerungskiste 69, 160
erwachsene Adoptierte 38
Erwachsenenpädagogik 22
Erziehungsberatung 39
Erziehungsberatungsstelle 75, 94, 174
Erziehungshilfe 29, 34, 67
Erziehungsstelle 29, 30, 31
Esssucht 180
Eylarduswerk 216

Familienberatung 19
Familienbeziehung 100, 117, 118
Familienformen 41, 73
Familienhilfe 34
Familienkonferenz 79
Familiennamen 208
Familienrad 116
Familienrekonstruktion 19, 116
Familientherapie 19
Familienwohngruppe 31
finalistische Deutung 47
Findelkind 120, 159, 201, 202
Flashback 84, 86
Fotokamera 158
Fotomemory 145
Fremdenfeindlichkeit 37
Fremdplatzierung 24, 26, 32, 39, 53, 62, 75, 100, 194, 198, 207
Geburtsdatum 105, 106, 112, 118
Geburtsname 118
Geburtsurkunde 97, 99, 101, 105, 120, 208
Gefängnis 136, 186, 187
Gefühlsbarometer 148
Gefühlsgesicht 148, 158
Gefühlskartenpantomime 141
Gefühlsspiel 148
Gefühlstagebuch 119, 138
Geheimnis 72, 93, 94, 179, 190, 194
Genogramm 19, 92, 100, 102, 117, 118
Geragogik 23
Gerontologie 23
Geschlechtsrolle 110, 131
Geschwisterbeziehung 61, 114
Geschwisterbindung 61
Gesprächsführung 79, 80
Gesprächstherapie 81
Gestalttherapie 143
Gewalt 19, 29, 56, 179, 187, 188, 189, 201, 209, 216, 220
Grundschulalter 49, 51
Grundschulkinder 157
Gruppenarbeit 23, 34, 53, 67, 68, 98, 131, 140, 154, 155, 220
Gruppentreffen 131, 132, 140
Haus meines Lebens 115
Heilpädagogik 123, 125, 155
Heim 29, 38, 53, 55, 58, 60, 65, 69, 75, 78, 97, 113, 123, 136
Heimat 35
Heimatland 219
Heimerzieher 54, 64
Heimerziehung 13, 30, 33, 58
Heimkind 38, 65, 74
Herkunftseltern 32, 66, 76, 90, 97, 101
Herkunftsfamilie 25, 27, 29, 34, 36, 58, 63, 64, 65, 66, 69, 73, 74, 89, 100, 122, 166, 167, 214, 216
Herkunftsland 36, 37, 38, 106, 127, 128, 131, 202
Herkunftsmutter 57, 59
Herkunftssystem 215
Herkunftsvater 57
Hilfeplan 31, 73, 74, 94, 100
HIV 176, 195, 196, 197
Hörkassette 13
Hörspiel 157
Idealisierung 56, 57
Identifikation 15, 45, 64
Identität 64
Identitätsentwicklung 33, 62
Identitätsfindung 173, 218
Identitätskonflikt 32, 53, 77
Identitätsverlust 52
Identitätsverwirrung 53
Imagination 85, 87, 150
Impulskontrolle 58
Interaktionismus 21
Interview 21, 22, 54, 92, 98, 100, 135, 155, 158
Jugendhilfe 26
Kindergartenalter 47, 48
Kindesmisshandlung 191
Kommunikation 23, 76, 79, 80, 81
Kontrollverlust 83
Latenz 18
Lebensbaum 125
Lebensbeschreibung 13, 15, 21, 22
Lebensbrief 78, 155, 163, 174, 196, 210

Lebensbuch 13, 24, 39, 51, 71, 74, 80, 99, 103, 105, 165, 168, 179, 199, 207, 208, 214, 216, 217
Lebenschronik 92
Lebenschronologie 100
Lebensgeschichte 13, 22, 27, 29, 30, 39, 47, 49, 68, 123, 212
Lebensgrafik 120, 124
Lebenskette 143, 144
Lebenslauf 13, 18, 20, 92, 97, 99, 102
Lebenslaufforschung 18, 20
Lebenslinienspiel 146, 147
Lebensspirale 124
lebensverkürzende Krankheiten 195
Lebensweg 120, 132, 144, 160
leibliches Kind 171
Life-Event-Forschung 21
Life-Review 23
Loyalität 32, 53, 64, 65
Loyalitätskonflikt 34, 40, 53, 65, 66, 171
Männlichkeitsnorm 52
Medikamentenkonsum 181, 210
Memoiren 16
Memory 145, 158, 196
Merkzettel 172
Migration 36
Migrationshintergrund 35, 36, 37, 44, 106, 108, 131
Minderwertigkeitsgefühl 51, 57
Missbrauch 19, 136, 190, 192, 203
Missbrauchsfamilie 190
Misshandlung 71, 85, 89, 179, 188, 190, 192
Motivation 67, 68, 90, 221
Motivationscharakter 98
Namensakronym 132
Namensbedeutung 105
Namensspiel 134
Nationalsozialismus 16
neuronale Verschaltungen 83, 84
Normalfamilie 29, 41, 118
Normalitätserwartungen 74
offene Adoption 34, 60
Paarkonflikt 40
Panikreaktion 84
Patchworkfamilie 13, 29, 41, 173
Persönlicher Fragebogen 108
Pflegeeltern 24, 30, 31, 32, 64, 65, 74, 145, 157, 167, 168, 169, 170, 171, 177
Pflegefamilie 13, 24, 29, 30, 31, 55, 60, 65, 69, 74, 78, 97, 113, 114, 135, 166, 171, 174, 178, 218
Pflegekind 24, 26, 31, 65, 66, 145, 166, 171, 177, 196, 213
Pflegekinderdienst 170, 213, 216
Pflegekindgeschichte 166
Pflegemutter 62, 65, 69, 75, 79, 97
Pflegevater 69
Phantasiereise 87, 138, 143, 149, 150, 152, 153, 157
Phasenlehre 18
posttraumatische Belastungsstörung 83
Prostitution 183, 209
Psychiatrie 33, 183, 184
Psychische Krankheit 56, 179, 183, 184
Psychoanalyse 18, 43, 45
Psychotisch 185
Pubertät 49, 52, 53
Puppenspiel 48, 49, 143
Rassismus 37, 39
Recherche 92, 97, 98, 100, 197, 218
rechtliche Elternschaft 32
Reifezeit 18
Reifung 44, 58
Reifungsstufe 18
Reminiszenztherapie 23
Resilienz 20, 180
Resilienzforschung 19, 20
Ressourcen 20, 34, 67, 69, 86, 159
ressourcenorientiert 74
Restaurationsepoche 15
Retraumatisierung 84, 85, 89, 192
Ritual 47, 69, 81, 133, 141, 160
Rollendiffusion 52
Rollenklärung 60
Rollenspiel 72, 137, 143

Rollenvorbild 20
Satzanfänge 118
Satzergänzung 25, 107, 110
Säuglingsforschung 47
Scheidung 21, 102
Scheidungskind 66
Schizophrenie 185
Schreiattacke 84
Schulabschluss 51
Schulalter 50
Schuldgefühl 32, 35, 48, 56, 59, 66, 90, 191
Schuleintritt 24, 29
Schulwechsel 29, 30
Schutzengel 221
Schutzfaktor 20, 45
Schutzfunktion 20
seelisch soziale Elternschaft 33, 34, 41
seelisch verletzte Kinder 26, 50
seelische Verletzung 26
Selbstablehnung 51
Selbstbewusstsein 27, 52
Selbstbild 27, 51, 64, 218
Selbstheilungskraft 26
Selbstheilungskräfte 149
Selbstkontrolle 52
Selbstkonzept 20, 31, 49
Selbstreflexion 22
Selbstsicherheit 220
Selbstwert 48, 64, 154, 190
Selbstwertgefühl 34, 38, 222
sensomotorische Intelligenz 46
Sexualität 51, 183, 195, 204
sexuelle Gewalt 89, 191
Sexuelle Gewalt 190, 192
sexuelle Misshandlung 86, 190, 192
sexuelle Traumatisierung 86
sexueller Missbrauch 45, 187, 190, 191, 192, 193
Sicherheit 45, 70, 83, 84, 86, 87, 89, 105
Sinneswahrnehmung 46, 84
Sonderpflegestelle 31
Sorgerecht 209
Sozialisation 180
Sozialisationsprozess 76
Spracherwerb 46
Sprachniveau 46
Spuren 14, 16, 21, 22, 132
Spurensuche 132
Staatsangehörigkeit 37
Staatsbürgerschaft 36, 208
Stabilisierung 17, 27, 85, 86, 190
Stabilität 84, 180
Stammbaum 19, 51, 90, 91, 102, 105, 117
Steckbrief 25, 105, 106, 107, 112, 134
Stieffamilie 41, 42
Stiefkindadoption 41
Stiefvaterfamilie 42
Störanfälligkeit 33
Störbarkeit 50
Stress 21, 29, 44, 83, 203
Stresserleben 180
Stresshormone 44
Suche 34, 36, 152, 216
Sucht 56, 180
Suizid 33, 51, 179, 193, 194, 195
Supervision 85, 140
systemische Familientherapie 116
Tabu 35, 193, 195
Tagebuch 15, 16, 17, 18, 22, 52
Tagesgruppe 34, 38, 67, 75, 97, 219
Tagespflege 102
Täter 85, 189, 190, 191, 192
Themenseiten 179
Therapeut 75
Therapie 128, 190
Tod 21, 29, 35, 69, 92, 102, 112, 118, 160, 193, 194, 195, 197, 201, 216
Todesangst 188
Tonkassette 157
Trauer 16, 35, 41, 58, 59, 86, 187, 194, 195, 201, 218, 219
Trauerarbeit 40, 160
Trauma 17, 19, 26, 36, 43, 82, 83, 84, 85, 86, 87, 180, 188, 190
Traumabehandlung 85, 89
Traumaexpertin 17

Traumatherapie 84, 85, 87, 190
Trennung 40, 58, 60, 102, 144, 172
Trennung und Scheidung 29, 39, 40, 56, 63, 65, 76
Tresor 70, 87, 190
trigger 84
Trotzphase 18
überbrückende Arbeit 24
Übergangspflegestelle 25
Umbruch 24, 51
Umgangsregelung 39
Unangepasstheit 58
unbekannter Vater 120, 199
Unterstützungsgruppe 68
Unterstützungssystem 20, 183
Ursprungsfamilie 29, 64
Verbleib 66, 170
Verdrängungsmechanismus 203
Verlust 19, 24, 29, 35, 40, 41, 43, 99, 195, 199, 200
Vermeidungsverhalten 78
Verschwiegenheit 93
Vertrauensbruch 94
Verwandtenpflege 32
Verwandtschaft 32, 108
Verwandtschaftsverhältnisse 114
Video 13, 78, 98, 100, 154, 155, 158, 159
vorgeburtliche Zeit 44
Widerstand 78, 109
Wohngruppe 29, 30, 55, 65, 172, 216
Wohnortwechsel 29, 99, 102
zahlende Elternschaft 41, 114, 169
Zeitstrahl 125
Zeitzeuge 21
Zukunft 13, 24, 27, 35, 75, 106, 128, 129, 144, 155, 193, 196, 216, 217, 222

Mitarbeiterinnen und Mitarbeiter

Edith Engelhart-Haselwanter, Diplom-Pädagogin, Psychotherapeutin, Vorarlberger Kinderdorf, Bregenz

Ingrid Erlmoser, Diplom-Sozialarbeiterin, Amt für Jugend und Familie, Projektgruppe Biografiearbeit der Magistratsabteilung 11, Wien

Birgit Gutting, Diplom-Pädagogin, Förderlehrerin, Limburgschule Bad Dürkheim

Wilhelm Hirtl, Sozialarbeiter, 30 Jahre tätig im Amt für Jugend und Familie, Linz, seit 2005 im Ruhestand

Karin Mohr, Diplom-Sozialpädagogin, Regionalleiterin im Eylarduswerk, Diakonische Kinder-, Jugend- und Familienhilfe, Bad Bentheim, Gildehaus

Helga Schuller, SOS-Kinderdorfmutter, Pinkafeld

Klaus ter Horst, Diplom-Psychologe, Therapeutischer Leiter im Eylarduswerk, Diakonische Kinder-, Jugend- und Familienhilfe, Bad Bentheim, Gildehaus

Viorica Tudor, Diplom-Sozialpädagogin/-arbeiterin, Jugendamt Stuttgart, Hilfen zur Erziehung, Flexible Gruppe Weilimdorf, Feuerbach